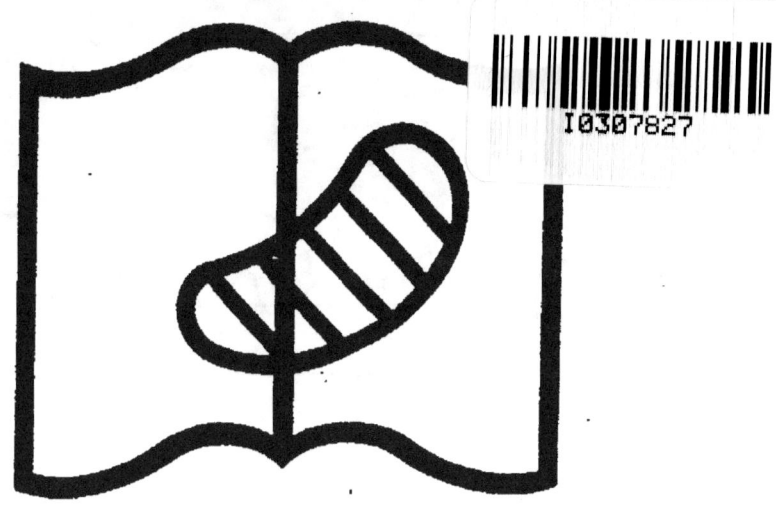

Original illisible
NF Z 43-120-10

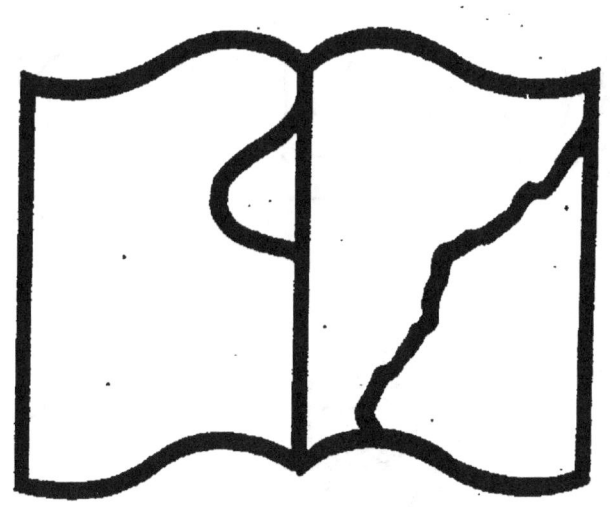

Texte détérioré — reliure défectueuse
NF Z 43-120-11

"VALABLE POUR TOUT OU PARTIE
DU DOCUMENT REPRODUIT".

DOMINIQUE DE SAINT-LÉONS

# VOYAGE SENTIMENTAL
## DANS LES
# GORGES DU TARN

PARIS
UNION LITTÉRAIRE
1898

*Tous droits réservés*

# VOYAGE SENTIMENTAL
## DANS LES
# GORGES DU TARN

# DU MÊME

---

Tribulations d'un Epicier Marocain. 1 vol.
Serins et Serines .................. 1 vol.
Coups de fourchette et Salmigondis. 1 vol.
L'Odyssée de Bourrichet .......... 1 vol.
Les Idylles de Dominique *(prose)* .... 1 vol.

**EN PRÉPARATION**

Les Contes du Petit Salé ......... 1 vol.

DOMINIQUE DE SAINT-LÉONS

# VOYAGE SENTIMENTAL

### DANS LES

# GORGES DU TARN

PARIS
UNION LITTÉRAIRE
1898

*Tous droits réservés.*

# AVANT-PROPOS

---

*Je ne veux pas ajouter à ce volume de près de cinq cents pages, la mystification et la rallonge d'une préface.*

*Ce serait le pire moyen de me faire pardonner mes longueurs.*

*Quand j'ai pris la plume, j'avais projeté un récit en trois parties correspondant aux trois étapes de la Descente du Tarn.*

*Je me suis laissé entraîner par le sujet, les souvenirs, mes personnages et mon tempérament.*

*J'avais cependant des fils précieux pour me guider dans le dédale : les excellents ouvrages de MM. Martel, de Malafosse et de l'abbé Solanet.*

*L'avouerais-je ?.. La fantaisie a brouillé l'écheveau : le pittoresque m'a grisé, le grandiose m'a ébloui et j'ai eu l'obsession de cet inexorable Comique dont le domaine est l'univers, qui se trouve partout et sait se cacher dans les fentes des rochers* les plus inaccessibles en montrant ce bout d'oreille pointue que l'on connait si bien.

Les anciens le confondaient avec le grand Pan.

Tranquillisez-vous, il n'est pas encore mort quoi qu'on en ait dit.

De la sorte, j'ai écrit quelque chose qui parait pasticher de très loin le Roman comique de Scarron, ou le Voyage dans la lune de Cyrano de Bergerac.

Excusez-moi de m'être tenu à une distance trop respectueuse de mes maîtres.

Dans ces conditions, je n'ose dédier ces pages aux touristes convaincus qui sucrent, tous les jours, leur café avec un fragment de dolomie pieusement gardé au fond de leur poche.

En les leur offrant il me semblerait que je propose (je suis confus de l'irrévérence de ma comparaison), à des veaux et à des moutons, des actions d'une boucherie coopérative.

Je m'adresse à une autre catégorie de lecteurs ; à ces goutteux, favoris de Rabelais, dont les orteils sont en ébullition dans de formidables chaussons ; à ces anges de la maternité qui ont du plomb ailleurs que dans l'aile ; à ces magistrats qu'on dit assis parce qu'ils gardent le lit de justice ; à ces asthmatiques sifflants qui suent en montant au dodo ; à ces dyspeptiques hargneux qui donneraient l'Espagne et le Pérou pour perpétrer quelques grammes de matière louable. Bref, à tous ceux que la maladie cloue sur un siège n'importe lequel.

Si l'Odyssée de mes fantoches ne parvient pas à les dérider, j'en serais inconsolable !

Mais ce me sera encore une douce joie d'apprendre, qu'en tenant mon livre, ils ont coulé dans un paisible sommeil et oublié, pendant quelques quarts d'heure, les maux qui les torturent.

Joubert, un philosophe que je lis quelquefois au printemps, quand tout se purge dans la nature, a écrit quelque part : « Il faut juger les choses » de l'esprit avec l'esprit et non avec la bile, » le sang et les humeurs. »

Je suis d'un avis tout à fait contraire.

De grâce, ne vous emballez pas sur cet aphorisme d'une perfidie intense. Vous seriez volé, nous serions peut-être volés tous les deux, cher lecteur.

C'est vous dire que mon livre s'adresse à votre foie, à votre cœur, à vos nerfs, à votre ventre, en un mot à tous vos nobles intestins.

*Est-ce bien compris ?.. Ce n'est pas Don Quichotte qui disserte, c'est Sancho qui jabotte.*

*Ne vous mettez donc pas la cervelle en frais. Il n'y a pas lieu.*

# DOMINIQUE
### DANS LES
# GORGES DU TARN

I

Si un Mérovée, un Clodion, ou tout autre de nos vieux rois à beaucoup de cheveux, — ce qui est mal porté aujourd'hui, — avait la fantaisie de quitter le séjour des Bienheureux pour venir à Paris faire son droit, son tour de France ou ses vingt-huit jours, il serait fort embarrassé pour retrouver son ancien logement, quoiqu'il eût son passe-partout dans la poche.

La truelle, les lettres, le temps, MM. Haussman et Alphand ont bouleversé le monde et la capitale.

Mais si, au lieu de monter à Paris, il descendait à Mende, tous les bras et les avant-bras lui seraient tendus, son passe-partout ouvrirait toutes les portes, car, dans la Lozère, la truelle, les lettres, le temps, MM. Haussman, et Alphand n'ont rien changé, modifié, bouleversé, depuis l'époque de nos pasteurs à la belle crinière.

C'est toujours le même sol, les mêmes rocs, les mêmes forêts de pins, la même lune, les mêmes lapins, les mêmes gens, dans ce pays aimé des bêtes, abhorré des filles de feu et des roses trémières.

C'est toujours le même langage en *assion* et en *assias* « *mangeassion, buvassion ; dormassias, marchassias* ».

Ça sent la lisière de l'Auvergne, à plein nez, moins la coquinerie.

C'est l'innocence, la pauvreté, — vertus théologales que je voudrais voir accoler, aux trois autres, dans ce siècle de bric-à-brac.

Naguère, un préfet aimable de ce département, — ils le sont à peu près tous, — après une tournée électorale, s'écriait : « Quelle misère, sapristi ! du *pin* partout et pas un brin de farine ! »

A cette apostrophe, un vieillard d'Homère s'avança, et laissa échapper de sa bouche ces paroles ailées : « Si la Lozère est pauvre à la surface, elle est riche à l'intérieur. Fouillez ses flancs ; vous y trouverez le diamant, la truffe et les autres métaux précieux ; ses cours d'eau roulent des paillettes d'or. Les rives du Colombo, du Gange, du Nil et surtout celles de la Sprée ne pourront jamais rivaliser avec les gorges de notre Tarn. Il est la perle du fumier dont nous sommes les coqs. Il nous faudrait chanter plus de trois fois pour le faire renier à M. Martel. »

## II

Or, fin septembre dernier, par une délicieuse après-midi que les oiseaux célébraient sur leurs serinettes, avant les rouilles de l'hiver, alors qu'un zéphyr, tendre et joyeux, gazouillait sur la cime des ormes lisses et des platanes dartreux, mon camarade Ulysse arrêta sa berline sur le seuil de ma porte.

— Le baromètre marque beau fixe ; mon centigrade se croit dans un bain-marie, viens, me dit-il, viens avec moi visiter ce fameux « Cagnon du Tarn », dont le récit des sublimes horreurs épate les populations.

Je lui répondis :

— J'accepte avec d'autant plus d'attendrissement que, dans la relation de M. Lequeutre, insérée dans le *Tour du Monde*, j'ai lu que ces parages sont encore inexplorés. Courons donc vers ces pays primitifs, aussi vierges que les forêts d'Amérique, avant que le progrès et le snobisme les aient contaminés.

## III

Nous quittâmes Sévérac à deux heures, nous dirigeant vers la Malène, *via* Massegros, — ainsi s'expriment les messageries de terre et de mer.

Partout des pierres, des rochers, des buis, des genèvriers.

Quelques champs arides, à la terre rouge et luisante, tristes crêtes couronnées de pins au panache vert sombre, aux jambes d'un jaune roux comme les mollets des bergères.

Par intervalles, le rappel du perdreau ou le croassement du corbeau, fendent seuls l'espace dans le silence des steppes.

Des brebis chétives, au ventre cacao, à la laine tirebouchonnée, des bergers à l'œil gris, jettent sur nous, au passage, des regards de fauves.

Désolation de la consternation

Tout dans la nature est morne, morne est le tableau.

La lande de Soulages, vaste prairie marécageuse au fond d'un entonnoir, rompt, un instant, la monotonie du paysage.

Lors des fortes pluies, à l'époque de la fonte des neiges, la lande devient lac.

Oies sauvages, canards, sarcelles, chevaliers et bécassines y grouillent et fourmillent.

Ce sont des plongeons, des cabrioles étourdissantes, des chassé-croisés épastrouillants, des goupillonnements de croupions, des courses aux échasses, hors de l'atteinte des chasseurs au plomb meurtrier.

Presqu'en face se déroule, dans une large échancrure, le parc du Gouzinhés, aux arbres de cent coudées rongés par la dent des siècles.

C'est là qu'il ne ferait pas bon s'égarer à la brune.

Le sol y est percé de trous dits *abens*.

L'un d'eux, qu'aucun touriste ni chercheur n'a signalé, est si profond, qu'on se demande si sa cuvette s'alimente des eaux du bassin du Lot ou de celles du bassin du Tarn.

Les ruraux vous disent : « Si jamais vous tombez dans ce trou du diable, rassurez-vous, avant d'arriver au fond vous aurez le temps de dire un rosaire et d'écrire à vos parents. »

Touchante consolation !

Plus loin je vous raconterai la légende de cet *aben*, et celle de son congénère de la lande de Soulages, car ces *engouffrements* ont leur légende, plus heureux, en cela, que les peuples qui ont une histoire.

Nous quittons la route, vers le vingtième kilomètre du point de notre départ, pour enfiler le chemin de bifurcation qui conduit à la Malène.

Ce chemin, dans lequel deux ivrognes ne pourraient se croiser sans trinquer du nez dans la banquette, est étroit comme un ver intestinal aussi long que solitaire.

— Cocher, de la prudence !

Des chiens, au poil de chèvre, sautent, braillards, sur les devants de notre attelage, excités par les grelots et les rires bruyants des bergers.

Bientôt nous plongeons dans l'abîme.

Quels escarpements ! Quelle descente, messeigneurs !

*Notre-Dame de Bon-Secours,*
*Prêtez-nous donc votre concours !*

Il faut faire des sabots à la mécanique, avec les escarpins de Pauline la nièce de notre cocher.

Les semelles grincent sur la ferraille comme sur la meule d'un gagne-petit.

Le gravier craque et lance des fusées sous les pieds des chevaux.

Les roues fument ; le cambouis des essieux dégage des parfums de cuisine à l'huile de noix.

Enfin, après quelques lacets vertigineux, à donner le mal de mer à Pauline, la calotte des toits se dessine comme les bosses de chameaux aux tournants du chemin de la Mecque.

— Hourra ! c'est la Malène !

*Notre-Dame de Bon-Secours,*
*Merci de votre bon concours !*


## IV

Nous y voilà, dans ce village au vin fumeux, terré comme un blaireau blessé, au fond d'une cassure du causse de Sauveterre, au pied d'un énorme rocher qui le domine au septentrion.

Son origine remonte aux temps les plus reculés, — Le Tarn paraît aussi s'être reculé, dans le temps.

D'où vient son nom ?

— « Mauvais trou », disaient les druides.

— « Mauvaise haleine », disaient les gaulois.

Les druides étaient dans le vrai.

Je n'ai pas eu le loisir d'arpenter le museau avec des indigènes, pour contrôler la deuxième assertion ; mais j'ai eu celui de humer, à l'auberge, le sacrum d'un sacré perdreau plein de prosodie et, il m'a semblé que j'embrassais tout le village.

Lors des guerres de religion et des échauffourrées royalistes, cette bourgade eût à subir quelques assauts peu en rapport avec ses moyens de résistance.

Peuh ! Quelle est la vierge, devenue quasi martyre, qui n'a pas eu à défendre son capital !

Le château, — une tour et une poivrière réunies par une courtine dépenaillée, — appartient à la famille des Montesquieu. Grandeur et Décadence !

Il fut incendié, ainsi que les maisons environnantes, par une horde de cordonniers en grève qui, du haut du rocher, l'inondèrent de poix incandescente dont la falaise porte encore la trace indélébile.

Divertir sa poix de la sorte ! Empoisonner tout le quartier ! C'est indécent : pouah !

## V

Au bruit des ressorts criards de la berline, annonçant notre arrivée, les enfants accoururent ; les chèvres sautèrent sur les murs des héritages, les chats sur les toits, nous sautâmes de voiture.

Les fillettes allant à la fontaine, porteuses de cruches à la Rebecca, nous saluaient d'un signe de tête comme les canards de Vaucauson.

Deux auberges, Justin et Casimir Monginous, se faisaient vis-à-vis, rivales comme le Louvre et le Bon-Marché.

Nous optâmes pour Justin, trop mince étant le *casimir* pour la saison.

Sur le balcon, un homme à la voix blanche, en manche de chemise, un chapeau de javelle à la main, vint nous recevoir.

— C'est Ali-Bajou ! fîmes-nous, en même temps, Ulysse et moi.

— Vous disiez, Messieurs ?

— Rien. Une simple remarque de touriste.

Nous dînâmes. Mal !

Menu :

« Champignons de basane. — Truites saignantes. — Perdreaux *musca*. — Vin éventé. »

Nous grimpâmes, pour nous coucher, par un escalier aussi raide que l'échelle de Jacob.

Chambre à deux lits, parfumée à la pommade de concombre.

O Guilhaumenq ! comme j'ai rêvé, dans ce lit hirsute de Procuste et de Locuste, à ton excellente cuisine et à ton confortable *Hôtel du Commerce*, où j'ai vu tant de nobles fils d'Albion se pourlécher les babines en dégustant tes savoureuses spécialités !

............................................

Le lendemain, à peine l'aurore avec son petit éventail japonais écartait les pucerons acrobates de la nuit, nous allâmes éveiller le coq du logis, en lui chatouillant la crête du bout de notre cigare, et en lui offrant un lait de poule.

Nous visitâmes la localité, au petit jour, et inscrivîmes sur nos tablettes :

« Toits des maisons en zig-zag. — Terrasses encadrées de treilles sur les façades. — Eglise romane, en forme de pâté, farcie de martyrs. — Beau pont reliant les deux rives. — Grande statue de la Vierge, érigée à moitié côte du causse Méjean, en face de la Malène, laquelle, vue d'en bas sur son piédestal, ressemble à un gâteau de noce surmonté de la petite mariée.

— Calvaire à charpente gymnastique, le bon larron au trapèze, le mauvais aux anneaux. »

## VI

Huit heures dévalaient de l'horloge, sonores et rythmées comme le bruit du forgeron frappant sur l'enclume, quand Justin vint nous prévenir que « l'*Hirondelle* », son transatlantique, nous attendait avec tous ses agrès et deux rameurs : Basile et Sylvain.

Basile à la proue, armé d'une gaffe, et Sylvain à la poupe armé d'une perche.

Un soleil splendide faisait de la rivière un miroir d'argent.

Les poissons intransigeants, lisaient, sans lunettes, le supplément de la *Lanterne*.

Les anguilles folles jouaient à saute-mouton, sans se pocher les yeux, avec les barbeaux débonnaires.

Piteusement assis sur une banquette non rembourrée, placée au milieu de la barque, nous démarrâmes sans effort, confiant à la naïade verte le soin de nous montrer ses trésors intercostaux.

C'était notre premier voyage sur un liquide.

L'*Hirondelle* glisse sur les eaux calmes et profondes, dont la limpidité découvre les galets, bordées de prairies étroites, sablonneuses et de champs de sarrazin au grain prismatique régal des perdreaux.

Des aulnes, des osiers, des cornouillers et des trembles ombragent les rives.

A droite et à gauche, les crêtes des falaises sont escaladées par des pins boiteux.

A part le charabia des corneilles grises, le cri strident du martin-pêcheur, la voix longue et grinçante du merle d'eau *(cinclus sturnus)* qui, en plongeant, semble rouler sur l'onde, ou le piaulement des lavandières à longue queue, rien ne troublerait le silence de ces parages.

La course de la truite, qui file comme une flèche d'acier bruni, la marche des bancs de vandoises aux écailles fraîchement étamées, ne sauraient réveiller l'écho puissant qui sommeille.

## VII

— Attention ! Ici s'allume la lanterne magique.

Sous vos yeux vont passer les lourdes

splendeurs d'une chaotique Babylone ; se dérouler les tableaux puissants, mis en relief par Neptune et les Titans.

Plus c'est horrible, plus c'est beau : plus c'est beau, plus c'est terrifiant : plus c'est terrifiant, moins c'est dangereux.

— Pousse, pousse le sabot, Basilou !

Premier Tableau. — Voici le promontoire du Planhiol, qui barre la gorge comme une angine couenneuse.

Ce n'est pas avec du beurre d'antimoine qu'on a pétri ce cap au cœur de marbre !

Deux pans de murs le surmontent, longs et maigres comme des cheminées d'usine.

C'est tout ce qui reste d'un vieux fort que Richelieu
> Fit saper, par ses sapeurs,
> Un jour de mauvaise humeur.

Les vapeurs légères qui voltigent sur la plateforme sont les ombres des ivrognes qui, de tout temps, ont fréquenté ces lieux où se cuisait le Falerne de la région.

Après quelques brasses nous arrivons au hameau de l'Angle, droit devant nous, accroché à la falaise comme le cocon d'un grand paon de nuit.

Au-dessous, coulent bruyamment les eaux

d'une claire fontaine ; au-dessus, l'on remarque une aire de vautours abritée sous un dôme de pierre.

Ils vinrent s'établir dans ces roches, ces gaillards à large envergure, quand les fils de Prométhée les délogèrent des monts Karpathes.

Leur camp retranché est un vaste ossuaire de côtes de bœufs, de têtes de lapereaux, d'épaules de moutons en équerres de franc-maçon.

Quittons la rive droite.

Sur la rive gauche nous doublons le Piton de Montesquieu.

— Oh ! le gros piton, Mam'zelle Suzon !

Un château en ruines, berceau de la famille Montesquieu, déjà nommée, couronne cette cime.

En aval, grimace une caverne dans laquelle la baronne de Montesquieu se réfugia, à l'époque de la Terreur, pour échapper au dernier supplice.

Quelques prêtres timides se blottirent dans une autre ; ils y furent largement enfumés.

Maintenant que nous avons peint les deux rives, revenons à droite.

— Sylvain ! à droite... alignement !...

— V'lan ! nous y sommes.

Tiens, un rocher énorme, vrai décor de théâtre !

Parmi les trous qui en font le cousin germain d'un fromage de Gruyère, on en voit un désigné sous le nom de « *Grotte de la Momie.* »

— Ça, une momie, dit Ulysse, fi donc ! Ce sont des rognons putréfiés de baleine que le déluge a oubliés dans cette crevasse.

## VIII

Le *naviol* file entre les falaises, dans un corridor resserré et abrupt.

Deuxième Tableau. — Bigre ! nous sommes entre deux murs hauts de plus de cent coudées.

C'est le *Détroit.*

Rien du détroit des Dardanelles, de Gibraltar, pas même de celui des Thermopyles.

Le Tarn baigne le pied de ces dolomies, dont l'image assombrie se reflète dans les eaux.

Il semble que, pour s'amuser, le yatagan d'Hercule a divisé ces roches prodigieuses, afin d'ouvrir un lit à la rivière, comme il sépara jadis Calpé et Abyla.

C'est le passage du Styx, avant d'arriver aux Enfers, que le crayon de Gustave Doré a rendu d'une façon palpitante dans les illustrations du Dante.

On regarde, malgré soi, si la gaffe du batelier ne s'enfonce pas dans les chairs humaines en train d'expier.

On se sent saisi d'effroi dans ce défilé qui donne le vertige.

On voit le ciel comme au fond d'une tranchée terrible, dont on craint le resserrement par l'effet d'une contraction subite du nombril de la terre.

Au-dessus de ces blocs apparaissent les escarpements de la montagne, montrant des groupes d'arbres aux jambes écaillées, aux branches cassées par les rafales, sur un tapis vert de bois gast et rampant.

C'est là que « *l'Echo de la Dourbie* » purge sa contumace.

Un coup sec d'aviron, sur les parois de la barque, se répercute avec le grondement du tonnerre, le bruit de la bombe Foyot.

Nous en sommes assourdis, abasourdis, ébaubis.

A la sortie du Détroit, le Tarn se faufile en nœuds, coulant capricieusement sous un panorama toujours divers, toujours nouveau.

Nous reprenons haleine, car il nous semblait que les bords allaient nous étouffer.

Ici la roche s'évase, l'œil embrasse les deux

falaises jusqu'au sommet des deux causses : des merveilles inédites frappent notre regard.

— Voilà là-haut, sur notre gauche, dit Sylvain, « *la Dame à l'Ombrelle* » ; plus loin « *la Cour de Louis XIV* ».

En effet, à mi-côte, nous voyons, parfaitement dessinée, la silhouette d'une femme monumentale, taillée dans la pierre, avec un pin en guise de parasol.

La ressemblance est si frappante que les bergers et les gamins ne passent jamais sans la remarquer et lui crier : « *Parap'ù, parasol !* »

A côté de cette masse, l'épouse de Loth n'eût paru qu'une marionnette minuscule, une poupée d'un sou.

A suite, et sur le même plan, — si incliné que Galilée y aurait roulé comme les autres, — un assemblage de rochers dentelés, espacés et évidés, simule des personnages de tout sexe, entourant un superbe roc coiffé d'un grand tricorne de roi.

— C'est la cour de Louis XIV, aurait dit un touriste. Voyez les dames avec leurs robes à traine, les courtisans avec leurs perruques à marteaux et leurs jabots de pélicans.

Cette comparaison nous parut fortement tirée par les cheveux.

Nous voyons plutôt, dans cette macédoine de têtes, la composition d'un tribunal de commerce, avec ses juges robés, toqués et rabattés.

Presqu'en face, sur la rive droite, une agglomération de roches fantastiques semble vouloir faire pendant à son vis-à-vis. C'est un amas de figures bizarres.

— Nous passons au-dessous d'un troupeau de moines du moyen-âge, fit Basile.

— Non, mon ami, c'est une séance paisible d'un conseil municipal d'autrefois, un comice agricole en goguette, répliquâmes-nous en levant vers le groupe nos regards effarés.

## IX

Maintenant la course s'affole, nous sommes dans les rapides dits *rachs*.

— Allez doucement.

— Soyez sans crainte.

Le remous se modère ; nous avons sous nos pieds vingt mètres d'eau.

Un éperon coupe en deux le gouffre qui le contourne, les eaux se réunissent par un souterrain formant porche noyé dans la rivière, dont l'ogive est visible à fleur d'eau.

C'est l'aquarium, la halle aux poissons.

De tout temps les gourmands sont venus tirer la langue, battre la mayonnaise, jeter des regards de convoitise sur cette vitrine si richement pourvue.

On raconte que, lors des travaux de la ligne du chemin de fer de Sévérac à Mende, un certain Miriardescut, grand pêcheur en tout genre, ne passait pas de semaine sans venir perdre une journée entière devant ce *gourp*.

— Mé damné ! murmurait-il, z'y en a-t-il de la bouil'abaisse dans cette crique.

Et il arrivait chargé d'engins de pêche.

Filets, nasses, verveux, éperviers, lignes de fond, lignes flottantes, lignes à la volée, ligne à fouetter.

Il amorçait avec du guano, du roquefort, des scarabées, des insectes, des vers, des chenilles, du nougat, du macaroni.

Malgré ces friandises, il revenait toujours bredouille.

Les poissons crachaient sur ses asticots, et même lorsque, découragé, il sommeillait sur la berge, ils lui mordillaient les orteils, histoire de rire un brin.

Cependant, comme dit le proverbe, « il est un temps pour l'âne, l'autre pour le meunier ».

Un jour ce sacripant de Miriardescut lança, dans le trou, une cartouche de dynamite grosse comme un saucisson de Lyon.

Quelle secousse ! quel refoulage ! quel tumulte, mon empereur !

Le sol frémit sur ses ergots.

La boussole fit le grand écart.

Les huissiers eurent la danse St-Guy.

La famille des Causses se rapprocha.

Méjean et Sauveterre s'embrassèrent comme deux pommes cuites, bonheur suprême dont ils étaient privés depuis leur plus tendre berceau.

Tous les chapeaux des Lozériens perdirent leur poil.

Les corsets et les bottines se délacèrent.

Les verres des montres et des lunettes se fondirent.

Tous les boutons des pantalons à pont-levis sautèrent le parapet.

Les chèvres et les chiens tombèrent les quatre fers en l'air.

Il plut des cornichons, des câpres, des radis, des olives, enfin, toute espèce de hors-d'œuvre.

Quel cataclysme ! les nuages du firmament s'effilochèrent.

Les cochons perdirent leurs petits sabots.

Miriasdescut fut ramassé, en marmelade,

dans un panier à salade, au milieu d'un carré de choux cabus, par le brigadier du Massegros.

Le notaire de Saint-Préjet, mandé en toute hâte, par l'administration, pour dresser l'inventaire des objets vomis par le Maëlstrom, y passa un mois avec tous ses clercs.

Nous relevons, dans les archives de ce tabellion, les principaux articles sortis du cratère :

« Deux dolmens. — Une malle-poste Lafitte et Collard. — Cinq tumulus. — Un lit d'Œdipe à colonne. — Une caverne d'*Ursus Speluncus*. Un orang-dégoûtant. — Deux douzaines de mouchoirs d'anabaptiste. — Une liasse de fluxions de poitrine — cinq incubes et trois succubes. — Onze farfadets. — Neuf nonnes sanglantes. — Huit nymphes et six faunes. — Nonante tombereaux de poissons de toutes dimensions, de toutes formes, de tout âge, de tout sexe, de toute complexion : quelques-uns n'étaient pas à la maille. »

Puis, un stock d'armes offensives et défensives :

« Des arcs, des massues, des épieux, des piques, des hallebardes, des rapières, des rouillardes, des dagues, des arquebuses, des couleuvrines, des pertuisanes, des tromblons, des espingoles, des boucliers, des casques, des brassards, des cuissards, des cottes de maille, des caleçons de flanelle, des bigoudis, etc., etc. »

C'était un véritable arsenal de famille que celle de Montesquieu avait caché, dans ce souterrain, après la déroute des *Camisards*.

Les poissons communs, le *vulgum pecus*, réduits en matelote par l'explosion, fournirent longtemps de l'huile de colza aux tanneurs du cagnon.

Les vieux, les gros bonnets antédiluviens qui, dans ce repaire, vivaient de leurs rentes trois pour cent, trop coriaces pour être livrés à la consommation des classes pauvres, furent expédiés dans divers arrondissements pour servir de gargouilles aux écoles laïques.

Les plus durs furent vendus, à la criée, pour repasser les couteaux, ciseaux, rasoirs.

Cette boucherie poissonnière fut un deuil général dans la république des animaux à sang-froid ; une catastrophe pour les antiquaires ; une ruine pour les pêcheurs futurs ; une mine d'or pour les fabricants de colle à bouche et de peignes en gélatine vulcanisée.

## X

Troisième Tableau. — Salut, cirque des Baumes, salut !

Tel fut le cri enthousiaste qui sortit de nos poitrines lorsque, après quelques coups de gaffe, s'ouvrit devant nous l'immense hémicycle de cette baie grandiose.

Un spectacle indescriptible se déroule à la vue.

Le panorama représente une vaste arène.

C'est un méli-mélo de roches panachées de rose, de bleu, de jaune, de noir et de gris, sur lesquelles tranche le vert sombre des broussailles, des arbustes et des arbres rabougris.

Du niveau du Tarn les gradins du cirque s'élèvent en amphithéâtre, à plus de cinq cents mètres, jusqu'à la hauteur des arêtes des Causses.

A chaque assise de ces degrès, les dolomies changent d'aspect et de figure.

Elles affectent les formes originales et curieuses des pièces d'un échiquier.

On y voit des cavaliers, des tours, des dames et des fous.

Des arcades et des ponts représentent les dames, des caps les fous.

Quant aux pions c'est tout le reste, la rocaille ou la racaille, *ad libitum*.

Une main invisible semble faire mouvoir ces acteurs, aux diverses heures de la journée, au gré de la lumière ou de l'ombre.

Le jour le spectacle est net et lumineux ; au crépuscule tout se frange, se déforme, se brouille et se confond.

C'est l'image d'une nécropole aux mausolées opulents, avec cippes et stèles, aux monuments turriculés, en forme de dômes, de bastions, de portiques, d'encorbellements.

Et la simple tombe du pauvre indiquée par un ménhir mesquin en forme de morille ou de vesse-de-loup.

La nature a aussi ses préférences.

Ce lieu est le clou des gorges du Tarn.

A l'entrée du cirque, sur la rive droite, dans le couloir creusé dans la falaise, se trouve le hameau délabré des Baumes-Vieilles.

Des troglodytes, ichtyophages et frugivores, y ont appliqué des maisons dont le toit est formé par le rocher.

Ils les ont abandonnées, pour raison de santé, lors des dernières inondations.

Une large échancrure verticale brise bientôt le paysage vers le milieu du cirque.

Un vallon cultivé, dans lequel le club Alpin campa par une nuit glaciale, appelé les Baumes-Chaudes — ironie amère, — s'ouvre à nos yeux.

Une maison s'élève dans ce recoin ensoleillé, à moitié caché dans le feuillage d'arbres jadis fruitiers, égayé par le susurrement d'une fontaine.

Les grottes et les cavernes abondent dans ces parages.

Les paléontologues, naïfs et rapaces, y ont fait de précieuses trouvailles.

Au milieu de la falaise, avant d'arriver aux Baumes-Basses, on aperçoit posée comme une tabatière d'ivoire sur un guéridon en pitch-pin, la petite chapelle blanche de l'ermitage de St-Ilère, au clocheton étique.

Ce bon vieillard, ancien évêque de Mende — qu'il ne faut pas confondre avec l'autre, le bûcheron, qui porte H et toute la barbe, — avait piqué sa pauvre tente sur ce rocher, vers le sixième siècle de notre ère.

Comme Bélisaire, ses yeux étaient privés de la lumière des cieux.

A force de bassiner son nerf optique, dans une mignonne cuvette de silex, alimentée par le suintement du rocher, ô miracle ! il redevint clairvoyant.

Depuis, tous les chassieux viennent de vingt mille lieues à la ronde, en pélerinage, offrir leur cire et s'en retournent avec des yeux roses de lapin albinos.

Pourtant, le potage de la Malène n'a jamais offert le moindre *œil* !

Après St-Ilère, on contourne le promontoire qui sépare le grand cirque d'un plus petit, verdoyant encore, toutefois sans prétention.

Nous le laisserons dans l'encrier : en pittoresque, la modestie devant être toujours dédaignée.

Sur le flanc de ce cap se dressent les Baumes-Basses appliquées comme leurs sœurs les Baumes-Vieilles sous le couloir de la falaise, bâtie sans toit, mais à l'abri des incontinences de la rivière.

Là, on fait connaissance avec les monolithes les mieux casqués du cagnon.

Ces colosses, éventrés par les pluies, éclatent sous la gelée et la sécheresse, se détachent par plaques énormes de gel ou de pierre et... gare là-dessous !

De ce point l'horizon s'élargit : on respire à l'aise.

Le Tarn n'occupe qu'un espace restreint, laissant des lagunes au milieu d'un vaste champ de sable et de cailloux, témoins de ses débordements lorsque les écrevisses l'asticotent dans son lit.

On entend, là-bas, le bruit sourd d'une cataracte lointaine.

Les barquistes, forcés de s'arrêter, nous déposent sur la plage, serrant automatiquement d'une main nos phalanges, et de l'autre amoureusement le pourboire que nous leur avons octroyé.

— Allons bonjour, et au revoir ! Bien des choses à papa Monginous, dit Justin.

## XI

Nos chronomètres marquaient midi moins soixante-quinze.

Nous allumâmes une cigarette et dispersâmes nos regards sur le diorama qui nous entourait.

Ce quartier à surprises, riant et dégagé, ne ressemble guère à celui que nous venons de quitter.

La perspective des roches des deux falaises est différente, elle a un caractère plus tranché, plus franc, plus net, plus précis.

Sur la rive droite, des blocs prodigieux affectent des figures géométriques ; des cubes, des pyramides, des cônes, des polyèdres, des parallélipipèdes, des bipèdes, des quadrupèdes et des serpents de Lacépède.

Sur la rive gauche, escarpement plus accentué, sujets plus nombreux mais chétifs.

C'est l'atelier du mouleur ; la boutique du brocanteur ; un magasin d'épicerie ou de charcuterie ; un salon de pâtissier ; un musée scolaire.

On y voit :

Des torses, des guivres, des dracs ; des statues équestres, pédestres ; des pédicures sur leurs piédestaux ; des moulages de saints, des faux bonshommes, des têtes d'animaux, des paniers de fruits, des vases de fleurs, des bêtes de l'apocalypse, des portiers de chartreux ; des scieurs de long, des acrobates, des combats de gladiateurs ; ses amis et ses ennemis, voire même sa pseudo-belle-mère.

Des gâteaux, des pièces montées et démontées aux fines dentelures, des pâtés massifs aux tons chauds, aux rebords crénelés.

Des quartiers de porc, des hures de sanglier, des têtes de magistrat, des jambons, des maies à pétrir, des pianos et des tambours.

On se croirait à la foire de Beaucaire, en face de Tarascon.

Tous ces bibelots, de plusieurs quintaux, sont encadrés d'une verdure serpigineuse et gourmande.

De Clarisse nous tombions dans le Gustave de l'épatement, rataplan !

— Quel singulier pays, disait Ulysse.

— J'en suis pétrificationné, disais-je à mon tour.

## XII

Si le cirque des Baumes est le clou des gorges du Tarn, le Pas de Soucy en est la merveille.

« Tu possèdes, dit-on, un joyau magnifique. »

C'est vrai, mon vieux !

Nous y sommes.

QUATRIÈME TABLEAU. — Viatdasé ! quel plumpudding de rochers, quel éboulis de machicoulis !

Quel spectacle saisissant !

Quel chaos plein de stupéfiantes laideurs !

Le Tarn disparaît en bouillonnant et en bougonnant, sous d'énormes quartiers de roche, entre lesquelles baillent de profondes cavités.

Le bruit de cet engloutissement, dans cet espace resserré, s'étend au loin, remplissant de terreur l'oreille des vagabonds, des repris de justice et des notaires fugaces.

Les jeunes gens alertes, au pied sûr, les jeunes filles lestes, aux jambes souples, traversent la rivière en jouant à colin-gaillard sur ce pont de rocs accumulés.

Ils oublient, les hutins, qu'un faux pas leur ouvrirait une tombe.

Un poëte languedocien — ils n'en font jamais d'autres lorsqu'ils ont bu un coup, — élucubra une ballade sur le Pas de Soucy, qu'il appelait le *Pas des Amours*.

Cette ballade commençait ainsi, d'après Martel :

> *Ce pas est le pas de Souci :*
> *Sachez cela, jeunes fillettes.*
> *A la Vierge dites merci,*
> *Et n'y passez jamais seulettes !*
> *. . . . . . . . . . . . . . . . . . . . . . . . .*
> *Car vous feriez la candelette.*

Le premier ténor de cette scène, aussi épique qu'humide, est un bloc colossal que quarante paires de Sisyphes attelés ne pourraient ébranler.

Son nom est Roque-Sourde.

Sourde !... Pourquoi ?... Sans doute à cause du vacarme qui se fait autour d'elle.

La prima-dona, qui lui donne la réplique est appelée Roque-Aiguille.

C'est une Alboni de taille pyramidale.

Elle doit craindre les rhumes de cerveau, car elle se tient, loin de l'eau, sur le penchant de la montagne.

Le fait est que, si elle éternuait, ce serait pire qu'un cyclone.

Les barytons, les basses, les trials, les coryphées et les chœurs, tous de poids, complètent cette mise en scène, dont les eaux du Tarn roulent l'orchestre.

Ce pandémonium ressemble aux ruines que peut enfanter un affreux cauchemar, une imagination en délire.

Les savants y perdent le boire et le manger, les ignorants le manger et le boire.

Pour nous, c'est l'arène d'un combat de Titans ; le champ pierreux où Deucalion et Pyrrha se livrèrent à un travail de ballast qui repeupla le monde.

Ils avaient commencé à s'escarmoucher, les farceurs, à Héas dans les Pyrénées.

En voilà une drôle de façon de repeupler ! qui explique la dureté des femmes, le déboisement des collines et le reboisement des hommes.

En présence de ce désordre inextricable, la légende, elle aussi, a voulu avoir sa trempette.

Avant de nous quitter, cher lecteur, nous vous la servirons dans toute sa fraîcheur et sa saveur sauvage.

Mais revenons à nos moutons.

Nous avons vu la chute du Tarn dans l'abîme : pauvre Tarn !

Longtemps il fricote dans les souterrains.

Ses mugissements annoncent qu'il tracasse quelque naïade criarde sur son lit d'algues vertes.

Après quatre cents mètres de folie, au-dessous de lourds amas qui le gênent, il ressort, le vieux sultan, de son harem plein d'anguilles sous roches, au milieu des brisants, des ressacs et des remous, sur une couche de *lias supérieur*, désespoir de nos cantonniers.

On prétend que, dans ce gouffre insondable du Pas de Soucy, se trouvent des grottes où les farfadets et les lutins se livrent à une sarabande échevelée en compagnie des gnômes et des kobolts.

D'aulcuns soutiennent même que des galeries communiquent avec la mer et que, lors des grandes crues, des phoques, des requins et des poissons monstrueux passent leurs museaux camards à travers les failles des falaises, comme des rats à travers les mailles d'une nasse Marty de Villefranche (Aveyron), qui prend rat de ville, rat des champs, rat des bois, rat d'eau, rat à poil, rat de cave, rat musqué, ratou, ratounel : le rabacheur, le rabat-joie, le ramoneur, le radical, le radoteur, le rastaquouère, le ramolli.

Moi, qui ne suis qu'un médiocre *croqu'idylle*, je ne puis vous certifier le fait.

Pourtant, tout porte à croire que dans cette marmite et ce grand « hasard de la fourchette », il doit se passer des choses étranges, étonnantes, surnaturelles.

Allez donc y voir !

Quittons ces crevasses, où nous pourrions prendre des entorses, et montons au sommet de ces entassements pour juger de l'ensemble.

— Ouff ! que c'est rude ! quel *estiroquiou* !

Que n'a-t-on graissé un ascenseur en ces lieux, un humble cabestan, une modeste grue, un petit âne bâté de frais !

Ainsi geignait mon camarade anhilant, en gravissant cette rampe de cabris.

Arrivés au faîte, ça en fut une.... fête.

Nous embrassions, dans son ensemble, le

fouillis qui forme l'écroulement de la rive droite, et la cassure de la falaise gauche de laquelle s'est détachée la roche rouge qui a grossi le tas.

C'est admirable et épastrouillant.

De ce point la vue s'étend, en amont depuis le cirque des Baumes jusqu'au Pas de Soucy, partie que nous avons déjà décrite, en aval elle plonge, en suivant le cagnon élargi, jusqu'aux cimes qui dominent le Rozier.

Et, sur tout le parcours, le Tarn tranquille et fier sur son urne penchante, se déroule majestueux, au bas de ce superbe salmigondis, semblable à une immense couleuvre verte au milieu du gigantesque bazar Parisien (maison Aigoin).

Midi sonnait. Un soleil chaud, comme les rails après le passage de la malle des Indes, dardait sur nos carapaces des rayons impertinents : nous étions cuits et recuits.

Ulysse prit la parole en ces termes choisis :

— Tout ceci et tout cela est beau, fort beau, mirobolant, pharamineux. Mais, j'en ai assez de dolomies, de falaises, de stalactites, de stalagmites, de rognons, de pitons, d'éperons, de tours, de corniches, de trumeaux, d'arcades, d'encorbellement, de roches, de grottes, de crêtes, d'arêtes, de causses, d'écroulements, de gouffres, de mugissements, de promontoires, de criques, de caps, de pins, d'aulnes, d'oseraies, de cornouillers, de vues, de points de vues, de tableaux, de paysages. Ces merveilles sont d'une admiration difficile quand on a l'estomac sur le tendon d'Achille. Tricotons des jambes et filons vers les Vignes.

J'éteignis la lanterne et le suivis.

## XIII

Nous descendions la côte, aussi péniblement que nous l'avions montée, quand nous entendîmes, non loin de nous, ces paroles lamentables :

— *De graçio, moussu Hanneton, dobolassias: bous onassias estuferla.*

Nous aperçûmes, presqu'aussitôt, Pierre Gal, un pêcheur des Vignes, surnommé St-Pierre, à cause des dimensions de la clef de sa montre.

Il vint à nous en gesticulant et disant :

— *Lou bésaçios oquel fat d'Onglés ! Es mountat sus lo Guillo. Sé tuoro pel ségur. Fosassion lou dobola.*

En effet, au sommet de l'obélisque, un

homme se démenait comme une girouette, pirouettait comme une toupie, un télescope à la main.

— *Oh ! it is very fine ! it is splendid ! very very beautiful !* s'écriait-il.

Ce qui veut dire, en bon français, « que c'est beau ! que c'est admirable ! que c'est ravissant ! »

Nous nous approchâmes et le hélâmes de la sorte :

— Ohé, là haut, mylord !... Descendez ! La friture nous attend... nous reviendrons.

Il continuait ses grimaces et répétait sans cesse :

— *Oh ! it is very fine ! it is splendid ! very very beautiful !*

Il ajouta même : *I wil sleep her*, (Je veux coucher ici).

Alors levant les bras nous lui criâmes :

— Mylord ! vos secousses ébranlent le rocher... Il va tomber, descendez vite !

— *It is truch, y will go dorrn ?* (Si c'est vrai, je descends ?)

— Oui !

Aussitôt il dégringola comme un ouistiti, et nous prîmes ensemble le chemin des Vignes.

Le fils d'Albion connaissait peu notre langue,

mais il en savait trop pour se faire comprendre.

Cela nous était indifférent ; la langue anglaise nous étant aussi familière, depuis le projet du tunnel sous la Manche, que celle (la manche) de notre chemise de nuit.

Toutefois, pour ne pas forcer nos lecteurs à feuilleter un dictionnaire, ce qui est toujours fatigant quand on n'en a pas, nous prierons le sieur Hannton, — que Gal appelait Hanneton, — de s'exprimer à l'avenir en langue franque à la portée de toutes les bourses et de toutes les intelligences.

Pendant qu'avec Ulysse ils causent, côte à côte, comme des frères de lait, nous allons examiner ce qu'il y a de curieux dans le trajet du Pas de Soucy aux Vignes.

Eh bien, il n'y a rien. C'est un quartier nul !
Tous nos regrets !

Ici le cagnon s'élargit, les causses s'écartent.

L'éraflure se produit sur la rive droite côté des Vignes ; sur la gauche sont accrochés, comme des cages d'oiseaux, les hameaux du Maynial et de St-Préjet.

Dans ce bassin, gai et verdoyant, sortent, au bord de la rivière, les sources dites de *Soucy*, de *Bouldouire*, de *Fontmaure*, etc.

Comme j'admirais ce beau cristal, St-Pierre

me fit judicieusement observer, en faisant claquer sa langue, que malheureusement ce n'était que de l'eau.

Dans ce vallon sablonneux, la flore potagère montre des betteraves au ventre garance, des choux haut montés sur queue et des sarrazins à branches de fougère.

Les cerisiers gommeux, les noyers tordus et les néfliers aux fruits velus bordent les héritages.

Avant d'arriver au village un large cap, insolent et fier, s'avance dans le paysage ; sur sa plateforme se dresse le fantôme lugubre de l'ancienne prison d'Etat connue sous le nom de château de Dolan. Ce qualificatif de Dolan, provient, sans doute, du latin *dolere*. Les prisonniers ayant à se plaindre que les verrous étaient trop rudes et qu'on ne les nourrissait pas à la fourchette.

## XIV

Aux Vignes, dont les maisons sont collées au flanc de la montagne comme les huîtres aux rochers de Cancale, nous nous dirigeâmes vers l'hôtel de la « Truite d'Or ».

Cet établissement est tenu par Solanet, — Alphonse pour les dames et les amis.

L'hôtesse a la spécialité des grives en salmis et des goujons à la ravigote.

Sur notre passage les enfants barbouillés de brou de noix, les pieds tatoués de fumier, fuyaient à notre approche.

A tous les coins de rue des cochons, couchés dans la fange, faisaient entendre et sentir leur concert monotone et « cacaphonique ».

Au bruit de nos pas ils entr'ouvraient leurs yeux glauques, à demi cachés par des oreilles en feuilles de choux.

Et les indigènes marmottaient :

— Bon ! voilà encore des désœuvrés qui viennent de loin pour voir le Pas de Soucy. Tant mieux ! ils laisseront quelques piastres dans le pays.

Madame Alphonse nous reçut avec son gracieux sourire.

Nous étions de vieilles connaissances.

— Merci, messieurs, dit-elle, de ne pas nous avoir oubliés. Vous êtes venus pour pêcher sans doute ?

— Oui, pour pêcher, chasser et revisiter vos ruines.

— Nous avons de beaux truitards, des canards, des poulards et le lièvre qu'a tué le petit. J'ai mis le devant en civet et le derrière à la broche, vous en aurez bientôt des nouvelles.

Nous entrâmes dans la cuisine.

Dans cette pièce, dallée de pierres inégales, un grand feu flambait dans l'âtre.

Devant ce feu, un lapin et deux perdreaux embrochés, pleuraient dans une immense léchefrite et, dans l'angle formé par l'avancement de la cheminée et du mur, derrière un banc, deux yeux ronds, mobiles et brillants comme deux lucioles, attirèrent notre attention.

C'était un enfant de douze ans environ qui, blotti dans le coin sud, servait de tournebroche vivant, en tournant une manivelle comme s'il eût joué d'un orgue de barbarie.

Notre présence lui procura des distractions et la broche s'arrêtait souvent, mais, un coup de pied dans son modeste ménétrier venait, en temps utile, le rappeler au sentiment du juste et de l'injuste.

Au milieu de la cuisine, sur une table tailladée par le tranchant des couteaux, des poissons et des légumes gisaient écaillés, éventrés, pelés, dans une culinaire promiscuité.

Une grosse cuisinière allait et venait, en fredonnant, du potager à la table et de la table au feu, parée d'un bonnet blanc, uni et chiffonné.

Je la vis se pencher, sur une casserole, et se

curer l'oreille avec la patte d'un canard aux navets.

C'est ce qu'on appelle la cuisine à la provençale, sale, très sale.

De temps en temps, cette maritorne, aux cheveux roux, essuyait, avec sa manche, les briques du potager et crachait des noyaux d'olives dans le trou du cendrier.

Le mouvement imprimé à sa masse, par la la vitesse du frottement, mettait en saillie ses kilos tremblants et sa cambrure opulente, à la façon des antiques ménades qui dispersèrent les membres d'Orphée.

Un chat gros et gras, le Sancho des chats, lissait son poil à toutes les chaises et caressait du dos le pied de la table.

Sa queue droite se recourbait en point d'interrogation.

Son œil était plein de suppliques, de demandes de pension d'un caractère tout à fait alimentaire.

Son nez flairait la vessie natatoire des goujons et des barbillons.

Par moments sa pupille devenait oblongue, signe non équivoque de gourmandise.

Et il miaulait, miaulait, miaulait.

J'étais habitué à ces sortes de tableaux.

Toutes les auberges de la Lozère se ressemblent ; qui en a vu une en a vu cent, qui en a vu cent en a vu cinquante.

Ulysse ne disait rien, mais il pensait beaucoup.

Son regard se promenait du rable de la cuisinière à celui du lapin qui, à moitié cuit, prenait des teintes d'acajou.

## XV

— Le déjeuner est servi, dit madame Alphonse ; veuillez passer dans la salle, vous y serez en nombreuse compagnie.

— Qui y a-t-il donc, demanda Ulysse.

— Des étrangers et des touristes. L'anglais que vous connaissez ; mademoiselle Annonciade Nioparés, espagnole, et son père ; M. Fénechtrou, marchand de bois à St-Flour ; M. Grujat, expert à St-Rome et sa fille Ludovie.

— Tant mieux, m'écriais-je, jusqu'ici ça manquait de beau sexe, nous pourrons ainsi nous rattraper.

Toujours farceur, ce monsieur Dominique, fit l'hôtesse en nous précédant avec une immense soupière sur l'estomac.

Nous traversâmes un balcon faisant pont sur

la rue, et passâmes dans une salle à manger proprette, où des peintres en contrevents avaient brossé, sur les murs, « *La pêche du jeune Henri* », musique de Méhul.

Nous saluâmes d'une légère inclination de tête qui est le salut « fin de siècle » par excellence.

J'avais à ma droite mademoiselle Ludovie, et M. Nioparés à ma gauche.

Ulysse pontifiait entre mademoiselle Annonciade et l'Anglais.

Tout le monde avait faim et soif.

Après la soupe, pendant l'engloutissement du premier plat, une bouillabaisse, personne ne dit mot.

On n'entendait que le bruit des fourchettes, le cliquetis des verres et le claquement des mâchoires.

Puis apparut, énorme et fumante, une omelette au lard.

L'auvergnat y planta ses crocs, mais il fit aussitôt une épouvantable grimace.

— Fouchtra, c'est'y chaud ! mé chuis brula ! hurla-t-il.

Les jeunes filles lâchèrent les brides à leur rire cristallin ; les fronts se déridèrent.

L'arpenteur y ayant goûté dit :

— Monsieur a raison, cette *pascade* vient des tropiques.

— Elle pourrait occasionner des désordres à l'épiploon, fit Nioparés.

— Oyes, murmura l'Anglais.

— Cheu préfère les œufs couvés aux omelettes, reprit Fénechtrou.

Moi, qui ne mange jamais d'omelette, je gardai de Colrat de Soulobres le silence prudent.

A la campagne, comme à la ville, la conversation n'est bien animée qu'au dessert, alors que les estomacs repus se reposent sur la digestion qui s'accomplit en vidant des litres.

Au rôti, pendant que Grujat entortillé jusqu'au cou dans une serviette protectrice de son jabot, découpe le lapin et les perdreaux ; pendant qu'on se regarde en dessous, pour se faire, *in petto*, un jugement sur les personnes et les choses qui vous environnent, je sors mon petit appareil photographique instantané pour croquer les mangeurs.

Les convenances me forcent à commencer par croquer l'espagnole.

... Annonciade Nioparés : seize ans.

Bottines neuves craquant sur le plancher,

gémissant sur le pavé, signe d'un pied cambré.

Robe braise, laine douce, striée de raies jaunes.

Estomac peu accentué, deux castagnettes au repos.

Bouquet de chèvrefeuille dans les cheveux couleur de merle, embrouissaillés à la diable.

Figure bronzée, éclairée par deux yeux noirs, d'une fixité faisant songer à Colomba, symbole de sentiments vifs et tumultueux.

Un sourire malicieux entr'ouvre l'écrin de sa bouche fleurie, découvrant l'éclat de ses albes quenottes.

L'irrégularité de la ligne de son nez, et sa lèvre charnue à la mauresque, lui donnent l'expression particulière aux filles du Caire.

La distance du nez à la bouche duvetée, marque de nervosité et de vigueur.

Légère odeur de bouquetin, apéritif des tempéraments alertes, preuve d'un caractère altier de fermeté, de bonne santé, d'excellentes fonctions supportant avec la même facilité les animaux, les végétaux et les solanées.

Annonciade n'était pas jolie jolie, mais elle était si.... bon garçon.

Selon la mode de sa *sierra*, elle était parée de corail : collier, bracelets, pendants.

Passons à mademoiselle Grujat.

Ne craignez rien, c'est sans douleur; ne bougez pas. « Tournez bouton ».

... Eve était blonde comme la lune rousse ; Cérès comme le seigle du Levézou ; Ludovie comme le bois de sureau scié de frais, par un bon vent, mais d'un blond délicat, immatériel, presque transparent.

Vingt ans venaient de trébucher au coucou de sa vie.

Sa taille, un peu boulotte, portait à la rêverie les poètes carnassiers.

Il y avait, chez elle, de quoi nourrir une table d'hôte.

Je n'ai jamais aligné des vers que du jour que je l'ai connue.

Peste, et quels vers ! des anapestes, je crois !

O Désoulhières !

Ses yeux, fendus avec le bistouri des Grâces qui décortiquent les amandes, avaient des reflets doux et tendres rappelant ceux des chérubins.

La voix des fauvettes, des séraphins, sont des éclats de trombonne, à côté de celle qui sort de sa bouche à musique.

Un parfum âcre d'innocence, semblable à

l'odeur de l'échalotte en fleur, s'exhale de toute sa personne.

Sa peau est d'une finesse et d'une blancheur désolantes ; ses traits d'une régularité tirée au compas.

Elle n'a rien de champêtre.

Je craindrais de détruire tant d'harmonie si mon instrument fouillait plus loin : je m'arrête.

Un dernier mot cependant : elle est plutôt la fille d'un ingénieur gradé que de son père, pauvre arpenteur rustaud du plus vilain calcaire, étrillé comme un hérisson, tanné comme un crapaud.

Maintenant que nous avons croqué le sexe agréable, avant de passer à celui qui ne l'est pas, permettez-moi de croquer une aisselle de lapin et une fesse de perdreau.

... Boum, ça y est ! ressortons l'appareil.

Inutile de revenir sur Grujat que nous avons déchiqueté en déshabillant sa fille.

Pinçons Fénechtrou au passage ; gardons l'anglais pour le dessert.

— Bigra, quelle sale tourte !

Rouge, court, déplaisant, dissimulé, ivrogne, voleur, il est auvergnat du bout des orteils à la racine des cheveux incolores, inodores et insipides.

Depuis quarante ans il n'a pas tété sa mère, le fauve !

Vêtu de velours macaron, jambières de toile, souliers à guêtres, un stère de buis sort de la poche de son pantalon.

Des anneaux de cuivre rongent ses oreilles ; une casquette de poil de matou couvre son chef.

Mains couleur de tan, ongles funéraires, lèvres violettes.

Une odeur de bois flotté flotte autour de sa personne.

Ses yeux clignotants distillent de la margarine.

Signe particulier : il ne ressemble pas du tout à sa mère, mais pas du tout.

Il n'est pas venu visiter le Pas de Soucy, celui-là ! Son unique souci est de tailler une veste à quelque paysan.

Ainsi font ses congénères, les ravaudeurs de parapluies et les fondeurs de cuillers.

Ce n'est pas le Machavoine de Labiche.

Le senor Nioparés est maigre, coiffé d'un chapeau paille de riz et vêtu d'une touloupe de renard bleu de Russie.

La patte d'oie, qui a essayé son timbre sec sur ses tempes, accuse la cinquantaine.

Il a la figure longue, glabre et énergique ; un nez effilé et fortement musqué.

Son visage a cette teinte d'ivoire, légèrement ambrée, qui distingue les billes de billard avec lesquelles on a longtemps carambolé.

Yeux calmes, sans feu ni lieu, sans fibrille, aux prunelles grises, ternes et brouillées d'un blanc d'œuf : sourcils en pieds de céleri.

Homme aimable mais, au choix, je préférerais sa fille.. C'est comme ça !

... Mylord Hannton, que Gal s'obstine à appeler « Hanneton », sans doute parce que l'Anglais ramène à tout instant, entre l'oreille et le front, ses mèches de cheveux en accroche-cœur, — ainsi font les hannetons caressant leurs antennes, — est un superbe homme de trente ans.

Impertubable et froid, il a les cheveux verts, des dents en touches d'épinette, le teint jambonné, la taille svelte et dégraissée.

Un binocle d'or chevauche sur son nez en bec de corbin : ses yeux sont expressifs et bons.

Affligé d'un tic particulier, chaque dix secondes son oreille droite est agitée par une titillation, semblable à la vibration qui se produit sur l'oreille des chats et des baudets lorsqu'une mouche importune se pose sur leur cornet acoustique.

Cependant Hannton n'est pas tout à fait un âne.

Certes, dans ce monde misérable, mieux vaut que nos oreilles vibrent naturellement que sous le raisonnement des fumistes ou les coups de bâton de nos amis.

Je ne vous dépeindrai pas Ulysse ni votre serviteur.

Vous connaissez notre amabilité, notre ductilité, notre combustibilité, l'excellence de nos facultés physiques, morales et politiques.

La galerie est complète.
Une bouteille de Gamay vint rompre la glace fortement détamée.

— Comment avez-vous trouvé ces perdreaux, hasarda Ulysse, s'adressant à l'anglais.

— *Very excellents, superiors*, répondit celui-ci.

— Le rable du lapin m'a paru exquis, fit Nioparés.

— Je partage votre avis, lui répondis-je, quoique je n'eusse pas goûté à la bête ; je tenais à être poli.

## XVI

Au dessert, entre les passarilles et les échaudés, j'entendis Annonciade dire à Ulysse qui avait lié conversation avec elle :

— Nous sommes de Séville, mon père était toréador, mais il a vendu son fonds. L'hiver nous quittons l'Espagne pour venir habiter Paris. C'est à notre arrivée, à Cerbère, qu'on nous a appris que des choses extraordinaires se voyaient dans les Gorges du Tarn. Nous avons fait un détour pour venir visiter ces curiosités.

— Je bénis San-Fernando-de-Catamarca qui vous a inspiré cette mâle résolution. Elle nous procure le bonheur *select* de faire votre suave connaissance, reprenait Ulysse.

A mon tour je devins galant avec Ludovie.

— C'est assurément à la foire du Massegros, charmante compatriote, que j'ai du remarquer vos traits affriolants et candides. On ne les oublie pas, ces lignes, quand on les a admirées, une fois, sur le foiral, au milieu des cabaux et autres instruments aratoires.

Je lui lançai cette phrase à la tête, comme

jadis, au collège, je parlais à la belle Caroline dite *Chaudelou*, la fille du portier.

Elle me regarda en pouffant de rire et me dit :

— Vous êtes et serez toujours moqueur, monsieur Dominique. Vous me parlez du Massegros... Ta... ta... ce n'est pas là que vous m'avez vue. Cherchez ?...

¡..............................................

A présent la conversation était générale.

Grujat et Fénechtrou, le verre en main, parlaient de bois d'œuvre, de bois en grume, de bois résineux, de bois feuillards, de bois gélifs : de tissus ligneux, de tissus utriculaires; de bois neuf, de bois pelard, de bois brigot, de bois de cerf, du cardinal Dubois.

L'expert était ferré pour tout ce qui touche au mesurage des solides, des liquides et des gazeux.

Il disait :

— Quand je fais mon travail, je le fais consciencieusement. Mais je n'aime pas qu'on me dérange lorsque je triangle, je trapèze ou je losange. La moindre secousse m'emberlificotte: le moindre vent, qui d'aventure fait rider la face de l'eau, me fait pleurer dans la pinule de mon équerre. Je n'opère que par les temps secs, ou l'on met le vin en bouteille. Notre état est réservé aux capacités. Il y a des capacités outre mesure et des mesures de capacité. Notre profession touche autant aux mesures qu'aux capacités. Il n'y a que les capacités qui puissent s'occuper des mesures, et les mesures réclament des capacités capables de les capter, ainsi que l'indique, dans son manuel, Pierredeux préposé au bureau des longitudes et au rapport de la circonférence au diamètre.

L'auvergnat, enthousiasmé de cette science, écoutait bouche gluante, toutes molaires déchaussées.

L'anglais et l'espagnol, dans un patois volapuck, transigeaient sur les sites les plus pittoresques du monde.

Ulysse et Annonciade confondaient leur langue dans un gazouillis de miel.

Au café, Ludovie s'adressant à son père laissa s'envoler de ses lèvres carminées ces paroles pleines d'harmonie :

— Papa, mademoiselle Nioparés et ces messieurs, désirant visiter le Pas de Soucy, cette après-midi, j'irai les accompagner. Pendant ce temps tu termineras ton bornage. Comme tu connais plusieurs légendes, ce soir, au dîner, tu voudras bien les raconter; cela pourra les intéresser.

— *It is charmant thing* (quelle charmante idée), fit l'anglais.

— Certainement, mon enfant, répondit l'expert. Je serai ravi et fort honoré si mademoiselle et ces messieurs veulent, ce soir, me prêter une oreille attentive. J'ai été moniteur aux archives de Mende, je connais les légendes du Cagnon aussi bien que je connais la matrice cadastrale de notre commune. Mes connaissances seront déployées, comme un rouleau de toile cirée, devant ces nobles étrangers qui daignent partager avec nous le pain, le sel et les fricots rustiques.

— Bravo ! fit l'assistance en se frottant réciproquement les mains.

Décidément ce Grujat était un excellent type ; un peu ivrogne, mais les rudes labeurs de son métier le rendaient excusable.

Ulysse lança sur Ludovie un regard de reconnaissance ; de mon côté je la remerciai en lui serrant la *parabelle* avec l'effusion la plus vive, ce qui lui arracha un petit cri de mésange effarouchée.

Cet effarouchement fila vite *come la piuma al ventro*.

(C'est étincelant la facilité avec laquelle nous écorchons toutes les langues !... L'italien, l'espagnol, l'anglais, l'auvergnat, le sabir, etc., tout y passe. *Digo li qué bengué, qué bengué, qué bengué !* mon bon !)

Presqu'aussitôt nous quittâmes la salle, à l'exception de Fénechtrou et du triangulateur qui, toujours plongés dans les fins bois, en hommes des bois, faisaient des brûlots avec le restant de l'eau-de-vie.

Ludovie prit mon bras sans façon, sans la moindre rancune, Annonciade accepta celui d'Ulysse comme un chat accepte une cotelette de porc frais.

Nioparés et Hannton suivaient le cortège, reprenant leur causerie sur les divers soulèvements géologiques de l'univers et les borborygmes des volcans.

Nous voilà partis.

Les naturels, un miroir d'un sou à la main, et de la flanelle rouge dans les cheveux, nous saluaient au passage, en disant :

— Quels beaux couples ! qu'ils sont veinards les riches, d'avoir de l'argent de reste pour se payer des fantaisies.

Pierre Gal nous précédait ; nous lui avions conservé ses fonctions de pilote.

Comme la veille la journée était calme et belle, Apollon l'avait découpée sur le même patron.

## XVII

Pendant le trajet les jeunes filles rieuses et folâtres, tressautaient sur le sable où se gravait l'empreinte de leurs petits petons.

Puis, elles effrayaient avec leurs mouchoirs et les cris de « ziou, ziou » les bancs de vandoises qui passaient près de la rive, ou bien elles imitaient le cri des geais fuyant dans les noyers fourchus.

Le sable sur les bords du Tarn forme des couches de plus d'un mètre d'épaisseur, nous nous amusâmes à y tracer des figures avec nos becs de cannes.

Tout à coup Annonciade dit : « Traçons des rébus ; chacun le sien ».

— Oui, oui.

Pour moi je dessinai un jeu de cartes, une théière et un M, et prenant Ludovie par la main je lui montrai mon esquisse.

Elle rougit d'abord, ensuite elle pâlit, enfin reprenant son visage ordinaire, elle grava tout à côté un grand M, une oie, un os et une scie à fortes dents.

Quel bonheur ! nous nous étions compris.

Annonciade et Ulysse épluchaient, à part, leurs hiéroglyphes, et Champollion était enterré à Figeac.

Nous les abandonnâmes à leurs calculs.

Chemin faisant, Mademoiselle Grujat me dit à brûle-pourpoint, quoique d'un ton placide :

— Monsieur Dominique, j'ai trouvé le sens de votre rébus, j'y ai répondu, à tort peut-être, et vous n'avez pas répondu au mot de la devinette que je vous ai posée ainsi : « Où m'avez-vous vue pour la première fois ? »

Après une pause, après avoir levé, vers le ciel, mes yeux à demi-clos, pour invoquer St-Antoine de Padoue, je lui répondis avec ma plus belle bouche en cœur de laitue :

— J'ai beau me battre la cervelle avec le meilleur des briquets, il m'est impossible d'en faire jaillir le souvenir de la savoureuse circonstance qui m'a fait vous rencontrer sur mes pas.

— Alors votre version n'était pas sincère ! Il faut donc que je vous rafraîchisse la mémoire ?... L'an mil huit cent quatre-vingt-huit et le sept novembre, — voyez que je précise, — étant en tournée, deux chasseurs fouillaient les bois de Polignac, non loin du Massegros. C'était vous et un de vos camarades.

— C'est fichtre vrai ! J'étais avec mon excellent ami Ernest V. Comment avez-vous pu me reconnaître ?...

— Vous veniez de tirer deux coups, dans le fourré, sur une malheureuse bécasse. Vous crûtes l'avoir manquée, car, j'entendis résonner le mot « maladroit » que vous vous appliquâtes. La pauvre vint tomber à quelques pas de moi. J'y courus et la ramassai dans un piteux état. Une goutelette de sang suintait au bout de son bec, une aile pendait cassée à son flanc. Je la réchauffai dans mon fichu, mais, hélas ! elle l'était aussi... fichue : elle mourut presque aussitôt.

— Vraiment vous la plaignîtes !

— Je sentis mes yeux se mouiller, et je ne vous cacherai pas que je maudis dans mon cœur votre cruauté, tout en comprenant le plaisir de la chasse et celui que vous pouvez éprouver en estropiant ces innocentes bêtes. Je suis née à la campagne, j'adore les bois, la fatigue et les liqueurs qui font tant de bien à l'estomac.

— Il circule dans vos veines beaucoup de sang gallo-romain, mêlé au sang commun : votre académie et le feu de votre regard le révèlent, chère demoiselle.

Ludovie sourit à mon affectueuse interruption et continua :

— Longtemps vous battîtes le taillis pour retrouver votre proie. De guerre lasse, après avoir traité votre chien de « mazette » vous quittiez ces parages lorsque vous m'aperçûtes. Vous aviez des guêtres jaunes, une veste d'astrakan et une casquette d'hiver dite passe-montagne ; vous aviez l'air de porter votre menton en écharpe.

— Comme c'est bien ça ! que tu es coquine. Ton regard, ton doux sourire, ange si pur, que dans un songe...

Je voulus prendre un baiser dans l'embrasure d'un chêne vert, trop vert même.

— Chut ! fit-elle, on pourrait nous voir. Et elle reprit son histoire :

... Vous vintes à moi et d'une voix pleine de triple sec (curaçao) — je m'étais figurée que les chasseurs étaient des hommes rudes et agrestes, — vous me dites : « Vous gardez vos jolis regords, belle enfant ».

Je fredonnai : — Ton regord, ton doux sourire, tout ajoute à ton empire...

— « Oui, monsieur, répondis-je » — Ils sont bien heureux, ces cabautins, d'être gardés par une adorable fillette comme vous,

Ah ! que je voudrais être bassieu pour vous tenir sérieusement compagnie ». Mes yeux rencontrèrent les vôtres ; je ne pus en supporter le choc. Ces mots « belle enfant, adorable fillette », produisirent chez moi un je ne sais quoi d'indicible. Nous autres, filles des champs, nous ne sommes pas habituées à ces caressantes parleries. Lorsque vous me demandâtes si je n'avais pas remarqué, se dirigeant de mon côté, un volatile au long bec emmanché d'un long coup de fusil, mon émotion fut si forte que je vous tendis mon oiseau sans répondre. Votre gracieux merci acheva de me troubler. Vous me donnâtes une pièce du pape, je la pris et l'ai faite monter en médaillon que je porte encore. La nuit me surprit clouée à la même place, les regards fixés sur la clairière par laquelle vous aviez disparu. Pendant mon sommeil des rêves insolites m'assaillirent. Il me semblait que, changée en bécasse, votre fusil me lançait une mitraillade de bonbons, de coquelicots et de jonquilles. Quelle nuit, bon Dieu ! Elle marquera une large place dans le carnet bleu de ma vie. Rien de si beau ! Le réveil fut triste. Votre souvenir me suivit dans les murs du couvent du Sacré-Cœur de Lacanourgue, où mon père m'envoya faire mes humanités. J'étais folle. Je contemplais, dans le miroir magique de la mémoire, une image qui me souriait : c'était la vôtre. Ce que j'ai souffert... mon ange gardien seul le sait, et ne le dira pas. Aussi, aujourd'hui, lorsqu'une heureuse rencontre m'a remis sous les prunelles l'original d'un portrait non encore effacé, j'ai éprouvé une petite secousse que je n'ai pu définir... C'est drôle, tout cela, n'est-ce pas, monsieur Dominique ?...

J'étais abasourdi, et ses chastes rayons d'azur, plongeaient candides en plein dans mes pupilles félines, cherchant le mot de l'énigme.

On ne trouve ces choses-là qu'à la campagne et encore en cherchant bien.

— C'est un aveu, ma chère amie, lui dis-je à demi-voix.

— Je ne sais pas. Appelez-le comme vous voudrez, mais je vous fais part de ce que j'ai éprouvé. Quelle est l'impression qui m'a troublée de la sorte, je l'ignore. Ça doit être le manque d'éducation, d'instruction ou de savoir-vivre. A St-Rome, nous vivons comme des loups, loin du monde civilisé, aussi tout nous étonne. Je vous fais mes plus sincères excuses de vous avoir entretenu de ces babioles. Il me semble que je suis soulagée, que je suis devenue meilleure par cette confidence ; ne m'en gardez pas rancune, au moins !

Et, après cette tirade, Ludovie jouait avec le manche de son ombrelle, l'esprit calme, comme si elle m'avait égréné l'histoire d'une autre.

Pour moi, dans mon ahurissement, je n'avais pas un mot en bouche.

Si c'eût été la nuit, je serais tombé à ses pieds, et lui aurais offert une boîte de berlingots de Carpentras.

Mais, c'était le jour, en plein soleil, et le jour me paralyse ; je ne suis pas diurne.

Je rengaînai mes transports au fond de mon âme et me consolai en pensant à la remarque de M. Lequeutre qui soutient, nous le répétons, que la Lozère est un pays aux mœurs pures, banales et primitives.

Ça lui passera.

Je me rappelai que, dans le Gévaudan, l'homme est si bête que c'est toujours la femme qui commence, bien comme le supplice du pal, mais ne sait pas finir ou finit mal.

## XVIII

Arrivés au Pas de Soucy, l'Anglais ressortit

son télescope qu'il portait toujours en bandoulière.

Il reprit son thème favori, son oremus...
— « *Oh ! it is very fine ! it is splendid ! very very beautiful !*

Nioparés partageait son abrutissement.

Avec Ulysse nous sortions d'en prendre.

Toute notre admiration se concentrait sur nos nymphes.

Elles voulurent s'aventurer sur les roches écroulées qui cachent le lit du Tarn ; nous les suivîmes.

— *Caramba !* s'écria bientôt Annonciade, vous avez des photographes qui ont planté leur piquet dans ces débris ?...

— Mais non, senora, lui répondis-je.

— Voyez !

De son doigt de fée aux roses, elle indiquait un placard peint sur la roche où l'on lisait :

« *Les photographies du Cirque des Baumes,*
» *du Pas de Soucy et de Montpellier-le-Vieux, se*
» *trouvent chez Julien photographe à Millau.* »

L'espagnole était furieuse.

— Cette réclame me fait mal, gémit-elle, mon illusion y perd la moitié de son prix. Le pittoresque y perd de sa saveur. Les touristes qui visitent le cagnon n'ont pas besoin de peintres, ils sont artistes eux-mêmes.

Et sortant un album de sa gibecière, en deux coups de crayon elle esquissa le fouillis.

Cela ressemblait fort à une salade de pissenlits. Oui, de pissenlits dentelés.

Pendant ce temps Ludovie pensive jetait de la fouace aux poissons en les appelant « p'ti, p'ti » comme si elle les eût tenus sur les fonds baptismaux.

Saint-Pierre nous montra les excentricités locales : *La marmite des géants — La chaire de St-Ilère — L'empreinte de la griffe du diable* sur Roque-Sourde.

Il insista sur l'excavation d'où l'on avait extrait un tronçon de la vraie queue de Lucifer.

Et le Tarn rageait sous nos pieds. Il aurait voulu, le vieux ribaud, briser ses chaînes pour nous enlever nos aimables compagnonnes.

Nioparés père et Hannton fils prenaient, en haut, des notes et des croquis.

Ulysse et moi nous cherchions à peigner d'autres chats.

Cette course fut gaie, pleine d'émotions diverses, fort intéressante.

La nuit mordait déjà la terre de ses dents d'ébène, lorsque nous rentrâmes à la Truite d'Or,

## XIX

C'était l'heure du dîner.

Nous prîmes la même place, à la table du matin, sur laquelle trois plats parfumés au laurier étaient placés en triangle.

A cette disposition nous reconnûmes le génie de Grujat.

A un angle se dressait une hure de goret, aux oreilles à volute, le mufle garni de cerfeuil — cette plante de cimetière qui sent les cierges éteints — on dirait du veau.

Un vieux coq au céleri et un chou farci marquaient les deux autres angles.

Maintenant que nous avions fait ample connaissance, nous étions tous camarades, sans distinction de sexe, de caste ni de porte-monnaie.

Le repas allait bon train, présidé par la gaieté la plus franche.

Soudain, posant sa serviette et ramenant sur les tempes ses ailes de pigeon, l'Anglais se leva, raide, solennel et prononça les paroles suivantes :

— Je suis de la vieille Angleterre, « oldengland oldengland » ; à ce titre j'aurais dû me présenter à vous ; j'ai manqué à tous mes devoirs ; les fatigues du voyage en sont la cause, excusez-moi. Je suis Harris Hannton, fils de Harris Hannton coutelier à Sheffield, fournisseur de la reine : couteaux, ciseaux, rasoirs. J'ai fait mes études et mes chemises à l'université d'Oxford, non sans succès. Mesdames et Messieurs, *J thank you* (je vous salue) et il s'assit.

— Moi, mesdames et messieurs, dit Niopárés, en se levant, je suis espagnol ; compatriote de Christophe Colomb et de Ferdinand le catholique. Mon père était toréador ; je l'ai été été aussi, mais j'ai vendu mon fonds. Quoique fils de l'Andalousie, je suis français par le cœur. Il règne entre le français et l'espagnol une antipathie que je n'ignore point, ainsi : le français est blond, l'espagnol est quasi-noir. Sur la table du français, le bouilli paraît le premier, en Espagne, c'est le rôti. Quand le français appelle quelqu'un, il lui fait signe en portant la main vers le visage, l'espagnol la porte contre ses pieds. Le français dans la misère vend sa chemise et le reste, l'espagnol commence par vendre sa chemise et garde son contenu. Lorsque le français se lève il met ses chaussettes, l'espagnol met son chapeau noir. Le français se déboutonne de haut en bas, l'espagnol se boutonne de bas en haut, etc., etc. Ce sont ces deux contraires qui font que les deux peuples sympathisent et qu'Annonciade, ma fille, et moi, trouvons tant de charme en votre compagnie.

— Moi, dit Fenechtrou, sans se lever, je chuis de Chen-Flour, mon père était marchand de bois, *tustossi, tustossa* : j'ai conservé son fonds, fouchtra ! Bois de frêne, bois de hêtre, bois de garric, bois de chapin, ché comme cha et puis voilà.

— Merci, Messieurs, dit Ulysse, de nous avoir décliné vos noms et qualités. C'était à nous, originaires du pays, à vous faire les honneurs, mais nous ignorions que nous avions devant nous un milord et un Cucharés, un collègue d'El-Tatto de Frescuela. Tous nos regrets doublés de nos respects. Par ces temps si tourmentés, on se coudoie avec tant de rastaquouères, qu'on ne voudrait pas brûler sa poudre aux moineaux. Qui aurait cru, en effet, qu'un mylord, un fils de la noble Albion, qui possède le pays de Cornouailles et les châteaux fantastiques d'Ecosse, et un hidalgo de cette Espagne au ciel bleu, où brillent l'Alhambra et l'Escurial, viendraient un jour honorer de leur visite ce modeste Cagnon du Tarn, sublime par ses horreurs ! Messieurs votre courtoisie me touche. Je ne suis qu'un simple touriste à mes moments perdus, toutes mes sympathies vous sont acquises et vous accompagnent. Mon nom est Ulysse. Je cherchais ma Calypso dans ces grottes ; je crois l'avoir trouvée. Merci !

Annonciade lui lança un regard phosphorescent.

C'était à mon tour de dégoiser.

— Messieurs, dis-je, sans oublier ces demoiselles, je vous rends mes devoirs, quoique je sois le plus déplaisant des hommes. On m'appelle Dominique. Je suis fabricant de « coups de fourchettes », pour vous servir.

— Hé ! oun camarado ?... Abrazza la cassérollo ?... interrompit Fénechtrou.

— Non, mon bon, non, je détame. Je suis contrôleur des poids et mesures. Je vérifie si les mètres ont douze pieds six pouces, et si les balances ont de la poix au nombril. J'ausculte les cueillers et les fourchettes pour voir si elles sont étamées avec du plomb ou de l'étain. Je pèse les écus des usuriers ; je tate les morues et vérifie si elles ne sont pas de carton ; je goûte à la farine de sciure de bois ; je trempe mon doigt à toutes les sauces ; je mange de la chair humaine à tous les repas ; je m'abreuve de sang et de fiel mouillés de pétrole.

— C'est un nihiliste ou un franc-maçon, murmura Nioparés.

Ludovie eût une quinte de rire si violente, qu'il fallut lui frapper sept coups sur les omoplates de devant, pour rétablir son équilibre stomachique et pectoral.

Quand cette crise fut passée, Grujat se dressa, comme un i grec, son verre à la main.

— Je bois à toute la société, s'écria-t-il, quoique je ne sois qu'un géomètre dûment patenté, inscrit au greffe du tribunal de Florac, pour l'évaluation et le mesurage des terrains. Je suis souvent nommé amiable compositeur, quoique je ne me sois jamais compromis dans des affaires véreuses. J'ai rédigé péniblement nombre de sentences arbitrales avec dispense de serment. Et mes rapports avec le public sont des plus courtois, car je n'abuse pas des vacations : avec sept par jour je me contente. Je crains Dieu et la taxe.

Fils de paysan et archi-paysan moi-même, j'ai fait mes études au petit séminaire de Belmont, avec Unal, Rupax et Collantes, et mes vingt-huit jours dans les rayons de la bibliothèque de Mende. Les hommes d'affaires, les praticiens, les avoués surtout, reconnaissent qu'il y a en moi une fausse couche d'érudition naturelle, presque d'éducation et d'instruction. Ce sont ces moyens qui nous procurent ceux de mon existence, et celle de ma fille Ludovie qui m'accompagne dans mes opérations et me porte mon bâton d'équerre en attendant quelle soit celui de ma vieillesse. Nos goûts sont modestes, nous nous contentons de beaucoup.

— Hum ! Hum ! fit Ulysse.

— Mes ancêtres sont nés à St-Rome-de-Dolan, souvenez-vous-en, souvenez-vous-en, commune qui se trouve au-dessus de nous sur la crête. C'est là que nous habitons. J'avais une compagne maladive et chère qui nous quitta brusquement, je ne sais comment, un matin au soleil levant. O Albanie ! que Dieu t'ait en sa sainte garde ! et il sortit son mouchoir.

— Assez, mon père, interrompit Ludovie. Tu fatigues ces messieurs par tes rapsodies ; raconte leur plutôt quelques légendes.

— *It is charmant thing*, (quelle charmante idée) dit l'anglais.

— Oui, oui ! fit le chœur, M. Grujat racontez-nous des légendes, ça vaudra beaucoup mieux, et rentrez vos larmes dans leur baril.

## XX

Le repas fini, on porta du café et de la bière ; avec la permission des jeunes filles nous allumâmes nos pipes.

Après avoir bu une dernière rasade, humé une large prise de tabac, et toussé trois fois pour se donner de l'inspiration, Grujat parla de la sorte :

— Avant de commencer mon récit, quoique, votre indulgence me soit acquise, je tiens, mesdames et messieurs, à vous prévenir que je ne suis ni orateur, ni beau diseur.

Je suis seulement un conteur, plein du désir de vous être agréable.

Vous avez visité le Pas de Soucy. Ces ruines imposantes ont dû produire sur vous une impression inoubliable.

En présence de ce chaos terrible, l'âme se sent saisie d'étonnement et même, il faut le dire, d'un peu d'abrutissement.

Il semble qu'on soit transporté dans un monde nouveau, dans un pays étranger à notre planète.

Mais si, vous, gens instruits, vous êtes sur

pris de ce bouleversement, représentez-vous l'effet que sa vue a dû produire sur les esprits supertitieux du moyen-âge ; à cette époque inculte ou un tremblement de terre, l'éruption d'un volcan, le tonnerre de Brest, le moindre fait géologique suffisaient pour vous secouer.

Pour expliquer un fait, surnaturel à leurs yeux, ils avaient recours à la légende, pour expliquer celui du Pas de Soucy, voici celle qu'ils imaginèrent :

... « A la fin du sixième siècle de notre ère, Clotaire II régnait, du moins il le croyait.

Il régnait sur les Franks et sur sa femme Bertetrude.

Singulier nom, Bertetrude !

Aujourd'hui, nous disons Berthe tout court.

Après avoir donné sa main au roy, Bertetrude lui donna trois rejetons : deux garçons et une fille.

Dagobert, l'aîné, était un noceur : il vadrouillait avec Frédegor prince Burgunde.

Aribert, le cadet, plus sérieux, travaillait les métaux chez St-Eloi.

Enimie, au cœur d'or, tricotait des chaussettes pour les pauvres aux pieds gelés.

Quoique tricotant des chaussettes pour les

pauvres aux pieds gelés, Enimie était belle comme Pâques fleuries.

Sa réputation de beauté s'étendait au delà de la Gaule Cisalpine, ce qui faisait dire plus tard à Bertrand, barde municipal à Marseille :

*Aquist doy agron una filha*
*Que fo belha per miravilha,*
*Si que natura non por far*
*Negun temps de beltat sa par.*

Et tous les roitelets de la Neustrie, de l'Austrasie, de la Murcie et de la Mésopotamie, venaient brûler leur encens et leurs ailes aux pieds de la princesse.

Tant ils lui firent la courbette que le palais en devint une cour... bête.

A toute heure on camionnait des colis précieux pour Enimie.

Elle avait les genoux ankylosés du contact des caisses qui encombraient les corridors et les pérystiles.

Parfois, la nuit, le bruit la réveillait : « Qu'est-ce ? » demandait-elle.

— « Encore une de vanille pour la jeune fille. Encore une de citrons pour le patron », répondait la voix rauque de Charlou.

Un soir Clotaire la manda dans son bureau et lui dit :

— Tu sais, Mimi, nous te marions lundi : tu peux démarquer ton linge.

— Père, je ne veux pas démarquer mon linge, ni me marier lundi. J'ai fait vœu de chasteté, comme la fille de Jephté.

— Chasteté... Jephté... Connais pas ! Ça m'est égal, Ventre-de-biche ! lundi tu épouseras Frédegor, l'ami de Dagobert.

Enimie courut, en sanglotant, tordre la batiste de son mouchoir dans le sein de sa mère.

Et ses larmes brillaient sur ses joues, comme, au lever de l'aurore, la rosée sur les lys.

Bertetrude la reçut mal, fort mal.

Le roi et la reine — comme tous les rois et toutes les reines, — avaient besoin d'argent ; de beaucoup d'argent.

Ils devaient, en dehors du boucher et du boulanger, dettes criardes, douze cents sols tournois à Frédegor.

Et Frédegor demandait hypothèque, caution ou la main de la princesse.

De son côté, Dagobert était redevable à Frédegor de trois cents livres qu'il lui avait pipées, au lansquenet, un soir de ribotte à l'auberge de l'*Ancien Canard* à la Mouline.

Quelle triste situation, pour une maison pauvre mais royale !

Il fallait passer sur le pont ou dans la rivière.

Les conjoints Clotaire-Bertetrude avaient choisi le pont.

C'était plus sûr.

Enimie choisissait la rivière.

C'était plus dangereux.

Se voyant perdue, corps et biens, elle s'échoua sur son prie-dieu.

Et, sur son prie-dieu, la belle murmura ! « Jésus, mon doux époux, faites que je meure, ou retirez-moi ces charmes maudits et encombrants ».

Elle fut exaucée.

Quand elle se releva, son corps n'était plus qu'une plaie hideuse.

Elle avait le prurigo *di primo cartello*.

Le prurigo... *qués aquo ?*

Le prurigo ! c'est la gale canine.

Elle ressemblait à la princesse de Galles, au lépreux de la cité d'Aoste.

Clotaire et sa femme étaient consternés.

La désolation était dans le palais et parmi les pauvres aux pieds gelés.

Dagobert, furieux, cassa son plat à barbe,

en terre de pipe, souvenir de Ségondy duc d'Aquitaine et de la Graillerie.

Frédegor, désapointé, voulait être payé dans la semaine ou prendre inscription d'office.

Les soubrettes, les chambellans et le jardinier du roi se frottaient d'huile de cade craignant la gale philistine.

Les oiseaux et les chats s'abreuvaient de goudron de Norvège aux bourgeons de pin.

Seule, Enimie souriait sous son masque plâtreux et lézardé.

Naturellement le mariage fut rompu, sans tapage nocturne, sans bris de cloture ni de devanture.

Il en faut si peu ! c'est si fragile !

.*.

Cependant la princesse ne dormait plus et se grattait toujours.

Le grattement, qui est si agréable pour les bêtes et les gens en santé, devient un supplice quand on est malade.

On fit appeler les médecins, les empiriques, les herboristes et les pédicures.

Depuis Hippocrate, la médecine étant restée stationnaire, rien n'y fit.

Les médecins, les empiriques, les herboristes furent aussi bêtes que leurs remèdes.

Pauvre petite !

Elle menait une vie de chien rempli de puces.

Par une nuit calme, fleurant le réséda, Enimie entendit zézayer activement un moustique.

« O moustique, mon cher moustique, quelle nouvelle me portes-tu ? » miaula la princesse.

Le moustique lui sifflota dans l'oreille, ces mots voilés : « Dieu m'envoie pour te dire d'aller en Gévaudan te baigner dans la fontaine de Burle ; ce sera ta guérison ».

Elle ne put en ouïr davantage, une méchante araignée ayant supprimé le pigeon voyageur.

Et le troubadour de Marseille de chanter sur son luth :

> *Enimia, verges de Dyeu,*
> *Messatges fidel ti suy yeu.*
> *Pet me ti manda Deus de pla*
> *Que t'en anes en Gavalda,*
> *Car lay trobaras una fon*
> *Que rendra ton cors bel et mon,*
> *Si te lavas en laygua clara.*
> *. . . . . . . . . . . . . . . . . . . .*
> *A nom Burla : Vay ton lay,*
> *Non ho nudar per negun plai.*

Les démangeaisons étaient devenues insupportables : Enimie dépérissait.

Elle dépérissait parce que les démangeaisons étaient devenues tout à fait insupportables.

Dès quelle eût communiqué au roi le télégramme céleste, on organisa une caravane.

On loua la girafe du jardin d'acclimatation, et les petits chameaux du jardin des Plantes. Dagobert qui les connaissait en fut le cornac.

. *.
. .

Après un long voyage fort accidenté, la route nationale numéro 9, de Paris à Perpignan, n'étant pas encore ouverte, on arriva à Burle sans accident.

La fontaine de Burle coulait, sur les bords du Tarn, au fond d'un bois de chênes.

Au fond d'un bois de chênes, où un rossignol chantait mal, ses parents n'ayant pas les moyens de lui passer du tripoli dans la clarinette.

Au débotté, sautant de sa litière, Enimie plongea trois fois dans la fontaine.

O prodige ! Elle sortit du bassin avec une peau blanche et rose, une peau de satin bon teint.

Alors les cris d'allégresse retentirent :
— Hosanna ! piaulèrent les femmes.
— Alléluia ! glapirent les enfants.
— Hourra ! beuglèrent les hommes.

Et barons, baronnes, varlettes et varletons, exécutèrent, en signe de joie, un bruyant rigodon.

Ainsi procédait, au bon vieux semps, le roi David devant l'arche, aux accompagnements de la harpe qui calmait les nerfs de Saül.

Enimie ne dansait pas, oh non !

Elle rendait grâces à Dieu, son sauveur, assise sur un rocher qui porte encore l'empreinte de son petit derrière parfumé au benjoin.

Dagobert, attendri, but, chanta, et joua du bilboquet toute la nuit.

Décidément le bilboquet était un jeu royal, plus tard Henri III y perdait tout son temps et son argent avec les mignons.

\* \*

Le surlendemain, la brillante cavalcade reprenait le chemin de Paris.

Enimie, requinquée, montait sereine une blanche haquenée, enguirlandée de saponaires et de nénuphars.

— Hip ! hip ! faisait-elle de sa voix de fauvette.

Soudain, après deux étapes, la vierge pâlit : elle recommença à se gratter ; sa figure reprit ses affreuses pustules, sur sa blanche haquenée.

Deuxième visite à Burle, deuxième résultat heureux.

Nouveau départ : nouvelle apparition du mal : nouvelle rentrée à Burle ; nouvelle guérison.

Alors la princesse comprit que Dieu voulait la retenir dans ces gorges.

Elle s'inclina et dit : — « Seigneur, vous voulez m'*engorger*, que votre volonté soit faite. »

Et elle s'installa dans une grotte non loin de la fontaine son missel à la main.

A cette détermination les gens de sa suite, les bêtes et les cierges fondirent en larmes.

Enimie les congédia amicalement, avec des embrassades innombrables et de bonnes poignées de mains.

Dagobert confus jurait, comme un templier, qu'on ne l'y prendrait plus.

Cette résolution enrayait tous ses projets.

Il mit son haut de chausses à l'envers, rogna les ailes de son chapeau, et, finalement, lança son bilboquet dans la rivière.

Ça lui était cruel ! fort cruel !

· · ·

Quelques orphelines de haute volée, des non valeurs, ayant voulu partager le sort de la princesse, étaient restées avec elle.

Une semaine après la pénible séparation, à leur petit lever, le chapelain et les orphelines se regardèrent, sans rire, dans le blanc des yeux.

— Qu'allons-nous faire ici, dirent-elles à Enimie comme un seul homme.

— Prions mes sœurs, prions. Sauvons notre âme, répondit la fille de Clotaire, c'est ce que nous aurons de plus quitte là haut.

— Prions ! fit le chœur.

Pour faire vivre son petit monde et se faire la main, Enimie, dans ses moments perdus, ébaucha quelques miracles.

Ils réussirent à souhait.

Ces miracles lui donnèrent une odeur de sainteté que les vents répandirent bien loin, bien loin, dans les vallons, dans les plaines, sur les montagnes.

A cette odeur de tubéreuse et d'héliotrope, une nuée de novices, de sœurs converses, de tourières, qui avait le nez en l'air, accourut : elles la supplièrent de leur bâtir un monastère.

A l'exemple de St-Benoit la princesse refusa tout d'abord, trouvant que la grotte de Burle, où elles logeaient, leur était suffisante et pas chère.

Enfin, elle se rendit à leurs supplications.

On se mit à l'œuvre mais, dans une nuit, le travail de plusieurs jours disparut sous le marteau d'un démolisseur invisible.

Ainsi des semaines suivantes.

Les prières, les rosaires, les neuvaines ne faisaient pas plus d'effet qu'un lavement dans les boyaux du cheval de Troie.

Enimie, affolée, courut en référer à St-Ilère évêque de Mende.

L'excellent prélat se transporta à Burle.

A la vue des dégats il hocha la tête et dit :

— Je reconnais, dans ces décombres, les maléfices du démon. Rassurez-vous, mes enfants, ça passera plutôt que la coqueluche.

A cette révélation la communauté tressaillit sans éclat.

Monseigneur veilla, et, lorsque Lucifer revint avec son levier dévastateur, « v'lin v'lan » il le chassa, pour toujours, à coups de crucifix en fer forgé.

On construisit le monastère et deux églises.

Dans ces deux églises les voix argentines des nonnettes résonnaient, jour et nuit, chantant les louanges du Seigneur.

C'était une véritable bénédiction dans le Cagnon.

Ce bon Ilère tonché de cette bénédiction, quitta Mende et se retira aussi dans le cagnon, plus bas, au cirque des Baumes.

Il y construisit un petit ermitage où, pour se distraire, il soulevait les cataractes et guérissait les autres maladies à l'œil.

. . .

Mais, il est écrit, sous la queue du lapin, que celui qui gagne au commencement perd à la fin.

Lucifer se rappela cette maxime aussi entraînante que suggestive.

Enimie avait la première manche, la diable, malgré sa formidable raclée, voulut courir les chances de la seconde.

Dès lors la princesse, élevée au grade d'abbesse, ne fut pas à la fin de ses tribulations.

Au nombre des sœurs du monastère, mêlées avec les novices et les converses, filles du peuple, se trouvaient des filles nobles, des pur-sang, — comme on dit en Angleterre, — qui n'avaient pas voulu quitter Enimie.

Il y en avait qui avaient plusieurs quartiers, quoique n'ayant que quatre membres.

Et celles qui écartelaient le plus, leurs quartiers, étaient celles qui l'étaient le moins... sans quartier.

Ce qu'on exprime en ces termes, dans le vulgaire, « *quod natura est se dérabo pas coumo un ginest.* »

Toutes ces blasonnées étaient un peu lutines.

Dame ! que voulez-vous.

Toutes n'avaient pas la foi vive de la princesse, ni son abnégation, ni sa résignation, ni sa complexion, ni sa purification.

Comme elle, elles n'étaient pas payées pour ça !

Sous leur robe de bure, les aiguillons troublants se réveillaient, en crises aigues, surtout au renouvellement des lunes.

C'était fatal !

Plusieurs d'entr'elles, au lieu de prier, fredonnaient de petits lais tendres et des virelais, que les trouvères leur avaient seriné, dans leur jeunesse, au château de leur père ; ou bien, elles passaient leur temps à roucouler aux fenêtres, et à regarder, les yeux noyés, couler l'eau de la rivière.

Peu leur importait le panorama splendide qui se déroulait au-dessous de l'édifice.

Enimie, confiante, ne songeait pas à ces misères, et puis elle ne pouvait pas être partout comme le bon Dieu.

\* \*

Un matin, à peine le soleil saupoudrait les crêtes des montagnes de paillettes d'or, un bruit étrange retentit dans les gorges de Burle.

Aussitôt les croisées du monastère se constellèrent de têtes.

C'était un cavalier nègre comme Béhanzin qui passait ; noire était son armure.

Son dextrier, au museau sonore, faisait trembler le sol sous son sabot d'airain.

Il passait comme l'ouragan, au milieu des aufractuosités et des escarpements des falaises.

— C'est Dagobert, dit Athénaïs de Vercels.

— C'est Frédegor, fit Darie de Combeplane.

— C'est le seigneur de Castelbouc, hasarda Tarcille de Costecalde.

— C'est le sire de Quillefort, jura Yvonne de Raspaillac.

— Non, c'est le duc d'Aquitaine et de la Graillerie, mon fiancé, miaula Maguelonne comtesse de Novis.

La vision disparut derrière un promontoire.

Tout rentra dans l'ordre.

Les poulettes sortirent de leurs aumônières leurs livres d'heures ; mais les cervelles travaillaient sous les cornettes.

Le lendemain, même spectacle.

Après huit jours de relâche, le neuvième une barque à la Lohengrin, en forme de cygne, parut au milieu du Tarn.

Son barquier était de jaune tout habillé : il avait l'air d'un gros loriot.

La nuit on entendit des sérénades d'une douceur exquise, interrompues, par des rires aigres et stridents.

Les nonnes frémissaient, dans leur chambrette, tantôt de plaisir tantôt d'effroi.

Leur cœur se détraquait en picottements, leur tête bouillait.

Enimie, remarqua ce désordre et, dans les transes les plus vives, elle surveillait de son mieux son troupeau de linottes évaporées.

Quelle patience, boudious ! Toute autre aurait pris un balai de crin.

On était fin juillet, aux jours caniculaires.

Epoque critique pour les femmes et les chiens.

La chaleur était accablante dans le Cagnon.

Des bataillons de punaises manœuvraient dans tous les bois de lit.

Ces vilaines avaient envahi les dortoirs du couvent.

Et, la nuit, quand les bachelettes dormaient, leur corps se tordait, avec des soubresauts.

Il prenait des tons écarlate car la bête mordait.

La bête mordait à pleines dents dans ces peaux douces et unies que les ongles des nonnains rayaient de longs sillons de feu.

Entre temps la mandoline de l'homme jaune grinçait sur l'onde, sous les fusées de rires stridents.

C'était intolérable, on ne dormait plus au monastère : il y avait le feu grégeois au couvent.

On aurait mieux dormi dans une chaumière indienne, dans la case de l'oncle Tom.

Enimie était agacée, avait ses vapeurs.

Un lundi, pendant que le chapelain sonnait matines, une flèche siffla dans l'espace et, traversant le vitrail plombé de la cellule de Maguelonne, vint tomber à ses pieds.

Elle leva le roseau et y trouva enroulé le billet suivant :

« Ma mie, enfin j'ai découvert ta prison :
» c'est la délivrance ! Demain, à minuit, sois à
» ta fenêtre, je saurai t'emporter dans ma bar-
» que qui nous conduira dans le palais digne
» de tes charmes et de ma tendresse. Celui
» qui t'aime.   SEGONDY. »

Maguelonne qui en avait assez de cette vie cénobitique, sans mouton, sans lapin et sans sommeil, porta le poulet à ses lèvres, puis sur son cœur, enfin elle l'étouffa dans une rainure de son bois de lit.

\* \*

Le lendemain la fille de Clotaire, qui n'avait pas oublié les souffrances de son prurigo, plaignit ses compagnes croustillées par les punaises.

Le prurigo ou les punaises c'est *kiff-kiff*, disent les arabes de Souff et les cosaques du Don.

Elle chercha à les débarrasser de ce déplaisant conchambriste.

Avec le secours des tourières, pendant que les sœurs étaient à la chapelle, elle badigeonna leurs couchettes avec de la graisse de putois.

Ça puait, mais c'était radical.

Aux grands maux les grands remèdes.

Arrivés au lit de Maguelonne, Enimie aperçut le poulet par les pattes.

Elle en lut le contenu et le replaça dans sa cachette pour ne pas éveiller des soupçons.

Confuse de sa découverte, elle rentra dans son oratoire et pria.

Elle pria dans son oratoire, mais rien ne trouva.

Enfourchant sa blanche haquenée elle vint frapper à l'ermitage de St-Ilère.

Elle raconta le fait à l'oculiste, sans oublier le cavalier noir ni le jaune nautonier.

— Tartrèfle, c'est grave ! dit le saint. Il faut éplucher ça, il faut éplucher ça.

— Puis, ayant plongé sept fois ses doigts décharnés dans sa barbe, il ajouta :

— Si Maguelonne écoute son suborneur et le suit, mettez-vous à leur poursuite ; prévenez-moi au moyen de cette corne, en entrant dans les Détroits ; je saurai les arrêter.

Il lui remit une petite corne en bois de cerf, et Enimie reprit le chemin de Burle sur sa blanche haquenée.

*
* *

A minuit, heure militaire et criminelle, — l'un et l'autre se disent — Maguelonne quittait le monastère par la fenêtre.

La fenêtre c'est la porte des artistes, des amoureux et des voleurs.

Elle tomba, sans foulure, dans les bras de son ravisseur.

Quel bonheur !

Une barque rapide emporta les fugitifs.

Enimie détacha sa nacelle et se mit, sans bruit, à la rescousse.

Aux Détroits elle sonna, ainsi que cela avait été convenu.

Les sons de la corne magique résonnèrent éclatants, dans ces gorges, comme le son des trompettes du jugement dernier, ou celle de Roland à Roncevaux.

Les fuyards, qui ignoraient qu'on leur donnât la chasse, stupéfiés, doublèrent leurs nœuds.

Après une course folle ils tombèrent en plein dans l'épervier que St-Ilère leur avait tendu, sur le Tarn, en face des Baumes.

Un blasphème horrible sortit, avec une gerbe de feu, de la bouche du détrousseur.

Maguelonne, anéantie, s'affaissa dans la barque

Enimie arriva presqu'aussitôt, avant que l'inconnu se fut dépêtré du filet.

A la vue de la Sainte, Lucifer, — car c'était encore lui, — se changea aussitôt en dragon ailé et chercha à emporter Maguelonne à califourchon.

Enimie le prévint, en faisant un signe de croix.

A ce signe le diable abandonnant sa proie, ouvrit ses larges ailes et s'enfuit comme une trombe dans la direction des Vignes.

La princesse le poursuivit dans son esquif, mais l'émotion et la fatigue avaient paralysé ses tibias et ses biceps.

Elle ramait mollement et ne pouvait rejoindre l'imposteur.

Au moment où le diable allait lui échapper, en plongeant dans le gouffre de Soucy — qui était, parait-il, une soupape des enfers — la sainte s'écria :

— « A mon secours, montagnes, arrêtez-le ! »

A cet appel les rochers de la falaise se détachèrent avec un fracas épouvantable et roulèrent sur le flibustier.

Le flibustier, quoique fort entamé, allait disparaître dans le trou, lorsque la masse de la « Sourde » lui fondit dessus.

Roque-Aiguille, peu leste à cause de sa taille et de ses rhumatismes, arrivait clopin-clopan en grommelant : « Attendez-moi donc ! Attendez-moi donc ! »

A mi-côte elle se prit à beugler ;

— « Hé, la Sourde !.. As-tu besoin de moi ?»

— « Merci, ma vieille, je le tiens bien. »

— « Qui donc ? »

— « Viens le voir, radoteuse ! »

— « Pécaïré ! faut que je prenne mon infusion de feuilles de noyer et mon petit bâton. »

\* \* \*

Le diable, meurtri et écrasé aux trois quarts par le poids de la roche, hurlait comme un boulanger qu'on a passé au four.

Il jouait des dents et des griffes contre le dur fessier de la « Sourde ».

Et la « Sourde » souriait de ses attaques, aussi impassible, en filant à sa quenouille, que si elle eût été assise sur un panier de cerises de Jérusalem.

Enimie arriva, sur ces entrefaites, en conduisant Maguelonne par la main.

Vous ne l'auriez pas reconnue, la petite comtesse de Novis.

De blonde comme les blés d'or, avant son escapade, elle était devenue une brunette fort piquante.

Ce que c'est qu'une forte émotion et le contact d'un nègre !

Heu ! ne m'en parlez pas.

Elles s'approchèrent du gouffre.

— Voilà le misérable qui t'a détournée de tes devoirs, pauvre fille déconfite, dit la princesse. Il est frais le coco !

— Il est frais le coco ! répétèrent roches, rochers et rochillons... Hou ! Hou ! Hou !

— Je croyais que c'était mon fiancé Ségondy duc d'Aquitaine et de la Graillerie, riposta Maguelonne en pleurnichant. Je le renie pour ma vie, et après ma mort aussi, oui, oui !

Rendu plus furieux par cette voix, Lucifer fit un dernier effort de reins qui secoua la « Sourde » et la griffa si profondément à la base, qu'elle en porte encore l'empreinte sanglante. Puis, il fit surgir à travers les rocailles, une queue monumentale aussi longue et aussi ramue qu'un sapin du Danemark.

Cette queue, rendue à la liberté, battait le voisinage et, par de rapides moulinets, aspergeait les figures des jeunes filles d'une grêle de cailloux et d'une pluie d'eau mêlée de soufre et de bitume.

— Ah ! c'est comme ça, fit Enimie, attends un peu, sacripant !

Elle sortit de sa poche un petit goupillon d'eau bénite superfine, qui ne la quittait jamais, et en lança quelques gouttes sur le dos du tapageur.

« *Ouahi ! m'as fach maoü, bougri !* » s'écria le diable, dans la langue des félibres, en mettant un bémol à son appendice troublant.

Alors l'abbesse lui dit :

— Sombre esprit des ténèbres, lâche démolisseur, triste suborneur, impudent ravisseur, si tu veux que je te laisse souffrir en paix, sans augmenter tes douleurs, promets-moi de ne plus venir rôder autour de notre monastère et de ne plus tracasser mes petites sœurs, sinon rien ne m'arrête, je serai la foudre la tempête !

— Je le jure sur la tête de Proserpine, ma cousine, et sur les cornillons de mes enfants. Mais, de grâce, ferme le robinet de ton vitriol. Si tu me délivres de ce traquenard étouffant, je te guérirai de ton prurigo et te referai une peau neuve tendre et rose. Tu pourras quitter Burle plus belle que jamais, épouser Frédegor roi des Burgundes et Maguelonne récupèrera son Ségondy.

— Tais-toi, imposteur ! répliqua Enimie.

La princesse voyant que ce boniment émotionnait outre mesure sa compagne, tourna les talons et se dirigea avec elle vers les Baumes.

En route, près du rocher aux Corneilles, elles rencontrèrent l'excellent Ilère qui, tout effaré, venait les rejoindre.

Le vieux prélat, exténué par le jeûne et les veilles, n'avait rien entendu. Il dormait pendant que le drame terrible se déroulait au-dessous de son ermitage.

Il s'excusa de son retard et amena les deux nonnes dans sa cahute. Elles burent une pinte de cidre, mangèrent une salade et des noisettes et reposèrent sur un lit de feuilles sèches en attendant le jour.

Le lendemain, l'évêque — devenu *in partibus* depuis l'abandon de son palais épiscopal, — les fit reconduire au monastère sur deux ânesses de sa connaissance.

On fêta le retour de Maguelonne, cette pauvre brebis un instant égarée, par des salves de tous les canons de l'Eglise — retraites, neuvaines, rosaires, abstinences.

Le goût du mariage étant passé à la comtesse de Novis, on suspendit, en ex-voto, dans la chapelle des repenties, un diable en cire qui lui rappelait sans cesse sa détestable frasque. Elle s'éteignit dans le sein du Seigneur, en murmurant le nom de celui d'Aquitaine et de la Graillerie.

*Requiescat in pace.*

\* \*

Revenons à Lucifer.

Nous l'avons laissé hurlant, aplati sous les roches, la queue prise dans un étau du plus pur calcaire.

Pendant quatre-vingt-douze heures nonante-cinq, cadran en poche, il fit résonner le Cagnon de ses imprécations et de ses cris, remplissant de terreur les paisibles habitants des hameaux voisins.

Enfin, le tumulte cessa. Les plus intrépides, parmi les libres penseurs de Dolan et aultres lieux, riverains du Pas-de-Soucy, osèrent s'aventurer aux bords de l'abîme.

Ils constatèrent que seule la queue du diable était restée à la bataille, le corps avait disparu. On fit mille suppositions relativement à cette disparition. On s'arrêta à celle-ci, la plus probable, qu'Astaroth, avec toute la coterie, était venu débarrasser le camarade.

Ils avaient négligé la queue, fortement avariée, pensant qu'il lui en repousserait une nouvelle comme aux écrevisses et aux lézards.

Cette queue, bravant l'orage et les rafales resta, pendant plusieurs siècles, raide et droite, encastrée dans les blocs de pierre.

Durant ce laps de temps les indigènes, croyant à la vertu magique de cet engin velu, s'y rendaient en pèlerinage et en emportaient une botte de poil sur le dos de leur mulet.

Plus tard, même, on en scia des rondelles comme des tranches de mortadelle de Bologne.

Plusieurs maisons des Gorges et des Causses de Sauveterre et Méjean ont conservé pieusement et sans câpres des tronçons de cette queue.

Ils croient que la possession de ce talisman les préserve de la misère et des maladies. Erreur ! Tous ceux qui ont raclé, tiré et fréquenté cet appareil codal, en bloc ou en parcelles, sont restés pauvres, et je me suis bien souvent demandé si ce n'est pas de là qu'est venu le dicton « tirer le diable par la queue ».

Après une pause, Grujat huma une large prise de tabac et dit :

... Voilà, mesdames et messieurs, cette fameuse légende du Pas de Soucy. Merci de l'attention que vous avez apporté à mon récit, je désire que vous l'ayez goûté avec le même plaisir que celui que j'ai eu à vous le dire.

— Bravo ! Bravo ! père Grujat, fit le chœur.

— Vous nous avez charmés, dit l'Anglais.

— Elle est jolie comme un cœur cette histoire, dit Annonciade.

— Quel splendide sujet pour un peintre flamand, dit Nioparés.

— Si vous n'étiez pas là, cette nuit je rêverais à Maguelomne, dis-je à Ludovie.

— Alors vous seriez le diable, répondit la jeune fille, en faisant la moue.

## XXI

Le conte de Grujat avait duré longtemps, nous dormions debout, nous nous éveillâmes pour aller dormir au lit.

Dans notre chambre à deux couches, avec Ulysse, nous repassâmes en commun les péripéties de cette journée bien remplie.

A cent mètres près nos impressions étaient les mêmes sur les sites que nous avions visités, et sur les étrangers, hommes et femmes, qui avaient agrémenté et émaillé notre campagne et qui, à coup sûr, étaient plus pittoresques que le Cagnon lui-même.

Sans déprécier le côté des hommes, toutes

nos préférences penchaient du côté des femmes ; c'était galant et de bon goût, aussi plongeâmes-nous dans les draps somnifèrants avec cette double exclamation : « O Ludovic ! O Annonciade ! »

Au matin, à l'heure ou les porreaux relèvent la tête, penchée sous les sueurs de la nuit, nous fûmes réveillés par les accords mélodieux et tendres d'une guitare accompagnant une voix de fauvette.

C'était Annonciade qui chantait une romance Italienne, dont le refrain était celui-ci :

*Vurria sapere si certo m'amate*
*O pure per cuperchio me tenite...*
*Calice d'oro mio !*

— C'est pour moi qu'elle chante, la charmante enfant, miaula Ulysse en s'étirant sur son traversin. Elle m'envoie ses sentiments sur l'aile des petits aquilons qui filtrent à travers les fissures des cloisons et font trembler les flammes des chandelles. Elle me dit : « Je voudrais savoir si vraiment vous m'aimez, ou si vous faites de moi votre jouet, calice d'or ! »

— Viatdazé, fis-je, si elle t'appelle « son caniche d'or », tu dois être crânement fier ?

— Je te crois, mon toutou !

Et enflant son larynx comme un lézard cravaté, Ulysse répondit, en s'accompagnant avec notre déméloir, dont il frottait les dents sonores contre les angles de la table de nuit :

*Certissimo te amate,*
*Cara mia di Tobozo*
*Me tardo te tenite...*
*Pel bascou de toun caraco !* (bis)

Un éclat de rire répondit à ce couplet et la voix cessa.

Nous sortîmes et dirigeâmes nos pas vers le pont qui réunit les deux rives.

De ce point nous embrassions tout le village ; quelle riche image ! Nous nous demandions à quelle époque pouvait remonter la pose de la première pierre de ce repaire de pêcheurs ? Quel pouvait être le Rémus ou le Romulus des Vignes ? Nous savions que dans les fouilles des dolmens et des cavernes des environs, les chercheurs avaient trouvé des hachettes de silex, des crânes d'ours, des bois de cerf, des monnaies sarrazines, des serpettes de druides, des cimiers de casques romains, des chapelets du temps de Charlemagne, des pierres de croisées anglaises taillées en cœur renversé, des os humains et animaliens, des gants de castor, et des hermines d'avocats anté-diluviens.

Pendant que nous nous perdions en conjectures, nous vîmes venir à nous un homme mûr comme une nèfle sur un pétrin. Il sentait la corne d'une lieue, c'était un maréchal *odoriferrant*.

Il s'approcha sans aisance et nous dit d'une voix de chevreau :

— Vous trouvez notre pays bien bizarre, bien accidenté. Eh bien ! moi, qui suis né et ai vécu pendant quatre-vingt-cinq ans dans ce trou, pécaïré ! je ne puis me faire à l'idée des malheurs qui s'abattirent sur ces parages à l'époque du déluge ?... Après un soupir et une pause, il reprit — Figurez-vous les eaux crevant les plateaux et les montagnes, s'ouvrant une route dans les entrailles de la terre, roulant sur leur passage hommes, bêtes, rochers, poissons et enclumes. Quel vacarme, quels gémissements, quels hurlements, quelles tortures ! Cette idée a empoisonné toute ma vie, l'abrégera, pour sûr, de plus de vingt ans : Pécaïré !...

Et, en parlant ainsi, le vieillard voulait verser un torrent de larmes, mais ça ne venait pas.

— Pourquoi forcer ainsi vos facultés lacrymatoires, lui dîmes-nous, conservez-les pour des causes plus légitimes.

— Plus légitimes ! exclama-t-il, vous n'avez donc pas le sentiment de la propriété, de la famille ?... Je voudrais vous y voir, vous autres, si, comme moi, vous aviez perdu tous vos ancêtres et votre quincaillerie rurale par le caprice des eaux !

— A l'époque du déluge ?

— Mais oui ! aussi ai-je souffert pendant 85 ans et le pouce.

Nous laissâmes le vieil *odori-ferrant* essayer de pleurer ses aïeux préhistoriques et tournâmes les talons.

## XXII

Aux abords du village se trouve la maison d'école. Cette construction, qui date du dernier emprunt seulement, est vaste et spacieuse. Elle renferme, dans le même local, les garçons et les filles ; un mur Guilloutet sépare les deux sexes.

Avec une échelle, moins longue que celle du Levant, l'instituteur et l'institutrice peuvent se serrer les phalanges, sauter pardessus les corbeaux en saillie, pour partager le tapioca, le pain, le sel, le saupiquet et un vieux bésigue ; se repasser couteaux, ciseaux, rasoirs et le vieux moine pour réchauffer les draps. Quoique laïques, tous *Frères* et *Sœurs*. O progrès ! tes mystères sont incommensurables, insondables, charitables et suggestifs.

. . . . . . . . . . . . . . . . . . . . . . . . . . . . . . . . . . . . . . . .

Non loin de la source du *Parayre*, qui alimente le moulin de Rouvelet, et où se balladent des truites de plusieurs kilos, nous rencontrâmes Annonciade et Ludovie qui venaient nous rejoindre.

Le sempiternel St-Pierre les accompagnait.

Après des compliments inusités, la petite troupe continua sa promenade en suivant la route de St-Rome. Nous arrivâmes au-dessous des ruines du château de Dolan, sus relaté, huché sur la plate-forme d'un promontoire entre les Vignes et le Pas-de-Soucy.

Par un sentier de chèvres, creusé dans le calcaire, empâté de gravier rugeux comme des pralines que la chaleur aurait surprises, uous grimpâmes sur l'éperon.

La sueur inondait nos visages et les parois de nos aisselles hautes et basses.

Nous visitâmes ces grands ossements de bâtisses calcinés par le temps — ainsi parle Daudet.

De ces ruines il ne reste que trois pans de murs percés de petites ouvertures ou trous, et des lucarnes en forme de virgules la queue en l'air, comme on en voit dans les meurtrières.

Une citerne assez bien conservée en occupe le centre, à suite une croisée longue et étroite, avec évasement cintré à l'intérieur, indique une antique chapelle, vouée par Rosalie au culte du Seigneur.

Mémet, propriétaire actuel de cette carcasse, nous dit que ce château n'était autre qu'une prison d'Etat, un petit Pignerol. Les trous et lucarnes servaient à la défense de la place et à donner de l'air aux prisonniers. Cependant le seigneur ou gouverneur du fort devait être puissant, car il ne mangeait pas, disait-il, dans la vaisselle de bois.

— Qu'en savez-vous, mon ami ? fîmes-nous.

— L'on raconte qu'un journalier, il y a quelque cent ans, en cherchant des escargots dans ces pierres, rencontra sous sa pioche une superbe soupière en argent massif, avec un grand œil au fond. Il emporta l'objet. Sa femme parla de cette trouvaille à quelqu'un qui lui conseilla d'en faire hommage au seigneur de Sévérac, dont le fief de Dolan dépendait, lui assurant qu'ils seraient largement récompensés. Le paysan le crut et partit aussitôt. A la vue de la soupière, le seigneur entra dans une colère bleue comme l'œil susdit, et, la lui arrachant des mains, cria aux archers de jeter le truand dans une oubliette.

Une autre version dit que le « trouveur » alla porter la terrine à Clermont, à un descendant du gouverneur de Dolan qui le reçut à coups de pieds au derrière, après l'avoir soulagé du vase précieux et oculaire. De toutes façons cette trouvaille eût un résultat malheureux pour le pauvre inventeur.

— C'est l'histoire du pot de chambre du Masque de Fer, fîmes-nous.

— J'ignore s'il y avait un masque de fer, reprit Mémet. Il paraîtrait que ce formidable castel, dont plus de mille hivers ont léché les moëllons, engagea une terrible lutte avec l'évêque de Mende et lui tailla de rudes croupières. Sur les terrasses démantelées, où jadis belles dames et hauts barons dévisaient, paissent aujourd'hui mes cabris et mes dindons.

C'est le cours des choses de ce monde. Après les gens viennent les bêtes, après les bêtes viennent les gens. Il est probable, cependant, que ce cap ne sera jamais restauré, quoique ce soit une baronnie...

— Une baronnie ! exclama Annonciade d'un ton interrogateur.

— Oui, madame, riposta Mémet. Erigée en

baronnie, cette place appartint d'abord aux comtes de Barcelone, aux ducs d'Armagnac, aux d'Arpajon, aux familles de Royes et de la Rochefoucauld. Aujourd'hui, je suis seul propriétaire de ce fief ; s'il convient à quelqu'un de vous, avec le titre de baron, pour cent écus je vous céderai tout le bataclan.

Nous sourîmes à l'offre du campagnard et Ludovie laissa tomber son ombrelle.

Comme je me baissais pour la lui relever, elle se baissa aussi et, lorsque nos têtes se rapprochèrent pour la même opération, elle me murmura dans la trompe d'Eustache : « Achetez donc ce clapier, vous serez baron. J'aimerais bien que vous fussiez un brin baron. »

— Nous y aviserons, ma belle, lui répondis-je, si vous voulez en être la baronne !

## XXIII

Nous quittâmes ces escarpements et redescendîmes sur la plage.

Le Tarn coulait sage et limpide sur les galets, dont nous aurions pu compter la petite monnaie au fond des eaux.

Pendant que St-Pierre sculptait, sous un

vergne, un mascaron à son bâton de buis, nous nous divisâmes en deux groupes.

Annonciade et Ulysse prirent le midi, avec Ludovie nous nous dirigeâmes vers le nord.

— Eh, pas trop loin ! cria notre surveillant.

Nous ne nous écartâmes guère que de quelques vingtaines de brasses et nous assîmes au bord de la rivière, à l'ombre des massifs.

La journée était admirable. Il y avait dans l'air un quelque chose d'indéfinissable qui chatouillait le nez, les yeux et les oreilles, détendait les nerfs, flattait la peau, dégonflait les varices, apaisait les furoncles.

Une journée physiologique et psychologique au premier chef : le corps et l'âme dans le même filet. Une matinée de poète, toute la lyre, et Railhac n'était pas là ! il dînait avec son ami Azémar.

— Aimeriez-vous à vivre dans cette solitude, vous qui avez habitué le bruit et le mouvement des cités ? dit la fille à Grujat en commençant le feu.

Je lui répondis en roulant une cigarette :

— Si c'était pour flirter toute l'année avec des poissons, des rochers et des couleuvres, ça finirait par devenir monotone ; mais, avec une camarade comme vous, réunissant la crème et le feuilletage de l'esprit et du cœur, volontiers, Oh ! très volontiers ! Je détacherais le feuillet rose de mon agenda qui, pendant un mois de chaque année consigne, sur place, les épanchements de mon être.

— Alors, vous consentiriez à passer un mois de l'été dans ces Gorges ?

— Mais z'oui ! mais z'oui, ma tendre amie !

A cet aveu, elle leva vers le firmament sa prunelle filante, et étouffa un demi soupir, la main sur la mappemonde de son poitrail.

Puis, elle laissa couler de ses lèvres cette bucolique :

— Moi, j'aime la campagne, le chant du coucou et du petit oiseau épicier qui crie : « *du riz, du riz, des haricots, du riz.* »

J'aime l'odeur du linge lessivé de frais, le ronron des chats, le chaudron qui brille, mon petit chien qui rit.

J'aime les mûres des buissons, les coupes mignonnes des glands de chêne, les baies d'aubépine, les jolies brosses des chardons.

J'aime la silhouette des arbres, les nuages qui volent, les passerelles des ruisseaux sur lesquelles on marche en tremblant.

J'aime le printemps avec ses courses vertes, ses parfums, sa gaieté, ses salades.

J'aime même l'hiver avec ses contes de la veillée, ses flambées de fagots, ses grillées de marrons.

J'aime la simplicité, la franchise.

J'aime mon père qui m'a donné la vie, j'adore le bon Dieu qui me fera mourir. Quoique je n'aime pas le tapage des villes, — que je ne connais pas, mais que je devine — ses cancans et ses fadaises, je m'y ferais facilement sous la garde d'un charmant cavalier tel que vous, surtout si j'étais baronne de Dolan.

... Bien tapé, pensais-je, toutefois je ne m'emballai pas, connaissant la naïveté de la candidate.

— Vous ne seriez jamais qu'une baronne de cent écus, puisque le brave Mémet ne demande de son fief que ce chiffre.

— A votre bras, je serais une baronne de diamant.

Et Ludovie disait ces sucreries sans se troubler, sans malice, avec l'ingénuité d'une fillette qui lèche une tartine de miel rosat.

Les rôles étaient intervertis : je faisais une drôle de tête : tant de candeur et d'innocence me la coupaient. Je ne savais où poser mon chapeau.

Tout à coup un cri sortit du milieu des aulnes.

— C'est Annonciade qui doit être tombée

dans un gouffre. Courons, fis-je, en me levant.

— Elle doit savoir nager, répondit Ludovie sans bouger.

— Si elle sait nager, c'est le cas d'aller à son secours.

## XXIV

Que se passait-il dans les oseraies ?
J'oserai vous le dire.

L'Espagnole et Ulysse étaient assis sur l'herbette, comme Tircis avec la tendre Annette. Ils regardaient, dans l'eau, un superbe goujon qui se livrait à une sarabande effrénée sur un lit de caviar.

Ulysse saisit cette occasion pour expliquer à la jeune fille la germination du poisson à l'époque du frai, et autres mystères de la nature humide, savante dissertation qu'il tenait de M. Coste le père des huîtres.

Le cri que nous venions d'entendre n'était qu'un cri d'admiration.

A notre arrivée, mon ami continua sa conférence. Il nous enseigna comment ces petits animaux peuplent les rivières, les cours d'eaux et les fleuves avec une succulente fertilité. Il nous édifia sur les délicates attentions du barbeau, auquel la carpe joue mille tours avec le brochet son compère.

Au même instant nous vîmes sauter près des roseaux une véritable carpe du Rhin. Mamzelle Nioparés poussa un second cri ; alors la carpe entra dans une turbine d'arrosage.

— Il est probable qu'elle sera machée par l'hélice de la roue. Tant pis ! il ne fallait pas qu'elle fut si sauvage, dit Ludovie en quittant ses chaussettes pour prendre un bain de siège.

Un bidet, qui passait par là, nous regardait d'un œil profond attendu qu'il était au-dessus de nous sur la crête.

Troisième cri d'admiration poussé cette fois par le bidet, à la vue de St-Pierre qui était son parrain. Le dieu Brahma n'en brama jamais un pareil dans le Ramayana (chant indou).

Annonciade sauta sur le bidet, descendant dans la plaine avec un berger qui tenait sa houlette à la main.

L'âne fit quatre bonds et une ruade et lança la cavalière sur le trèfle.

Ludovie courut la relever et l'aida à réparer les désordres de sa toilette.

Nous fîmes jouer ses jointures, il n'y avait encore rien de cassé.

Comme le berger riait de l'aventure, ce qui augmentait la confusion de l'espagnole, Ulysse furieux culbuta le paysantin dans la rivière du côté où le goujon, indifférent aux bruits extérieurs, continuait son œuvre opportuniste sur le banc de caviar.

De nombreuses bulles d'air montèrent à la surface, et le berger, plongeur malgré lui, remonta aussi avec les cheveux pleins de caviar, une truite à la bouche et un goujon à chaque main.

— Si vous désiriez du poisson, fit-il, vous n'aviez qu'à le dire. Il était inutile, pour me le faire comprendre, de me précipiter dans la rivière. Je m'appelle Merleflac et suis là pour vous servir.

— Je te pardonne, dit Annonciade, en passant la brosse d'un chardon dans les broussailles capillaires du jeune Corydon.

— Puisque nous avons du poisson, dit Ulysse, je propose de déjeûner sur l'herbe.

— Oui, oui, dirent les jeunes filles, ravies de cette proposition.

Je remis une pièce de cent sous à Merleflac, avec ordre d'aller à l'hôtel chercher une poêle, du pain et du vin.

Entre temps nous nous dispersâmes sur le

rivage pour faire du bois. Bientôt le feu brilla, crépitant et joyeux, au milieu des rires de toute la bande.

Seul, St-Pierre était sombre. En hochant la tête il dit :

— Je ne sais, mesdemoiselles, comment Monsieur Nioparés et le père Grujat interpréteront votre absence si prolongée. Nous devions rentrer à onze heures et il va être midi.

— Tais-toi, *banastero*, tu nous chiffonnes ! lui riposta Annonciade avec toutes ses dents.

Gal toussa comme s'il n'avait pas compris.

## XXV

Nous attendîmes encore une demi-heure et, voyant que Merleflac ne revenait pas, nous rentrâmes à la *Truite d'Or*.

Nos amis avaient à moitié déjeûné.

Nioparés apostropha sa fille dans une langue que nous ne comprîmes pas. Elle ne répliqua pas et garda un silence que nous comprîmes.

Grujat buvait sans mot dire, Hannton souriait, Fenechtrou devorait une truite qu'il tenait des deux bouts comme une tranche de melon.

Nous prîmes nos places.

Au café l'Anglais se mit à dire :

— Le combat de coqs de ce matin me trotte encore dans la cervelle, et me rappelle ceux de Liverpool où, sur un pari, je gagnai cent sous.

— Comme Merleflac, murmura Ulysse.

Ce combat avait eu lieu dans la basse-cour de l'auberge en présence de l'espagnol et du fils d'Albion.

— Si on n'était pas venu les séparer, dit Nioparés, j'aurais parié pour le jaune, le plus petit. Il avait la poitrine plus large que le rouge, il jouait mieux des ergots et du bec. Au reste les *bankivas* sont plus alertes que la race de *Sonnerat*. J'ai vu beaucoup de rixes entre bêtes, mais celle qui m'a paru la plus acharnée, a été celle de deux chameaux.

— Entre chameaux !... pas possible, s'écria l'Auvergnat, chés bestiaux chont très doux. Ché connu intimément chelui du jardin d'Acclimatation.

— Doux ! pas tant que ça ! répliqua l'espagnol.

— Racontez-nous cette lutte.

— Je veux bien. ...« En 1884, le 16 décembre, j'étais à Porquéro, petite bourgade de l'Amérique du Sud.

Je sortais d'une *osteria*, mes poches pleines de revolvers, mais complètement vides d'argent.

Je venais de perdre un nombre incalculable de pistoles à un fripon de jeu où l'on ne peut gagner qu'à la condition d'envoyer une balle dans la tête de chacun de ses partenaires.

Je marchais mélancoliquement escorté de trois *Saladeros* qui, pensant que ma bourse n'avait pas dit son dernier mot, croyaient que je faisais Charlemagne. — Au Chili faire Charlemagne c'est se retirer après avoir perdu sa dernière piastre.

Je caressais dans ma poche la gâchette d'un de mes révolvers, lorsque nous vîmes arriver à nous un homme effaré et fort mal peigné, criant : « Au secours, mes senors, ils se battent !... S'ils se tuent, je suis complètement ruiné ! »... Comme moi, pensai-je.

Les trois *Saladeros* emboitèrent le pas derrière cet inconnu ; je les suivis sans trop m'expliquer pourquoi.

Au détour d'une rue projetée, et dont les maisons étaient en zinc galvanisé, — ce qui ne préserve pas le moins du monde de la foudre, — au milieu d'un immense vacant, je vis quelque chose qui ressemblait de loin à la ménagerie de M. Castagné Trémollés de Port-Bou.

J'entendis un grand trépignement semblable à celui des spectateurs quand ils applaudissent, au théâtre de la Scala, la diva Emma Calvé dans la *Cavalliera Rusticana*.

Un des *Saladeros* se tourna de mon côté en me disant : — « Il parait qu'il y a du grabuge dans les cages. Le lion est jaloux comme un tigre, il soupçonne M. Rhinocéros. »

— Si ce n'était que cela, répondit le montreur de bêtes, je ne vous aurais pas dérangés. Ce sont mes deux chameaux qui sont en train de s'entredévorer.

— Comment, répliquai-je, des animaux si doux, si faciles et si dociles au montoir ?

— Et au promontoir, ajouta l'un des *Saladeros*.

— Ah ! vous croyez cela, dit le cornac ahuri, entrez et vous verrez.

Nous nous glissâmes derrière un dédale de merrein, et notre nez fut immédiatement saisi par cette odeur spéciale, qui surprend le nerf olfactif, lorsqu'on pose le pied sur la terre d'Alexandrie.

Le barnum de cette baraque avait quelque peu raison.

Imaginez-vous, dans le fond d'une allée ouverte aux spectateurs, deux chameaux se livrant à une lutte camélicide.

Les « *Deux frères ennemis* » de Racine, auraient été deux moutons couronnés auprès d'eux.

Cependant, au dire du dompteur, ils étaient jumeaux, nés de la même mère, de la même paire, dans la même ménagerie, cage n° 100.

Tous deux avaient été attachés à la même corde, nourris par le même chamelier, chauffés par la même brasière, blanchis avec les mêmes coups de bâton.

Ils avaient la même taille, la même robe.

La seule différence qui existât entr'eux provenait de l'altitude de la proéminence dorsale, encore cela résultait-il, toujours d'après le dompteur, de l'accouchement irrégulier du dernier, qui, contre nature, vint au monde de face, tandis que l'autre s'était présenté de dos au gardien sage-femme.

Leur mère mourut à Arles, en leur donnant la bosse.

— Ce n'est pas étonnant, dis-je, deux chameaux jumeaux qui n'emboitent point leur protubérance et qui, dans le sein de leur mère, s'opposent l'angle de leur convéxité doivent présenter, à l'échéance du terme, d'horribles complications obstétricales.

— Quel terme pour leur mère ! dit un des *Saladeros*.

— Ce fut celui de la vie de la pauvre chamelle, dit le comptable.

— Et comment avez-vous nourri ces deux orphelins, demandai-je.

— Avec du lait de coco, reprit l'employé, c'est ce qui explique sans doute leur humeur bellicoqueuse.

Pendant ce colloque on entendit un épouvantable tapage.

Primus, l'un des chameaux — selon l'expression de Pothier, jurisconsulte français auteur des *Obligations*, — avait défoncé le plancher et restait suspendu à la bosse de son camarade qu'il avait accroché avec les dents.

— Ecoutez-moi, criait le gardien.

— Parlez, parlez ! tirez-nous d'embarras, disait le dompteur.

— Sauvons-les et sauvons-nous, disaient les *Saladeros*.

— Je suis ruiné ! vociférait le patron, ils sont enragés !

— Messieurs, dit le comptable, à mon avis je crois qu'il serait bon de les séparer.

— C'est ce que vous avez trouvé, mon ami, fis-je, et je glissai deux maravédis dans sa main qui puait la boucherie coopérative.

— Tonnerre de St-Affrique, dit le dompteur, allez chercher le manche à balai et faites-le rougir au feu.

— Mordez-les à la queue, disaient les *Saladeros*, ne vous gênez pas, seulement quittez-leur les espadrilles.

Au même instant on entendit un affreux craquement. Les deux combattants avaient disparu par le trou du plancher, moins les deux têtes, comme le décapité parlant, et elles s'entre-cherchaient pour se mordre.

On eut dit un hydre sous-marin passant deux têtes par la même fissure.

Nous fermâmes les yeux.

Quand nous les rouvrîmes, nous ne vîmes qu'un immense trou béant avec les deux chameaux au fond. La chute avait été jolie, admirable mais impuissante, à les séparer.

Aussitôt on apporta le bâton domestique rougi au feu.

— Trop tard, dit le dompteur, allez chercher la pompe.

— Foulante, dis-je.

— Foulante pour les séparer, et aspirante pour les remonter.

— Vous êtes complètement idiot, dit le comptable, je vous rends vos maravédis, sandis cadédis !

Plus tard nous sûmes qu'il était d'Aurillac, patrie du grand Sixte-Quint, et qu'il s'appelait Rispal Irénée cadet.

Je tirai alors mon chronomètre Bréguet, mais John Riggs, le maître de la ménagerie me dit :

— Soyez délicieux et convenable, noble hidalgo, ne faites pas le lâcheur. Nous avons besoin de votre secours. Vous ne voyez donc pas que nous allons être obligés de descendre dans le sous-sol, de les séparer, de les panser et de les remonter sur notre dos.

— Et la pompe, qu'en ferez-vous ?

— Nous ferons comme dans les incendies, nous ne nous en servirons pas.

— Et du bois dur rougi ?

— Il est déjà refroidi.

— Et moi aussi, je suis déjà refroidi, répondis-je. Vous croyez que pour deux chameaux jumeaux, qui se dévorent à gogo, et que vous voulez charger sur mon dos, je vais sacrifier mon dodo ?... Ah, mais nô !

— Du tout, Monsieur, je vous louerai un landau et vous rentrerez avec vos espadrilleros.

Pendant que nous discutions, on apporta une de ces pompes avec lesquelles on nettoie les roues des cabriolets et les tilburys.

— C'est bien, dit John Riggs, mais vous m'obligerez infiniment si vous voulez aller chercher une longue échelle.

— Celle de Jacob ?... dit le gardien.

— Oui, celle qui est chevillée avec des bâtons de ce nom. Les chameaux aiment beaucoup les friandises et cela pourrait les adoucir.

— Dieu vous entende, dit un *Saladero* qui faisait passer par le nez sa langue maternelle.

— Ça z-y est, dit un nègre, devenu constrictor au service particulier du boa.

— L'eau manque, grommela John Riggs.

— Qu'on apporte du vin ! hurlèrent les *Saladeros* à la ronde.

Sur ces entrefaites, le chameau que nous désignerons sous le nom de Secundus — habitude que nous avons prise dans Pothier déjà nommé — se crut obligé de rendre le dernier soupir.

— Et le combat cessa faute de combattants, hasarda Ludovie.

— Au contraire, il continua de plus belle, ma belle, entre le personnel de la ménagerie et les *Saladeros* qui réclamaient la peau du défunt, à titre de privilège pour les soins qu'ils lui avaient donnés dans sa dernière maladie.

— Quels soins ? quels soins ? beuglait John Riggs. Il n'a jamais été malade... S'il est mort, c'est des suites de la rixe à laquelle il a été poussé par son détestable frère germain.

Pendant qu'on échangeait des balles et des

coups de couteau, j'enfilai prudemment la venelle. Je fis bien çar, le lendemain, la police ramassait douze cadavres, le manche à balai, la pompe à arroser les roues des tilburys et une échelle. Quand je me souviens de cette échauffourée, *los troxes e los canhantes* (le pantalon et les bottes) m'en frissonnent.

## XXV

Vers quatre heures, le vent s'étant un peu alizé, nous décidâmes d'aller pêcher l'écrevisse.

Grujat ayant planté toutes les bornes qu'il avait dans son sac, nous conduisit aux bords de la fontaine de Fontmaure où, d'après lui, ces crustacés décapodes fourmillaient avec acharnement.

St-Pierre portait les *pêchettes* — petites balances que la justice trouve souvent de mailles plus étroites que les siennes.

Nous amorçâmes avec de ces batraciens qui coassent et multiplient dans les joncs. Ils gigotaient sur les filets comme si Galvani leur eût soufflé sur l'ombilic.

Les transports de joie des jeunes filles humectaient discrètement le gazon, on voyait les grillons prendre la fuite une perle à l'œil.

Cependant elles devinrent pensives sur l'observation de l'expert prétendant que ces macroures pouvaient avoir grandi et grossi en mangeant de la chair humaine.

— De la chair humaine ?... Pas possible ! cria toute l'envolée.

— C'est la vérité, la vérité la plus vraie, soutint Grujat, écoutez.

Nous nous assîmes tous en rond sur l'herbette, et l'orateur parla ainsi avec le même air :

... « Il y a quelques années, tout près d'ici, au hameau du Maynial, dont les maisons sont accrochées à la falaise comme les cages d'oiseaux aux boutiques des cordonniers, vivait la famille Pertucat.

Le père mourut d'un orgelet, sans orge et sans lait, le pauvre homme. Il laissa pour tout potage, à sa veuve, deux fils sur le radius et trois filles sur le cubitus.

La charge était rude pour la malheureuse.

Elle alimenta cette marmaille affamée avec le poisson que le reflux du Tarn abandonnait rarement sur la rive, et des fruits qu'elle picorait dans les haies mitoyennes. Ces consorts Pertucat étaient une plaie pour le pays ; ils auraient englouti tous les bureaux de bienfaisance d'alentour.

A quatorze ans Milou, l'un des fils, fut loué pour un boisseau de noix, chez un fermier de Soulages, pour garder des brebis chez les voisins.

Soulages est une localité assez insignifiante du Causse de Sauveterre dépendant du canton de Massegros.

Au-dessous du village s'ouvre un vaste entonnoir dont le fond, composé de prairies, est arrosé par une source abondante qui se jette dans un *aven*.

L'eau de cette source alimente, après avoir traversé la montagne, cette fontaine de Fontmaure où nous sommes.

Or, un jour, Milou, en faisant paître, à bâton planté, son troupeau dans ces prairies prohibées, laissa tomber son fouet dans le trou aqueux.

Le dimanche suivant, en visite au Maynial, le berger fut surpris de retrouver son fouet à la maison.

La mère lui expliqua qu'elle l'avait recueilli dans les eaux de Fontmaure en y nettoyant des tripes de veau pour la fête *veau...tive*.

L'enfant comprit et dit : « Mère, je t'enverrai un agneau par retour du courrier ».

En effet, le lendemain, la veuve recevait l'animal promis par colis fontainier.

Quelques mois plus tard, la femme Pertucat vint le soir à Soulages, au moment où Milou rentrait ses bêtes. « Nous marions ta sœur Martine jeudi, lui dit-elle, envoie-moi dans la matinée, pour la noce, la plus grasse de tes brebis. »

Au jour indiqué la mère coupable veillait à la fontaine, mais au lieu de recevoir la « brebis grasse » attendue, elle reçut le cadavre vert et bleu de son fils.

La bête destinée à faire le saut s'était si bien défendue, que le berger culbuté avait pris pour l'abîme un billet d'aller sans retour.

— Quel châtiment pour cette femme, dit Ludovie.

— C'est triste, dit Nioparés.

— C'est trop pour une brebis, dit Hannton, si encore c'eut été un bœuf quelque peu à pis.

— Je ne goûterai pas à ces écrevisses, fit Annonciade, ah, certes non !

— Chassez votre répugnance, Mademoiselle, dit St-Pierre en riant, cette histoire est un canard, et même un canard de mille ans. Depuis, les écrevisses auraient eu le temps de digérer les cervelles de tous les Pertucat de la chrétienté.

— Cet homme radote, cria Grujat.

— J'ajouterai même, continua Gal, que ce conte, cette histoire, cette légende, appelez-le comme vous voudrez, court les rues à Florac et qu'on l'applique à la source du Pêcher.

— Tu es un hâbleur ! riposta l'expert furieux, tu nous assommes avec tes balivernes.

Cette sortie fit rentrer dans les esprits, la gaieté un instant compromise et la pêche recommença avec entrain.

Tout à coup Annonciade cria, en frappant des mains :

— Une écrevisse rouge ! une écrevisse rouge !

— Si elle est rouge c'est qu'elle est cuite ; vous pouvez la manger, dit Grujat.

— Du tout, elle n'est pas cuite puisqu'elle marche, riposta St-Pierre, elle a seulement un coup de soleil.

— Alors la vie des écrevisses a aussi ses travers, demanda l'espagnol ?

— Ses collines et ses vallons, fit Hannton.

— Ses chagrins et ses soucis, murmura Ludovic.

— Ses cuissons et ses démangeaisons, fit Ulysse.

— Nos soldats sont bien rouges, surtout quand ils débarquent, ajouta l'anglais, ça ne veut pas dire qu'ils soient cuits, ni qu'ils ne soient pas durs à cuire.

— Nous savons en effet qu'ils ont le cuir dur et la laine forte, mais ils ne se peignent pas aussi bien que les nôtres, riposta St-Pierre.

— Vos soldats sont vos soldats et nos soldats sont nos soldats, répliqua le fils d'Albion avec humeur.

— L'habit ne fait pas plus le soldat qu'il ne fait le moine, mes senors, dit Nioparés, l'incident me paraît clos. Il ne faudrait pas que cette discussion, à propos de la couleur d'une écrevisse rouge, noire ou bleue, — car il y en a des bleues en Biscaye, — étendît des nuages gris sur notre intimité rose.

— Vous m'avez compris, dis-je à l'espagnol en lui tendant la main. Merci d'avoir fait cesser ces débats absurdes. Je bisquais d'entendre jacasser sur un sujet si futile : maintenant, par votre généreuse intervention, il me semble que le buisson ardent de la dispute s'est métamorphosé en buisson d'écrevisses et que je barbote dans le velours d'une succulente bisque. Merci, encore une fois, merci.

A peine venais-je de laisser couler de mes lèvres lippues ces paroles de paix, que nous entendîmes, dans les arbustes du rivage, un bruit saccadé et ces vilaines apostrophes :

— Ah fainéant ! Ah salopiot !... Tu as volé

la pièce de cent sous et tu t'es saoûlé avec ! Tu vas voir.

C'était Gal qui s'escrimait contre une masse inerte. Des pieds et des mains il roulait, comme un sac plein — de là le bruit saccadé — sur les cailloux de la plage, un corps humain.

Nous reconnûmes, dans ce bloc, Merleflac ivre mort. Un hoquet étouffé secouait les côtelettes de son fragile thorax ; son gilet était illustré d'un jacquez abondant. Un morceau de veau pantelait à la boucle de son pantalon ; il avait des cerises à l'eau-de-vie dans les oreilles, ses cheveux paraissaient cosmétiqués par un roquefort hors concours.

— Que c'est laid, un ivrogne, dirent les jeunes filles.

— L'ivrognerie est le vice le plus immonde de notre planète, dit Nioparès.

— L'abus du vin a perdu plusieurs célébrités, dit l'expert, entr'autres Noé père, Antoine le triumvir, Mademoiselle Duménil la tragédienne, Bertrand le cantonnier et Raton le tisserand de Dollans.

— Voltaire prétend, dit Ulysse, que Ninon de Lenclos expulsa son ami Chapelle, à cause de cette infirmité. Les autres passions disparaissent avec le temps, l'âge ou la ruine, tandis que l'ivrognerie ne fait qu'augmenter avec la ruine, l'âge et le temps. Les animaux, plus raisonnables que nous méprisent le vin ; offrez-en un verre à un chien, il détalera au plus vite, si sur son chemin il rencontre un pochard dans le ruisseau, il dédaigne de lui parler lève la patte et lui met de l'eau dans son vin.

— Moi je trouve que lorsque le vin est bon, ce n'est pas un défaut d'en boire, fit St-Pierre. Si je maltraite cet animal ce n'est pas parce qu'il a trop bu — car il fait souvent de longues abstinences, — mais c'est pour avoir volé l'argent qu'on lui avait confié ce matin. Dans ce monde le vin est une consolation, un camarade plus fidèle que la femme et même que le chien. La femme vous trompe, le chien vous mord, tandis que le vin vous procure des rêves, des illusions, et d'agréables relations avec la maréchaussée. Je ne dirai jamais du mal du vin.

Tout en faisant l'apologie du vin, le vieux pêcheur fouillait les poches du berger.

Il en retira une pièce de deux francs, sept sous de monnaie, un couteau au manche de poirier, un grelot de furet, d'autres pièces à conviction et un cornet de papier.

Il posa le tout sur une pierre.

— Ce cornet doit être sans doute la tabatière de ce pauvre diable, dit Annonciade.

Ludovie prit le papier et le déroulant fut surprise de mettre au clair une poudre brillante aux reflets fauves.

— Voilà un singulier tabac, firent les jeunes filles, c'est du tabac d'Afrique.

— C'est de l'or que Merleflac a eu la constance de ramasser dans le sable de la rivière, reprit St-Pierre. Ce gramme de poussière représente le travail de plusieurs lustres.

A cette annonce nous nous approchâmes tous et examinâmes les paillettes, que nous reconnûmes pour des pépites lavées du précieux métal.

— Ainsi que l'Ariège, dit Grujat, le Tarn se pique de rouler des paillettes d'or, mais il faut un temps infini pour en ramasser une quantité appréciable, les parcelles étant d'une timidité presque impalpable. A ce sujet, je vous raconterai, plus tard, une histoire que j'ai ouïe, dans ma jeunesse, de la bouche d'un ancien.

## XXVI

Le soleil des lièvres pourprait de ses derniers

rayons les sommets des falaises, quand nous vidâmes les lieux.

La nuit descendait lentement dans le vallon, le calme n'était troublé que par le bruit des eaux du Tarn traversant les rochers de Soucy et le chouette ululement des hiboux.

Une petite brise caressante passait sa houpe duvetée à travers la généralité des museaux, la nature frissonnait heureuse de s'assoupir.

La pêche avait été des plus abondantes : nous portions tous quelques calitres d'écrevisses.

A notre arrivée on monta sur le feu le grand chaudron de la lessive et les crustacés y furent jetés dans un bain de vinaigre, assaisonné d'oignons, de poivre en grains, d'estragon, de laurier, de clous de girofle, de genièvre, de thym, de serpolet et de gros sel.

On les servit vermillonnées, sur d'énormes plats d'étain.

L'assaut commença au milieu des rires joyeux, entretenus par la fumée d'un petit vin blanc pétillant et sec.

Nous croquions ces homardins comme on croque des noisettes, prestement, sans jamais nous lasser.

Annonciade grignotait ces cardinalots d'eau douce, comme une souris grignote une amande.

Elle avait oublié qu'il y avait peut-être, de la *farce* humaine sous leur carapace.

— Qu'ils sont heureux, les habitants de ces pays, d'avoir de pareils insectes à se mettre sous la dent, s'écriait Hannton qui croustillait toute la bête sans vider l'intérieur ni la rotonde.

— Si les écrevisses et le poisson faisaient le bonheur, riposta l'expert, tout le monde viendrait ici finir ses jours, mais ces deux facteurs ne sont pas suffisants pour réaliser le coefficient de l'existence. Jadis, le *Planiol* des Vignes était un lieu charmant et riche. On y récoltait le vin, les fruits, le chanvre et la moutarde. On y trouvait le gibier en abondance, l'huile de noix, la poudre d'or, de gras pâturages pour les troupeaux, des gens affables et grossiers. Aujourd'hui, la maladie de la vigne a emporté le vin, les grives et les escargots ; les chasseurs y détruisent les lièvres avec des pièges et les perdreaux avec des nasses ; les pêcheurs assassinent le poisson avec la dynamite, les corneilles abattent les noix « brrou-brrou », les froides matinées ratatinent les amandes, les larves dévorent les racines des légumes, M. Rigollot a enlevé la moutarde avant dîner. Les orages ont emporté les sables aurifères. Tous les fléaux semblent s'être donnés rendez-vous pour dévaster ce misérable trou. N'était le Club Alpin et les touristes qui laissent quelque monnaie, les pauvres diables du Tarn ne pourraient jamais réunir assez de sous pour bourrer le Canon.

Lorsque le déluge eut creusé ce vallon, le grand ours y trouva de luxuriants herbages, le cerf du lichen, l'homme du poisson et des fruits. Il y eut alors une période heureuse. Plus tard la féodalité y construisit des châteaux, fit reconduire les ours au pôle, et prit contre les cerfs des arrêtés d'expulsion.

Les vassaux restèrent pressurés, vidés par des seigneurs sans entrailles ; les guerres de religion firent le solde. Ce fut une longue passe de dévastation et de misère, dont le pays se releva à la longue. Il connut encore l'abondance et le bonheur pendant plus d'un siècle, jusqu'à ce que le phylloxéra, le doryphora et les autres fléaux inventés par les professeurs d'agriculture vinrent l'assaillir.

Si M. Martel, président du Club Alpin, reprend son projet d'acquisition du Cirque des Baumes, y fait élever un Grand hôtel, y établit un port, des embellissements capables d'attirer et retenir les touristes, alors le bien-être reviendra aux Vignes, ce sera le salut ; sinon, cette vallée restera encore longtemps ravinée par les larmes.

— Comme c'est noir, ce que vous nous contez-là, Monsieur Grujat, c'est du Schopenhaüer en bouteille, s'écria l'Espagnole.

— Cela jure, en effet, avec l'aimable distraction qui nous occupe ; père, sois moins lugubre, dit Ludovie.

— C'est juste, soyons gais, amusons-nous à des fleurettes ; faisons des mots, des calembours, des charades, des devinettes et la bobinette cherra, sacrebleu ! dit Ulysse.

— Oui, oui !

— Je ne connais pas suffisamment votre langue, répliqua Annonciade, pour vous tenir tête, mais je ne veux pas broncher d'une semelle, *nenhum cabra me pordera berrar*. Commencez, voyons !

— Ainsi qu'on fera che ferai, marmonna Fénechtrou.

Nioparés souriait. Hannton caressait ses favoris bisqueux.

— A vous, Mesdemoiselles ?

— Je n'ai pas assez d'instruction, dit naïvement Ludovie en courbant la tête.

— Messieurs, nous passons la main, riposta l'espagnole.

Je demandai :

— La politique est-elle admise dans nos jeux ?

— Non, non, pas de politique ! c'est énervant, fit le concile.

— C'est entendu. Pourquoi la ganterie a-t-elle repris à Millau, avec tant d'intensité, qu'on fait travailler les enfants au berceau et les vieillards nés céciteux ?

— C'est du commerce cela et non des calembours, observa Ludovie en faisant la moue. Il me semble que nous avions décidé de laisser de côté la *peau...litique*.

— Superbe, ma chère, superbe ! exclama Ulysse en déposant sur la nuque de la jeune fille un baiser furtif qui dégringola pudiquement dans le dos.

— Ah, monsieur, quel frisson !

— Que voulez-vous, mademoiselle, le cœur m'est monté aux lèvres.

— Et ma devinette ?...

— Nous donnons nos langues au chat.

— Tous ?

— Tous !

— Et bien, mes toutous, la ganterie a mis du sucre dans son cassis depuis que le syndic, par l'intermédiaire du député Deloncle, a repêché Croquemitaine de la lune, à un mètre, comme Cyrano de Bergerac. Or, Croquemitaine ne se nourrissant que de mitaines a croqué toutes celles de la région, de là l'expansion des gants. C'est un grand malheur pour les classes pauvres, parce que les gants sont chers et que les mitaines étaient bon marché. Les gants sont glacés, les mitaines étaient chaudes. Les gants sont incommodes, les mitaines étaient commodes. Les gants, en vrais usuriers, se déchirent et ne prêtent pas, tandis que les mitaines élastiques prêtaient comme la conscience des fonctionnaires publics, des tondeurs de chevaux, des logeurs de nuit, des entrepreneurs de balast, des femmes, des nourrices et de leurs appendices.

— Assurément les mitaines sont préférables aux gants, dit Annonciade. Avec les mitaines, on peut se gratter, tricoter, dormir, boire et manger, tandis que, avec les gants, toutes ces facultés sont paralysées.

— Chavez-vous quel est le fumeur le plus disgracieux du monde ? hasarda Fénechtrou.

— Non.

— Chest le concierge, qui touchour *pipe-laid*.

— Un bon point à l'Auvergnat.

— Pourquoi, en 1099, lors de la prise de

Jérusalem, les Croisés passèrent-ils par les fenêtres ? demanda Ulysse. Une, deux... vous ne le trouveriez jamais je vais vous le dire... c'est que...

— C'est que ?...

— Les infidèles n'avaient pas d'*Espagnolette* à leurs contrevents, alerte comme vous, Annonciade, pour les défendre.

— *Muchas gracias* (merci beaucoup), dit Annonciade.

— Que c'est galant, piaula Ludovie.

— L'espagnolette vaut bien la crémone, les pentures et les boulons, mon bon ! hurla Ulysse.

— N'oubliez pas les pas de vis et les *écrivis*, murmura Gal, devenu trop familier.

— Je veux en faire un à portée de toutes les bourses, interrompit Grujat. Quelle différence y a-t-il entre un hectare et un sizain de bière ?

— Nous ne sommes pas idoines ; allez-y ?

— Soit. Un *nectar* est le breuvage des dieux, la bière est le breuvage des allemands.

— Pas fort, mais déliquescent tout de même ; à la campagne on se contente de peu après dîner.

— C'est trop fatigant ces exercices, minauda Annonciade, je proposerai à M. Grujat, si toute la société est de cet avis, de nous raconter l'histoire des paillettes d'or du Tarn, qu'il nous a promise durant la pêche.

— Adopté.

— Il est tard : chaque porte est close, pas de lumière au balcon. J'ai besoin de ruminer mon récit. Cette nuit je débrouillerai les cordages de ma mémoire et demain nous verrons. Allons bonsoir.

## XXVII

Depuis longtemps l'aurore de ses orteils roses avait poussé les portes de l'Orient, quand, avec Ulysse, nous poussâmes du genou celle de notre chambre.

Un sommeil réparateur nous avait rendus frais et gaillards.

Nous trouvâmes tous nos amis sur la place, boulottant, assis sur un banc de pierre, une bille de chocolat Perron.

Ils étaient en extase devant un superbe vautour, de cinq mètres d'envergure, que venait d'abattre M. Samedi l'instituteur.

— Comme il est beau, disait Annonciade.

— Il est splendide, disait l'Anglais.

— Comme il sent mauvais, disait Ludovie.

— On le prendrait pour une autruche, disait Nioparés.

— C'est le plus gros que j'ai jamais capturé, affirmait Samedi.

St-Pierre parut bientôt avec une bouteille de vermouth et des verres.

Nous en versâmes une rasade à l'instituteur que l'Espagnole fusillait d'une mitraillade de questions.

Flatté de notre politesse, cet excellent professeur sous l'ombre des acacias aussi amaras que chevelus, nous fit sur les vautours cette savante dissertation :

...« Quoique ces oiseaux pullulent dans nos Gorges, il ne faut pas croire qu'ils soient disséminés dans les trous et les failles de chaque rocher de nos falaises. Non. Ils aiment à vivre et vivent en commun. Toutefois, de Florac au Rozier, c'est-à-dire dans toute la longueur du Cagnon du Tarn, on ne trouve guère que deux gîtes ou villages où habitent ces rapaces. Ce sont ceux de Langle auprès des *Détroits*, et ceux de *Ron Rouge*, au-dessous des Vignes, dans la section du *Pas-de-l'Arc* : c'est là où ils grouillent par milliers, en familles distinctes, chacune chez soi.

Dès le point du jour, il sort de ces antres un murmure, une rumeur vague et pestilentielle qui annonce le réveil de la tribu. Aux premiers rayons du soleil ce bruit indécis prend de la consistance : les petits piaulent, les mères gloussent, les mâles claquent du bec ; c'est leur manière à eux de saluer Apollon.

Bientôt de toutes les ouvertures et des rebords des roches apparaissent des petites têtes sans caroncules, au long cou dénudé et garni à la base de duvet ou de plumes. Ce sont les grands chefs de la bande qui se préparent a entrer en campagne, en consultant le baromètre et la rose des vents.

Un cri sec retentit : c'est le chant du départ.

D'abord ils s'élèvent obliquement et en tournoyant à des hauteurs prodigieuses, fouillant l'espace de l'œil et de l'odorat; puis, ils se dirigent vers un point fixe de l'horizon où ils savent que gît leur proie ; sur les lieux de la curée ils s'empiffrent outre mesure et le soir ils rentrent de fort loin au logis, la tête lourde, les ailes pesantes, les serres chargées d'un rognon de bœuf ou de mouton.

Quoique de belle prestance, le vautour est plein de défauts. Il répand une odeur infecte, est vorace, égoïste, méfiant, sournois, inintelligent et lâche. Il ne s'attaque jamais aux bêtes vivantes, il ne dévore que les cadavres corrompus. Je ne connais qu'un cas où ces rapaces — il est vrai qu'ils étaient en grand nombre, — aient assailli et dévoré un homme plein de vie.

— Ils dévorèrent un homme vivant ! crièrent les auditeurs. Pas possible !

— Oui. Ils dévorèrent Sadoulet d'Ispagnac. C'est une bien terrible histoire.

— Nous vous écoutons ?

— …Ce Sadoulet, ancien zouave de Solférino, rentré dans ses foyers se fit empailleur en chambre.

Ce n'est pas un métier de prince, mais, sans rentes, quand on a de bonnes dents et un bon estomac, les moins lucratifs sont bons.

Empailleur ! assurément il vaudrait mieux être embaumeur.

En effet, celui qui passe sa vie à injecter les viscères de ces semblables d'un baume d'autant plus tranquille qu'on opère sur les défunts, doit jouir d'une tout autre considération que le modeste empailleur, lequel remplace, par du foin ou du coton, dans le ventre des oiseaux, ce que nous ne dédaignons pas parfois, selon le bec, d'étendre sur la rôtie.

L'un est en général actionnaire du Suez, l'autre tout au plus du Panama. Animés tous deux de l'esprit nouveau, si l'un entend la grand'messe l'autre ne va qu'aux messes basses.

Enfin, l'empailleur doit se préoccuper de restituer à ses volatiles l'œil que leur donne la nature, l'embaumeur opère sur les taupes de l'éternité.

Dans une de ces excursions intéressées, Sadoulet fit la trouvaille d'un gigantesque vautour fraîchement décédé.

Il l'empailla de son mieux et le vendit six pistoles à Van Boutonnet, jeune peintre flamand de St-Affrique.

L'artiste l'installa, les ailes ouvertes, au ciel vitré de son atelier.

Cet ornement lui valut l'insigne honneur de portraiturer au beurre tous les échevins de la *Vilotte*, et le droit d'amener son chien, deux fois par jour, à l'hôtel du Cheval Vert.

Les indigènes de grande marque, jaloux de sa popularité, voulurent avoir tous un vautour dans leur musée privé et en commandèrent un cent à l'empailleur, comme on commande un cent de grenouilles à St-Flour pour être expédiées toutes déculotées.

C'était, pour Sadoulet, la fortune à bref délai.

Il fit des rêves pharaonesques sous son édredon et sur son traversin rembourrés d'arêtes de morue.

Muni d'une carabine Remington et des conseils de Polverel — un copain de Caucanas qu'il avait connu riz-pain-sel au régiment, — il descendit le Tarn jusqu'au hameau de Langle, au-dessus duquel se trouve la Carthage des *Pères blancs*.

Il les tirailla longtemps, de bas en haut — comme jadis les Autrichiens — pendant qu'ils planaient sur sa tête, sans les atteindre, ou, s'il les atteignait, la balle ronde glissait sur leur plumage, inoffensive comme les petits pois des giboulées de mars sur les parapluies en percale et les manteaux en caoutchouc.

Il rentra à Ispagnac aussi bredouille que mécontent.

•••

Pendant une semaine il étudia la balistique et le droit canon.

Il calcula le jet des projectiles, les lignes des trajectoires, le tir des bouches à feu.

Il lut les ouvrages de Tartaglia, Bélidor, Martilière, Montalambert, Piobert, Canet,

Bange, Gaspard, Turpin, le Prieur de Pradinas et Armand Silvestre.

Finalement, il fondit un kilo de balles coniques qu'il « encartoucha » dans des étuis ad hoc et fit l'acquisition l'une lunette d'approche sans tache et sans reproche.

Ainsi pourvu il retourna à Langle, les moustaches en croc, les souliers ferrés, un sac de provisions et de minutions sur les omoplates.

Mais, cette fois, au lieu de s'installer sur la rive droite, il grimpa la falaise gauche jusqu'au point où il pouvait voir, à son niveau, l'antre des vautours.

Là, quand il les eut bien en face, les saluant de la main, il s'écria : — « Maintenant messeigneurs, nous allons rectifier le tir fédéral ! »

Sous un bouquet de pins il dressa ses batteries : arme, cartouches, lorgnette, restaurant et tabagie.

Cette formalité remplie, il cassa la croûte, avala une lampée de rhum Colonel-Monziols et grilla une pipe.

\*
\* \*

Un soleil d'avril passait son vernis sur les bourgeons des arbres ; les chatons des noisetiers devançant les feuilles s'allongeaient en chenilles velues.

Dans le lointain le coucou insultait le suffrage universel, la nature entière secouait les marrons glacés de l'hiver.

L'empailleur radieux voyait de l'autre côté de la falaise, sur le même plan, en pleine lumière, le vaste entablement de l'aire qu'une corniche saillante préservait de la pluie et du beau temps.

C'était l'époque des nichées.

Des centaines de vautours de tout âge, fourmillaient sur cette plate-forme.

Les vieux buvaient le soleil le bec en cœur, les paupières mi-closes, ou dormaient accroupis la tête repliée en tire-bouchon.

Les jeunes, battant des ailes, dévoraient des croupions de bassieux et des *enquêtes* d'agneaux que leurs auteurs avaient écumés, bien loin, dans la matinée.

Le bien être brillait dans les yeux rubescents de ces rapaces, nourris, logés, vêtus et blanchis à l'œil.

Ils vivaient insouciants, libres dans l'air et l'espace, à l'abri de l'impôt des portes et fenêtres, des traqueurs, des trappeurs et des trompeurs.

.˙.

Vers midi, Sadoulet éteignit son fourneau, régla la hausse de sa carabine et tira quelques balles d'essai.

L'explosion se répercutait dans les Gorges, avec un roulement terrible, sans trop effaroucher la bande qui continuait son repas et sa sieste.

L'arme au cran voulu, le zouave visa d'abord un énorme *vultur fulvus,* pressa la détente et le voyant rouler lui cria : « *Otrappo, l'oïnat !* »

Puis, il aligna un vautourneau qui eût le même sort, et le tireur de hurler : « *Porto oquo o to gran, cotet !* »

Maintenant, tapant dans le tas, à chaque coup il faisait de nombreuses victimes lesquelles en se débattant roulaient au pied de la falaise.

Piff ! Paff ! Pouff !

C'est la foudre, la tempête, rien ne l'arrête.

Frappe-les ! qu'ils pleurent, qu'ils meurent, mais grâce jamais ! non ! non !

C'était un cyclone dans le poulailler.

Enivré par son succès, l'empailleur marmonnait : — « Mes Africains auront tous leur oiseau sur la planche ; mes poches regorgeront de louis ».

Et Piff ! Paff ! Pouff !

Frappe-les ! qu'ils pleurent, qu'ils meurent, mais grâce jamais ! non ! non ! jamais !

.•.

Tout à coup des cris rauques, effrayants, semblables au murmure d'une mère de famille en courroux, jaillirent des profondeurs de la caverne, et une nuée de vautours s'envola dans les airs.

Ils planaient par milliers, obscurcissant le soleil, ponctuant le firmament de leurs corps déployés en accents circonflexes.

Le battement de leurs ailes claquait en bruit de portes qu'on ferme avec fracas.

Ils planaient en tournant : à chaque mouvement circulaire ils se rapprochaient du bouquet de pins où se trouvait Sadoulet.

Bientôt ils effleurèrent les arbres de sa cachette.

— « *Eh aro !* » fit l'empailleur.

Il en abattit vingt, trente, quarante. Mais, plus il en abattait, plus leur nombre augmentait.

Il brûla toutes ses cartouches.

Alors il fut entouré, cerné, envahi par les gigantesques volatiles. Il leur brisa sur le dos la crosse et le canon de son arme, le fourneau de sa pipe, les tubes de sa lorgnette, se défendit des pieds, des dents et des cheveux.

Efforts inutiles, rien n'y fit.

Harrassé de fatigue, épuisé, accablé par le nombre, il tomba comme une masse en laissant échapper de sa poitrine son « *Sono fritto* » comme Pie IX à son lit de mort.

Il était perdu en effet, la légion étrangère le saisissant par les quatre membres, des serres et du bec, l'emporta dans son repaire comme un jardinier emporte un giraumon.

*
* *

Dans la soirée, les bergers des environs, tremblants de frayeur, entendirent les gémissements et les râles du pauvre empailleur que les vautours dévoraient vivant.

Horreur ! on assure même que, quand ils furent à l'os, ils s'acharnèrent contre le squelette : leurs coups de bec résonnaient comme sur des tuyaux de pipe Gambier.

De Sadoulet il ne resta pas une languette, une tige de botte, un clou de soulier pour porter à Ispagnac la nouvelle de son malheur.

Cette catastrophe ne fut connue que longtemps après, dévoilée par un numismate distingué de Brives-la-Gaillarde qui trouva pétrifié, dans l'estomac d'un de ces rapaces, le bidon du zouave sur lequel était incrusté son numéro matricule en relief. »

...................................

— Quelle affreuse mort, dit Annonciade.

— Fallait pas qu'il y aille, dit Hannton.

— Mourir vivant dans le ventre d'un oiseau, n'est pas un sort digne d'envie. J'en frissonne quand j'y pense, fit Nioparés.

— Jonas s'en tira mieux dans celui de la baleine, dit Ludovie.

— Mort n'est que mort, ronchonna Ulysse.

Alors l'espagnole s'adressant à l'instituteur lui dit :

— Vous serait-il agréable, Monsieur, de me céder quelques longues plumes de cet animal ?

A cette demande Samedi partit comme un trait.

Il revint bientôt muni d'une hachette et d'un plat à barbe illustré au fond d'une de ces oreilles que les séminaristes peignent, dans ces vases, avec des tons sûrs, pour inviter les barbiers à la prudence.

En quatre coups appliqués d'une main pure, il détacha les ailes et les pattes du vautour, les disposa sur ce bassin, comme la tête de St-Jean sur le plateau d'Hérodiade, et fléchissant le genou aux pieds d'Annonciade, en vrai gentleman, il lui présenta *l'alicot* tout entier, se réservant seulement le gésier pour en faire un porte-manteau.

Confondue de ce raffinement, toute la société applaudit et, au déjeuner, on fit mettre un plat de moins et un couvert de plus pour le brave instituteur laïque.

## XXVIII

Grujat monté le matin à St-Rome pour donner du grain à sa volaille, changer les filtres de son eau de coing, sécher ses chaussettes et acheter les *Débats*, édition rose, n'était pas revenu.

Il fut remplacé par M. Samedi qui, doué d'un bagou de bonne vieille, parlait, parlait toujours.

Vers deux heures, la porte de la salle à manger où nous étions s'ouvrit tout à coup, et une jeune femme se jeta, sans préambule, au cou de Ludovie.

Celle-ci, un peu interloquée par cette brusque accolade, reprit bientôt ses esprits et nous présenta l'étrangère en disant : — « Ma cousine, madame Moustapha. »

— Madame Moustapha !

Ce cri spontané sortit comme un écho stupéfiant de nos poitrines.

— Oui, mesdames et messieurs, je suis madame Moustapha votre servante, riposta avec amabilité, en s'assayant, la nouvelle recrue.

Elle avait les yeux noirs, ainsi que ses cheveux fortement ondulés, des sourcils d'astrakan, le teint olive, le nez cordé, la bouche en four, les dents festonnées par les arachides.

Un cache-poussière pincé à la taille l'enveloppait, un fichu vert était jeté sur ses épaules, sur sa tête chevauchait un nœud de ruban grenat.

Ce nom turc trottait dans nos cervelles, nous intriguait : nos regards demandaient des explications.

Elle le comprit, et après avoir trempé ses lèvres dans une anisette de fenêtre, elle en laissa couler l'intéressante histoire que voici :

— « Je m'appelle, de mon nom de famille, Séraphie Cabahard. Je suis née à Caucanas, petit village sur la crête de la rive droite du Tarn, non loin d'ici, du mariage de Grégoire

Cabanard avec Césarine Grujat, sœur de M. Grujat, expert à St-Rome, père de Ludovie.

J'aurai vingt-sept ans fin décembre, le jour de la fête des saints Innocents.

Mes parents me quittèrent pour un monde meilleur — car nous n'étions pas riches, — avant ma quinzième année, et, jusqu'à vingt ans « révolutionnés », mon tuteur me remisa aux Oiseaux de St-Georges-de-Lévéjac, toujours là-haut dans le canton du Massegros.

Je sortis *fruit-sèche* du couvent, car je n'étais pas forte pour la « *Terrographie* » ni la « *Numérotique* ». Je savais cependant tricotter, ravauder, repasser, faire cuire un œuf dur et autres petites choses du ménage.

Munie de ce mince bagage, je suivis à Béziers mon cousin le coquetier qui me plaça, comme cuisinière, chez le graisseur en chef de la gare.

C'est là que je fis connaissance de Prosper Lestiflol, entrepreneur de croissants au beurre, qui m'épousa, avec mes papiers, en janvier 1889. Comme il fait très chaud l'été dans l'Hérault, je viens, tous les ans, respirer quelques mois à Caucanas et me voilà.

— Mais, il n'y a pas le moindre Moustapha là dedans ! fîmes-nous comme un seul homme.

— Raconte-nous donc l'aventure de ton

mari qui lui a valu le nom de Moustapha. Tu feras plaisir à tout le monde, dit Ludovic. Allons pousse !

— Boudious ! je ne fais pas ma Sophie. Si cela doit vous être agréable je vous dirai comment Prosper fut, par accident, appelé Moustapha. ...Trois ans avant notre mariage, mon époux, d'une imagination plus fertile que vos champs, quitta Lézignan-la-Cèbe, le joli lieu de sa naissance, pour aller fonder en Turquie une Compagnie d'Assurances contre les patoches de la fortune. Mais, de patoches en patoches, la Société se gonfla si bien qu'elle en creva.

Un jour que Prosper flânait sur le bitume de Péra, sans autres ressources que sa bonne mine — car il est fort beau garçon, — le sultan qui voulait qu'on fît à son chien Bismark une petite opération intime, s'adressa à lui, en passant, et lui dit : — « Je connais ton talent... que ce soit sans douleur... tu peux compter sur l'explosion de ma reconnaissance. »

En récompense le chef des Croyants lui donna un des emplois les plus agréables et les plus lucratifs de son palais.

— Il le nomma gouverneur, vizir ou pacha ? interrompit Hannton.

— Mieux que ça ! Mieux que ça ! Il le fit grand eunuque.

— Eunuque ! exclama Nioparés en se tordant.

Ulysse demanda l'autorisation de relâcher la boucle de son pantalon.

— Oui, grand ennuque, répéta Séraphie sans se troubler. C'est une très haute dignité, et qui, comme le baccalauréat, mène à tout.

Mais, hélas ! sa faveur ne dura pas longtemps. Il y eut une révolte au Sérail, on se brûla plusieurs cervelles et le sultan congédia tout son personnel.

Quand Prosper dégommé me raconta sa disgrace, il me fit à la fois crever de rire et éclater en sanglots. Les Bitterrois le consolèrent en l'appelant Moustapha, et il me conduisit à l'hôtel, où je payai un repas de soixante-quinze couverts en vendant mon dernier four, fournil et pâtus.

— Comment, chère madame, votre mari était au harem lorsqu'éclata, en 1888, la trop fameuse révolte des eunuques qui émotionna toute l'Europe et inonda tous les journaux de ses horribles détails ? Viatdazé ! s'écria Ulysse.

— Oui monsieur.

— Vraiment ! Il a connu Gaspard, Tiburce...

— Fréjus, Barthélemy, Justin et autres, ajouta Séraphie.

— Ah, très bien ! très bien ! vous avez, madame, un mari favorisé d'une bien belle page dans l'histoire.

Ludovie écoutait avec des yeux de gazelle.

— C'est le sultan qui ne devait pas rire, susurra-t-elle.

— Dame ! reprit la cousine, ce fut, paraît-il, un assez joli carnage et on ne m'a pas tout dit. Prosper a dû me cacher quelque chose ?

— Pour moi, madame, qui n'ai rien à vous céler, dit Ulysse, et qui n'ai encore rien raconté jusqu'ici, je me rappelle très bien cet évènement de haute turquerie. Avec la permission de ces demoiselles je vais vous le narrer.

J'ai fait, dans le temps, dans une gazette dominicale, un article la dessus ; ne vous étonnez donc pas de la fidélité de ma mémoire. Rien de ce qui touche au harem ne m'est étranger, et sans avoir été nourri au Sérail j'en connais tous les détours.

— Et peut-être tous les contours, ajouta galamment Nioparés.

La modestie empourpra les joues d'Ulysse. Il alluma un petit tonneins, s'essuya les lèvres avec un mouchoir de batiste et commença :

... — Une grève au Sérail est une chose assez rare, je m'empresse de le dire, du reste les eunuques sont assez indifférents à toutes les questions de salaire. Peu leur importe que la journée soit de huit heures ou de quatorze. Ils ne mettent pas non plus le moindre amour-propre à plagier les mineurs de Carmaux, les cochers d'omnibus, ou les charcutiers de Belleville. Ils ont d'autres chats à peigner

Ils sont cependant très gourmands, et s'ils se mutinèrent le vingt-cinq septembre 1888, ce fut en somme pour un objet assez futile. Doit-on le dire ?.. Ils signifièrent au maître-queux du palais qu'ils voulaient des rognons sautés madère, à déjeuner, trois fois par semaine.

Le cuisinier y mit de l'entêtement : le conflit s'accentua de la façon la plus désastreuse. Le grand-vizir prit parti pour le gâte-sauce. Les abdomens et les esprits étaient surrexités au dernier point, l'horizon s'enflammait. Jamais, depuis les temps les plus reculé de l'hégire, on n'avait pas vu un tohu-bohu pareil.

L'eunuque major Fréjus, aux yeux rouges de canard muscat, dans un accès de fureur que la gueule peut seule expliquer, saisit le premier son révolver Galand et en tira un grand coup par derrière sur son collègue Justin, lequel, par bonté d'âme, était passé à l'ennemi.

Il le prit en traître. Le pauvre chérubin digérait béatement un pot de confiture d'épine-vinette, en lisant le Coran dans un incunable de la maison Marpon et Flammarion. La cervelle jaillit au plafond et éteignit toutes les girandoles.

Tumulte dans le saint-lieu, si calme si silencieux, où naguère on aurait entendu sauter de près une puce.

Les cadines affolées, échevelées, effarées et désespérées se culbutaient dans les couloirs avec des cris d'outardes blessées. Quelle débandade ! — « Miséricorde ! » s'écria la favorite Virginie, en tombant dans les bras du grand vizir Gaspard (on sait que les vizirs ont les bras longs).

— « *Sé lou dobalé !* » avait rugi le Sultan, oubliant, dans son ire, que le Prophète défend de parler patois et de s'adonner au félibrige.

— « Il faut se soumettre ou se démettre ! » grommelait le fidèle Gaspard, voulant paraître profond et plus sultan que son maître.

Le pauvre Fréjus, plus mort que vif, grelottait en sourdine dans son pantalon de zouave, lorsque quatre marmitons, qui faisaient leur vingt-huit jours dans un régiment des janissaires, vinrent le happer au collet et le traîner devant la cour martiale.

On ne pouvait pas bonnement le traduire devant la cour des Pairs, les eunuques ne mangeant pas de ce pain là.

La cour martiale... Oh ! la cour martiale ! Sept culottes de peau, sept yatagans, sept fez. Le cordon ou le pal au choix. Les flots du Bosphore roulant dans un sac les restes obèses d'un Narsés inanimé. La durée d'une pastille du sérail et tout est dit... Allah est satisfait et Justin n'est pas son cousin.

Ce n'est pas fini. Le courroux du fils du ciel n'était pas apaisé. Ni les caresses de Fernande, ni les pleurs de Norma ne peuvent le fléchir.
— « Je veux que le sang de ce pauvre Justin — car pour être castrat on n'en est pas moins un homme — retombe sur toute la congrégation des eunuques et sur leur descendance jusqu'à la quatre-vingt-quatorzième génération, nom de nom ! De plus, je supprime la subvention que j'avais accordée à leur Société des secours mutuels sur ma cassette particulière. Tout est rompu mon gendre ! Vous allez voir si mes paroles valent un firman... Tous les eunuques révoqués, destitués, mis à pied ! A la porte,

tous ces rasta ! A la porte, à la Sublime porte ! »

— « Mais, Seigneur ? » hasarda timidement le grand vizir.

— « Je sais ce que tu veux dire... En attendant nous ferons comme nous pourrons, ajouta le petit-fils de Shaabaam. *Il faut que ça arche ici ! Il faut que ça arche !* Je connais le bois dont on fait les eunuques. »

...................................................

Il faudrait toute mon imaginative, mesdemoiselles, pour vous éparpiller le sel de ce fantastique déménagement. Ces messieurs sortirent du palais sans armes, mais avec bagages.

Pendant que la favorite Berthe jouait ironiquement sur son épinette la marche turque de Mozart, les copains faisaient leur malle.

Prosper cachait, au fond de sa chapelière, un bocal contenant des prunes à la Moreau péniblement amassées.

Barthélemy dérobait un paquet de *semen-contra* pour déposer dans ses archives.

Mathurin, plus coquin, glissait dans ses nippes et hardes son vieux biniou de famille qu'il n'avait pas enflé depuis son entrée dans l'établissement.

De son côté Tiburce (prononcez à l'italienne) filoutait une paire de castagnettes à Paquita l'espagnole du harem, car il n'y a pas de harem sans espagnole.

Quant à Anicet, il confectionnait, dans un coin, une balle avec toutes les peaux de lapin qu'il avait laborieusement collectionnées pendant toute la durée de sa gestion.

Maintenant, une larme sur le sort de ces infortunés. Que devinrent-ils ?...

Séchez vos pleurs.

On sut plus tard que :

L'un, entra comme coupeur à Montpellier dans les vastes magasins de confection du Prophète. Quelle destinée !.. Il devait finir dans les complets.

Un autre fut engagé comme soprano à la maîtrise de l'évêché de St-Flour.

Tiburce eut un emploi humiliant, mais rémunéré à la jumenterie de Pompadour.

Ce monstre de Mathurin voyagea en France, où il est encore, se donnant pour Alsacien. Il s'est fait un accent dans les notes hautes. Si vous ne voulez pas être sa dupe vérifiez ses papiers.

Et Prosper alla vendre honorablement des croissants au beurre à Béziers, ce qui nous est confirmé par son épouse madame Moustapha.

Tout cela c'est le *panem* sans les *circenses*.

Que voulez-vous, c'est déjà bien beau.

Je termine cette lamentable histoire par cette réflexion, aussi philosophique que peu morale : « que, dans ce monde, les eunuques tirent toujours leur épingle du jeu. »

..................................................

Ulysse ayant fini son récit, madame Moustapha se prit à dire :

— Tout ce que monsieur vient de vous rapporter est l'exacte vérité. Tout le temps qu'il a parlé il m'a semblé entendre mon mari. J'ai connu Tiburce, Mathurin, Barthélemy, Anicet, que Prosper m'a présentés lors de leurs divers passages à Béziers, j'ai même joué la manille avec eux. Ils trichent. Ce sont tous de beaux hommes, un peu gras, un peu flasques, mais d'un caractère fort doux. Jamais Prosper n'a eu envers moi la moindre impatience. Il n'a jamais calotté ni gourmandé nos enfants.

— Vous avez donc des enfants ?.. demanda lord Hannton.

— J'en ai quatre, monsieur, répondit Séraphie.

— Des petits Moustapha ?

— Des petits Moustapha pacha.

A cette réponse Nioparés abasourdi roula sous la table. Harris les yeux hagards, les cheveux hérissés, sauta par la fenêtre.

. . . . . . . . . . . . . . . . . . . . . . . . . . . . . . . . . . . . . . . . . .

Annonciade ressuscita son père sans mélisse des Carmes.

Un tas de fumier, sur lequel était tombé le fils d'Albion, amortit sa chute. Il en fut quitte pour mettre une redingotte et respirer un flacon de vinaigre des quatre-ministres. Toute la soirée il grommela : « Quelle farce ! quelle farce ! » Ce Canon n'est pas sérieux.

## XXIX

L'aurore, aux joues démaquillées, essayait d'atteler les chevaux d'Apollon, englués dans un brouillard épais, mais les coursiers étaient si rétifs qu'il fallut les ramener à l'écurie.

Il faisait sombre.

Dans la salle commune nous nous concertions sur l'emploi de la journée.

Les uns voulaient aller visiter le *Point Sublime*, d'où l'on embrasse le Cagnon depuis la Malène jusqu'au Rozier, les autres voulaient grimper le massif de roches et les ruines du château de Blanquefort ; et patati et patata.

Nous étions divisés en deux camps.

Madame Moustapha nous mit d'accord en disant :

— Vous resterez tous ici. Le temps est couvert ; le baromètre *hemorroïde* de l'hôtel marque la pluie.

Nous nous précipitâmes sur l'appareil. C'était vrai. Il tombait quelques gouttes.

Alors du côté des hommes nous ombrâmes une partie de bête. Les jeunes filles se mirent à broder, Séraphie tricotait une blague aux glands d'or pour la fête de Prospér.

St-Pierre parut presqu'aussitôt, annonçant M. Mica géologue de St-Sernin et M. Pitot photographe au même lieu, qui le précédaient.

Salutations empressées.

Les deux étrangers s'assirent et parcoururent le journal *Le Pèlerin* ouvert sur la table.

Le premier portait moustache, cheveux absents et un sac de nuit ; le second une forte barbe, de longs cheveux et une marmotte en vache molle.

Ils n'étaient ni jeunes ni vieux, avaient les traits assez irréguliers et les yeux comme tout le monde.

A onze heures madame Alphonse vint mettre la table.

Pendant cette opération les dames se retirèrent dans leurs chambres, les hommes se dispersèrent dans les corridors et la basse-cour.

Fenechtrou et Grujat rentrés de leurs courses, le déjeuner fut au grand complet. Chacun y dit son mot.

Le thème de la conversation roula presque exclusivement sur les Gorges du Tarn.

— C'est mon troisième voyage dans le Cagnon, disait M. Mica, et chaque fois la visite de ce pays fantastique m'a rempli d'extase. Quelles sensations délicieuses j'y ai éprouvé !

D'Ispagnac à la Malène c'est la beauté grandiose, la poésie, la vie. De la Malène à Soucy ce sont les ténèbres, l'horreur, la mort. De ce dernier point au Rozier, c'est l'originalité, la surprise, le contraste.

Après la desserte, comme il pleuvait toujours, nous restâmes dans la salle.

M. Mica mettait en ordre ses notes de voyage.

M. Pitot retouchait ses clichés.

Les jeunes filles et Séraphie regardaient au stéréoscope, des vues que le photographe leur avait confiées, et par intervalles laissaient échapper des « Oh ! » et des « Ah ! » d'admiration.

Nous avions repris notre quatuor de bête ombrée.

Grujat et Fenechtrou avaient filé à la recherche de quelque paysan facile à piper.

— Enfin, mon album est au courant, dit M. Pitot après une heure de travail.

— Moi aussi j'ai rangé mes impressions et mes remarques, dit le géologue.

— Les cartes me fatiguent. Au dernier tour, messieurs, fit Nioparés.

— Il pleut encore, qu'allons-nous devenir jusqu'aux pavots de Morphée ? gémit Ulysse.

— Racontons des histoires ? dit Ludovic.

— Pour nous distraire utilement et agréablement, dit Annonciade, je sais ce qu'il nous faudrait.

— Parlez ?

— Il faudrait que M. Mica eût l'amabilité, si cela ne devait pas trop le fatiguer, de nous faire la description du Canon du Tarn depuis Ispagnac jusqu'au Pas de Soucy, partie que nous ne connaissons pas. Nous serions heureux de profiter de ses savantes observations. Sa relation nous faciliterait la visite que l'année prochaine nous nous proposons de faire dans ces parages.

— *It is charmant thing*, fit l'anglais.

— Je suis votre serviteur, mesdames et messieurs, répondit le géologue, et l'appel que fait mademoiselle à ma science me comble de bonheur.

— Je vous rends grâce, noble seigneur, reprit l'espagnole. Et puisque vous écoutez ma prière avec tant de bienveillance, pendant votre récit nous vous suivrons sur l'album, si, toutefois, M. Pitot ne trouve pas qu'il y ait indiscrétion de notre part d'user envers ses ravissantes vues d'un pareil sans façon.

— Oh ! mademoiselle, exclama le photographe, mon recueil et moi sommes vos respectueux esclaves, ravis de l'attention dont vous daignez nous honorer.

— Bravo ! Bravo !

Aussitôt M. Mica levant les yeux au plafond, ainsi que les bras, formula l'invocation suivante :

— O Mnémosyne, muse de la mémoire, rafraichis la mienne ! Polymnie donne-moi l'inspiration et l'éloquence ! Fais que mon récit soit digne des oreilles grandes et petites de mes charmants auditeurs !

Il se tut un instant conservant la même pose. Puis, il baissa lentement les bras et les yeux en disant : « Je sens que ça monte. *Ascoltatemi* » :

... « Le Tarn prend sa source dans les schistes noirs du mont Lozère. Les schistes sont des roches qui ne se délayent jamais dans l'eau, à texture feuilletée comme l'ardoise, les vol-au-vent, les petits pâtés et les jésuites.

Un poète latin, qui vivait il y a quinze siècles, du nom d'Ausonne, prétend que cette rivière se payait la fantaisie de rouler des paillettes d'or. Ça lui a passé car, de nos jours, elle ne roule que des cailloux et des poissons dorés au pinceau.

Après une série de lacets, aux replis onduleux, le Tarn se dirige sur Ispagnac où son encanonnement commence à quelques kilomètres plus bas, entre le serre de Pailhos, sur la rive gauche — côté du causse Méjean — et Molines, à droite — côté du causse de Sauveterre.

Un touriste soucieux de sa tournée et des agréments qui s'y rattachent, s'il veut tout voir tout visiter, doit donc se rendre à Ispagnac par Florac ou par Mende, et, de là, descendre au Rozier point terminus.

Le trajet d'Ispagnac à Ste-Enimie se fait en voiture ou à pied, au-dessous la traversée ne peut que se faire en barque.

Dans le vallon d'Ispagnac nous sommes dans les calcaires gais et gracieux, nous avons quitté pour toujours les schistes tristes et monotones.

Le calcaire est bon enfant, il se fond dans le vinaigre comme le sucre dans le café. Annibal le savait, pour passer en Italie il mit les rochers des Alpes en salade.

C'est dans le calcaire que pousse la lavande et le buis qui sont de toutes les fêtes, le schiste ne donne que la fougère et le genêt aux reflets sombres.

Si le Causse de Sauveterre et celui de Méjean sont de véritables Arabies Pétrées, le vallon d'Ispagnac en est l'Arabie Heureuse.

Abrité des vents du nord, la douceur de son climat en fait un jardin potager et une serre. Les fruits et les fleurs, qu'on ne trouve que dans le midi de la France, y poussent en pleine terre. On y respire les parfums de Pomone, de Flore, de Cérés, de Bacchus et de Proserpine.

Ispagnac est la bourgade la plus importante des bords du Tarn jusqu'à Millau.

On y remarque les fortifications de son église de construction romane, et nombreuses maisons avec écussons dénotant que les richards de la haute venaient y passer l'hiver.

A l'église, un bassin druide dans lequel Teutatés prenait jadis des bains de pieds et Velléda faisait macérer ses cors virginaux, dans de l'eau de gui camphrée, sert de bénitier. Les fidèles y trempent régulièrement leurs doigts, en attendant qu'ébréché, il aille prendre sa retraite chez un barbier.

Triste retour des choses d'ici-bas.

Urbain V, pape de son métier, à ses moments perdus s'amusa à relier, par un pont pontifical, Ispagnac à Quézac. Il travaillait pour les hérétiques. Passa un certain Merle, calviniste en chef, qui saccagea ces deux villages jumeaux. Il les creva comme des bulles.

Je préfère la grosse tour, qu'on voit au milieu de la rivière et qui sert de bouteille à une source d'eau gazeuse dont les indigènes sont jaloux. Elle les purge mollement et les dispose à l'oubli des horreurs des temps passés.

Molines est la porte du Cagnon... Saluez ! La vraie porte, à preuve qu'elle est gardée par un Cerbère, aux dents et aux créneaux cariés, mais formidable tout de même.

C'est le château de Rocheblave.

Un expert qu'on emploierait à compter ses machicoulis et ses meurtrières ruinerait son monde en vacations.

Ce massif et antique manoir, qu'on n'aimerait pas à rencontrer la nuit, même au coin d'un Casino abrite d'une façon tout à fait intermittente, le propriétaire le plus aimable de la Lozère, le sympathique avocat M. Jourdan.

Avez-vous lu son petit poème sur les Gorges du Tarn ?... Ce sont des vers de député. A cela près, quelle fraîcheur ! Quelle fidélité dans le détail ! et quel souverain mépris des admirations philistines.

Pour mon compte je n'ai pu suivre son itinéraire sans semer ses hémistiches sur mes pas, comme le petit Poucet ses cailloux blancs. Je conseille aux touristes de m'imiter, c'est le meilleur moyen de se retrouver.

Ce château a succédé, parait-il, au vieux castel de l'Aiguillette, un fortin du douzième siècle, bâti en nid de pie sur un amas de monolithes raccordés par des ponceaux. C'était si haut que le seigneur avait toujours le même rhume de cerveau : il le mouchait et l'entretenait sous les nuages. Il eut des *stratus*, des *cirrus*, des *nimbus* et des *cumulus* sur la planche de son cartilage nasal, — jusqu'à son ultième éternuement.

En tournant Rocheblave, en lui disant non « adieu » mais « au revoir », — changement de décor, — on pénètre dans les méandres.

Le causse Méjean et le causse de Sauveterre,

tous deux à pic, forment deux énormes murailles à droite et à gauche.

Ici, partout, de sauvages et rocheux escarpements, dénudés, grattés, rongés de broussailles, émaillés de pins pleurant leurs aiguilles. Mais, au bas, la vallée souriante et abritée se déploie déroulant des villages coquets, discrètement masqués par le feuillage d'un immense verger.

L'œil se repose avec satisfaction sur cette verdure bourgeoise, étagée au hasard des sites et éparpillée, avec humour, par une nature désireuse d'imiter les coups de brosse d'un Rubé ou d'un Jambon sur la toile d'un fond de théâtre.

Chacun de ces villages a son château fort ou son couvent fortifié, car les moines se battaient autant que les nobillots. Les uns luttaient, comme on dit au palais, *de lucro captando*, et les autres *de damno vitando*.

Ils n'en recevaient pas moins, les uns et les autres, de rudes coups d'estramaçon, mais, au moyen-âge, on déjeunait le matin de plomb fondu coulant des machicoulis, comme on prend aujourd'hui son racahout, et, pendant les guerres de religion — dont les Gorges du Tarn eurent beaucoup à souffrir, — on dînait facilement et en famille d'une bonne arquebusade.

En feuilletant l'album on voit passer tous ces villages.

Voici Montbrun. Une mention particulière. Il fut jadis un lieu préféré des fées, des « *fadarelles* » comme on les appelle encore.

Interrogez une vieille-femme, filant sa quenouille sur le chaperon d'un mur mitoyen, elle vous en découdra des histoires sur ces lutines dont tous les souvenirs sont pleins.

C'étaient, dit-on, de bien jolies filles, très blanches, aux cheveux très fins et fleurant la menthe, la lavande et toutes les petites fleurs des bois. Elles dormaient le jour fuyant la lumière, et dansaient en rond toute la nuit jusqu'à tomber harrassées sur leurs lits de mousse.

Le soir à la brume, un cri « *Tahu ! Tahu !* » sortait des roches : c'était l'appel.

Elles se réunissaient en bande, nues jusqu'à la ceinture, le sein en arrêt et la farandole durait jusqu'à l'aube.

Leur chorégraphie chaste, aux hanchements félins et onduleux, était menée par un orchestre en sourdine, invisible comme celui des symphonies Wagnériennes de Bayreuth, et elles bouchaient encore leurs oreilles, avec le coton des clématites, pour adoucir les susurrements musicaux et les bourdonnements amoureux que trainaient les longues heures des nuits printanières.

Au matin, elles buvaient, en guise de rafraîchissement, des perles de rosée dans la coupe des glands et se taillaient des sandwich dans un rayon de miel entre deux pétales de coquelicots.

Entre temps, pour faire diversion à cette nourriture peu substantielle, véhicule de la chlorose, elles ne dédaignaient pas un modeste *péral* qu'elles avalaient comme une huître, et pour un bifteck aux pommes elles auraient vendu leur droit de faunesse.

Il y avait aussi les méchantes fées, celles qui avaient équité *arundine longa*, c'est-à-dire sur le manche à balai du sabbat, dans leur beau temps, et accepté les rendez-vous des seigneurs au cœur tendre bardé de fer.

Ces nornes avaient gardé de leurs combats amoureux une sadique férocité, qu'elles exerçaient, de temps en temps, sur un jeune berger ou sur un vieux pêcheur d'écrevisses.

Il circule, dans les chaumières perdues dans les plis du Cagnon, de vieilles histoires d'enfants enlevés et rôtis, le ventre farci de serpolet, sur de grandes brassées de branches de pins.

Toujours est-il qu'elles ont laissé, jeunes ou vieilles, une bizarre réputation de lessiveuses acharnées.

La nuit, les quelques mignons de la lune qui se hasardaient à les épier cachés dans les troncs évidés des vieux noyers, ont rapporté, qu'avant le chant du coq, la vallée était couverte de linge étendu blanc comme la neige. Il se séchait à la lune et au point du jour il se pliait lui-même, s'entassait en piles de nappes, de chemises et de serviettes et disparaissait en sautillant, franchissant buis et buissons, laissant quelques guimpes ou quelques manchettes accrochées aux aubépines et aux églantiers.

Ces fées jouent un rôle prépondérant dans toutes les légendes du Cagnon et, ayant bon dos, elles endossent tout le merveilleux que peut faire naître, dans les imaginations faibles, le fantastique et parfois diabolique décor des Gorges du Tarn.

Une belle nuit ces fées disparurent à la cloche de bois, disent les uns, quand la cloche de l'angelus eut sonné. D'autres affirment qu'un saint prêtre ayant aspergé d'eau bénite de la Burle le champ de leurs manœuvres et de leurs étendages à perte de vue, toute cette fine toile de Hollande, ouvrée en mouchoirs, draps de lits, taies d'oreillers et longues chemises échancrées, se changea en un vaste crêpe lequel s'enleva comme un nuage et se fondit avec les autres.

— Voilà pourquoi il faut en faire son deuil, murmura Ulysse.

(Le géologue s'étant mouché dans un immense madras, représentant l'image de M. Thiers, continua ainsi, à la joie de toutes et de tous, car le cénacle entier était littéralement suspendu par les quatre pattes à ses lèvres).

... « Passons, dit-il, Poujols, Blajoux et le Villaret, quoique au centre se détache un château qui a fait parler de lui, le château de Charbonnières.

Après la débandade des troupes de Merle, quelques camisards en bordée en firent leur dernier rempart. Ils se retranchèrent derrière ses vieux murs pour *struggle forlifer* au petit bonheur.

Ils en firent un repaire de bandits.

Il fallut les dragonner pour les débusquer.

On n'y allait pas de main morte, un régiment tout entier vint les prier poliment de déguerpir et de vider les lieux. C'était un vrai congé par huissier, — coût 5 francs 85 centimes.

Si on lui a infligé son nom, parce qu'il fut bâti dans un pays de chèvres, Castelbouc mérite bien son baptême.

C'est encore un château sur lequel nous ne nous étendrons guère. Ce n'est plus qu'une ruine dont il ne reste qu'une tour qui semble une page détachée de cet immense atlas de rochers.

Il est remarquable par les difficultés qu'on a à y grimper, aussi le seigneur Raymond s'étant chargé de consoler toutes les veuves que les croisades avaient faites, se laissait, pour ne pas se fatiguer, dégringoler sur son derrière, du haut de son manoir, jusqu'aux maisons de son village collées au rocher comme des nids d'hirondelle.

Là, il trouvait chez ses vassales, sinon bon souper et bon gîte, du moins abondamment le *reste*. Il mit moins de temps à repeupler son hameau, en qualité d'intérimaire, que les titulaires à conquérir le St-Sépulcre, et c'est peut-être aussi, à cause de sa bosse du repeuplement, que son castel reçut l'appellation de Castel-Bouc.

Dieu ! qu'il en usa de fonds de culottes, ce

vieux podagre, à se laisser glisser du haut en bas de la montagne. Aussi, quand il était en bas, il ne voulait plus remonter.

Il n'est pas moins vrai qu'on voit encore, dans ce pays, des hommes à l'oreille pointue des faunes et au profil mythologique. J'ai rencontré auprès de la rivière un bûcheron que j'avais vu quelque part : je dois l'avoir connu dans quelque chant des Géorgiques.

Ici Annonciade regardait pudiquement la pointe de ses bottines, tandis que Ludovie, éblouie d'un mirage intérieur, souriait à Ulysse impassible.

— J'oubliais, reprit Mica, — pour adoucir la pente de sa narration, — qu'à Castelbouc on montre un four merveilleux. Le pain qu'on y cuit s'y change en brioche ; aussi les gens fatigués de ce pain de luxe vont cuire ailleurs.

— Mais, hasarda Ludovie, si l'on enfournait une miche du seigle le plus noir ?...

— Vous retireriez une tarte au chocolat, fit Ulysse.

... « Après Castelbouc, voici Prades-du-Tarn. — Pristi ! que je suis malheureux de crier trop vite « tire la ficelle ma femme » et de vous montrer en courant les cartons de mon panorama.

Prades fut autrefois célèbre par son vin, mais, ce cru étant secondaire, le phylloxéra n'en fit qu'une bouchée.

Les indigènes sont obligés de se rabattre sur leur écho.

Il parait qu'ils ont un écho, lequel remplace insuffisamment à dîner le jus de la treille. Prades comme tant d'autres ne peut offrir que ce qu'il a.

Le jour où je passai, le susdit écho qui, au dire du sténographe de l'établissement des sourds-muets de Rodez, récite couramment les litanies de la Ste-Vierge, avait une fluxion à l'oreille. Il refusa de travailler.

Je hurlai cependant le nom de « Zummalacarreguy » — J'ai toujours eu un faible pour ce général espagnol qui révolutionna le Guipuscoa. Une paysanne ouvrit une petite fenêtre et me répondit en patois : — « Il est à la foire de Meyrueis. » La pauvre femme croyait que j'appelais son mari, surnommé le « Marquis », lequel « cicérone » à des prix très modérés les touristes dans ces parages.

Enfin, nous touchons à Sainte-Énimie, la perle du Cagnon.

Il faudrait, mesdemoiselles, avoir du pastel sur la langue pour parler de cette petite ville amoureusement bâtie au fond d'une corne d'abondance.

Ce ne sont que festons, ce ne sont qu'astragales ; maisons blanches encadrées de treilles, terrasses et escarpements escaladés par des arbres fruitiers à fleurs précoces.

La légende de la princesse mérovingienne, marraine de cet endroit, miraculeusement guérie par les eaux de la Burle, pèse de toute sa poésie sur ce groupe de riantes habitations que dominent les débris du monastère antique voué par Enimie à l'édification de la contrée.

Auprès de la grotte où logeait l'infante, et de l'ermitage attenant, se déroule une plate-forme d'où l'on embrasse toute la vallée.

Les anglais font l'ascension du Righi pour prendre des notes sur le lever du soleil ? Que ne viennent-ils les compléter à côté de cet entonnoir fleuri.

Je vous fais grâce de toutes les richesses géologiques dont j'ai pu faire le calcul. J'enjambe aussi le côté archéologique de ce pays. Le moyen-âge, les moines, les révolutions, les camisards, ont tour à tour posé leurs griffes sur ces monuments de pieuse fondation.

Il faudrait plusieurs volumes pour faire l'histoire de ces pierres sanctifiées par la croyance naïve et les persécutions qu'elle s'attira.

Je passerai aussi sous silence tous les filons que j'ai fouillés au profit de la science, et, pour ces demoiselles, je ne parlerai que d'un lever de soleil.

— Je réclame aussi un clair de lune, interrompit Ulysse.

— Vous aurez l'un et l'autre, répliqua le loqnace Mica.

... « Pour assister au lever du grand roi de la nature, il faut se lever soi-même.

Au saut du lit on doit se bassiner le globe de l'œil avec de l'eau de la Burle, selon le rite Lozérien. C'est le meilleur moyen de se procurer une lunette à bon marché.

Cela fait, on sonde l'horizon.

Sur le dos de la colline, estompée de teintes ardoisées, on voit courir, vaguement, un liséré pâle tantôt se renforçant tantôt s'effilant. Puis, au-dessous de la ligne de flottaison. les tons blanchâtres se safranent et s'orangisent en s'épandant.

A mesure que l'ourlet s'élargit, des flèches roses semblent percer la transparence de ce premier galon. On dirait de vagues étincelles que le maréchal Phœbus tire des sabots du quadrige. Ou, si vous voulez, le grand roi secoue les paillettes d'or de son casque à mèche ; il a assez dormi sur le sein houleux de Thétis.

Maintenant de la crête des roches festonnant l'Orient, comme d'un cratère, s'échappent des jaillissements de reflets lumineux. Toute une joaillerie en fusion jette, dans les déchirures, les failles et les meurtrissures des contreforts dolomitiques, une coulée de pourpre.

Des gerbes de rubis, de topazes, de saphirs et d'émeraudes amalgament leur feu dans un poudroiement d'or, envahissent l'éther, tandis que, au fond de la conque, la lumière descend en pluie d'étincelles, s'accrochant aux branches, ruolisant les gouttières des toits, vernissant les feuilles, rissolant les vieux pans de mur, dorant les mousses parasites, prismatisant les vitrages, argentant les écailles d'ardoise du clocher.

Personne ni rien n'y échappe.

Les cornes des vaches ont des lueurs ivoirines, la crête des coqs s'incendie, les petits bergers ont du mica dans les cheveux, les grandes filles rousses ont aux joues des brillants de cuivre rouge.

Tout luit et reluit sous le céleste tripoli, jusqu'aux souliers de monsieur le Curé qui court à la messe avec des diamants sur ses boucles de souliers.

— Pardon, s'écria Ulysse, je n'y tiens plus ! Laissez moi ouvrir mon ombrelle. Vous me donnez une insolation. Si vous m'aviez prévenu, avant de vous ouïr, j'aurais traité avec une compagnie d'assurances, sans oublier le recours des voisins et des voisines, car je sens que la belle Annonciade, ici présente, doit craindre, autant que moi, d'être un peu sinistrée.

Tout le monde sourit à cette boutade d'Ulysse, qu'Homère a surnommé *Polumétis* non sans raison.

— Vous m'avez tout simplement fait rater mon lever de soleil, dit Mica, je passe immédiatement à la lune.

... « Oh ! mes amis, si pour juger la lune il faut la voir du fonds d'un puits, Ste-Enimie est le meilleur observatoire.

On la voit danser mollement sur les crénelures des rochers, comme une bulle de savon sur la manche. Tantôt ronde, grasse, pataude, tantôt entamée, rieuse et égrillarde, tantôt affligée et veuve inconsolable au pied d'un catafalque de nuages.

Changeante comme les flots, on dit qu'elle a

un faible pour les gibets et les potences, et qu'elle tresse de fils d'argent la corde des pendus... Ce que je puis vous dire, c'est que cette patronne des cambrioleurs, cette racoleuse de guilledous, à Ste-Enimie, se montre tout à fait bonne fille. Elle y est de toutes les fêtes de famille.

Ils riraient bien, ces bons Lozériens, si l'on venait leur promettre la lune à un mètre de la part de M. Deloncle. Ils l'ont sous la main : elle entre par la cheminée et sort par la chatière.

Ce n'est pas qu'elle ne leur joue de temps en temps quelques bons tours. Elle en veut surtout au sacristain : quand il se lève trop matin pour sonner, elle retient le cordon de la cloche et le pauvre homme court à la maison chercher une couenne pour graisser le mouton du campanile.

Dans les fermes, quand le soir, en simple jupon, les ménagères pétrissent avec des « ahan » et des rebondissements de tous les charmes usuels, elle effleure le pétrin de son disque et sourit à la belle comme Pierrot à Colombine.

Au temps jadis lorsque les villageoises s'ébaudissaient avec les moines, elle glissait des *cafards* dans la pâte pour prévenir les maris. On le savait si bien dans le pays que, quand un bonhomme trouvait un de ces malencontreux insectes sous la dent, en cassant sa croûte, il prenait une trique et pelaudait sa moitié.

Ainsi on ne peut passer à Ste-Enimie sans sacrifier à Osiris et à Isis.

On ne doit pas négliger non plus de visiter la salle capitulaire du monastère sur laquelle on a assis un jardin.

Il faut aussi se faire narrer l'incendie de la bibliothèque, où tant de manuscrits précieux s'envolèrent en fumée, car le Cagnon a eu son Omar tout comme Alexandrie, un Omar révolutionnaire dont l'autodafé dura plusieurs jours.

Pendant ce temps, les pauvres nonnes effrayées s'enfuyaient et se sauvaient, en emportant, sous leurs cottes, de curieux palimpsestes.

Je suis resté huit jours dans ce village, avec un paléographe et un minéralogiste qui, dans leur enthousiasme, avaient passé avec un propriétaire un bail de trois, six, neuf.

Ils résilièrent au bout de la décade, à cause de la cuisine.

On n'a pas idée du trouble que produit, dans

l'estomac d'un savant, une préparation à l'huile de noix. La colique leur fit boucler leurs malles. Ils jurèrent cependant de revenir quand ils seraient guéris, mais ils sont encore malades parce que je ne les ai plus revus.

Quittons ces lieux aimés des grandes divinités égyptiennes.

En descendant des hauteurs de Ste-Enimie la Sainte, on arrive à Saint-Chély, le Pré Catalan. Les géographes désignent cet endroit comme un poste d'embarquement, il faut donc s'y arrêter quelque peu.

Saint-Chély, site ravissant, était autrefois le vide-bouteille des nobles viveurs d'alentour. Ils trouvaient là bon vin et fillette, au milieu des sources, des moulins, des prairies, des bocages et d'une trés invitante verdure.

Fatigués de tous les salamalecs des cours d'amour, où l'on soupire moyen-âgeusement, à une distance trop respectueuse de sa dame, les fils des preux, baronnets, et damoiseaux, avaient fait de ce bourg pourri une vraie basse-cour... d'amour, saccageant des cœurs corvéables à merci et des appas taillables à gogo.

Aujourd'hui le sexe enchanteur de St-Chély vit sur son ancienne réputation, on y est volé comme au coin d'un salon de sous-préfecture.

Il y avait cependant jadis, assurent les chroniqueurs, de gentes friquenelles et d'accortes bachelettes cachant, sous des chemises de carton, des callipygies marmoréennes à mettre en joie tout l'armorial de la contrée.

Que les temps sont changés ! En braquant ma jumelle sur les prés, je n'ai aperçu que deux sujets féminins jetant sur l'herbe la tâche rouge et bleue de deux rustiques caracos. Ils couraient, en décapitant les chardons d'automne, avec des sabots boulonnés de gros clous.

Saint-Chély est bâti sur une étagère en surplomb, le Tarn coulant à sept ou huit mètres au-dessous. Ses constructions offrent cette particularité à noter qu'elles sont maçonnées avec un tuf original qui se durcit en vieillissant, comme le cœur des notaires et l'amande de coco, alors qu'en carrière il est mou et pourrait se fendre avec le fil à couper le savon.

Il est doté aussi d'un château aussi ruiné que ses voisins, ce qui dispense d'en parler. Toutefois, ce castel recèle, dans ses flancs, un lit merveilleux recommandé à l'attention des touristes. Je voulus le voir, je tombai mal. Ce jour-là il y avait un pélerinage de scieurs de long, d'ébénistes et d'entrepreneurs de bâtisse, accourus de tous les secteurs du tour de

France, pour passer les doigts sur le modelé de ce chef-d'œuvre de haulte menuiserie.

C'est, paraît-il, un indéchiffrable rébus d'ébénisterie. Il n'y a pas moyen de démêler les artifices de ses agencements. Il est fait tout d'une pièce comme la statue du Commandeur.

Détail pétrifiant ! Il est *impunaisable*. Totalement dépourvu de fentes ou de fissures, laqué ainsi qu'un plateau de Chine, malgré le fouillis et la complication de ses ornements, une punaise, posée délicatement sur n'importe quel point de son vernis, perd aussitôt ses facultés reproductrices, s'étiole et meurt plus vite que Napoléon sur le roc de Ste-Hélène.

On le montre nu et dégarni, comme un meuble en magasin, par respect pour l'altière comtesse qui roula ses formes éburnéennes dans ses inaltérables placages.

Depuis trois siècles il n'a servi qu'une fois, mais dans une occasion mémorable. On y fit coucher l'évêque de Mende. Quelle scène, au petit jour, quand il constata que l'artiste avait commis l'irréparable faute de style de ne point perpétrer la moindre table de nuit à côté de ce lit historique !

A dater de ce moment, l'entrée du palais épiscopal de Mende fut interdite à tous les sculpteurs sur bois. C'est sans doute pour un motif analogue que Platon chassa les poètes de sa République: les plus petites causes ayant parfois produit les plus grands effets.

Pour accentuer le contraste, en sortant de cet Eden en réduction, il faut passer la poterne du roc de Pougnadoire.

Ici la nature, fâchée d'avoir souri plus haut, reprend sa mine la plus rebarbative et l'aspect le plus hérissé. En franchissant ce pas, écrivains et dessinateurs laissent tomber de surprise leurs plumes et leurs crayons; ramassons-les pour un instant.

Nous sommes en face de Pougnadoire. C'est poignant Girafier !

D'où vient ce nom ? Est-ce de *pugna* qui a toujours signifié « combat » ? On serait tenté de le croire, en voyant quelle lutte, contre la faim, doivent livrer les Lozériens déshérités qui peuplent ce recoin.

Tout à l'heure nous quittions un nid de joyeux compères humant le *piot* et fricassant du museau avec des bergerettes échevelées, maintenant nous tombons sur des troglodytes-ichtyophages.

Ils habitent les grottes naturelles du rocher et mangent du poisson blanc avec un gosier chevronné d'arêtes. Leur architecture consiste à cloisonner l'entrée de leur caverne en ne laissant que la baie d'une porte.

Ils sont chez eux dans le flanc de la montagne, accrochant leur lampe à une cassure de roc et peignant leur chevelure assyrienne en frottant la tête contre les stalactites dont les parois sont hérissées.

L'hiver, quand ils sont fatigués de pomper avec leur dos l'humidité de leur antre, ils ont une excellente recette pour changer de climat. Ils n'ont qu'à jeter un sac de chaux dans un gouffre, ou une potée de cette manne des pauvres pêcheurs qu'on appelle la coque du Levant, ils attrapent beaucoup de poisson et quinze jours de prison.

Puis, quand il faut partir pour la maison d'arrêt de Florac, ils embrassent leurs femmes et leurs fils et, gais comme des anglais se dirigeant vers Nice, Cannes ou Hyères, ils rentrent à la prison en serrant la main au gardien avec des doigts de récidivistes.

Ils ont un vrai culte pour le régime pénitencier. Sous les verrous on les voit faire l'édification de leurs co-détenus, récitant vêpres, complies, les cantiques et le rosaire. A l'expiration de leur peine ils réintègrent, mélancoliquement, la tannière patrimoniale emportant un morceau de pain de la prison pour régaler les enfants. *O fortunatos nimium !* Virgile avait bien raison : les misérables ne connaissent pas leur bonheur !

Ne nous attardons pas derrière la grande forêt des hêtres touffus et étêtés par les inéxorables hivers, au tournant, préparez-vous à voir jaillir pour ainsi dire le château de La Caze.

— Cher monsieur Mica, s'écria Ulysse, lorsque Luther, à la diète de Worms, tint si longtemps le crachoir, pour développer, en allemand et en latin, ses fameuses propositions — ainsi que l'affirme Henri Heine, — tout d'un coup le duc de Brunswick se prit à dire : « Cet homme doit avoir grand soif », et il envoya chercher à son auberge trois cruchons de la meilleure bière d'Eimbeck. Malgré votre panse rondelette vous m'avez rappelé cette mémorable diète, malheureusement la bière n'est connue ici que du fossoyeur et je ne puis vous offrir que deux choses : primo, une pastille de calabre que je trouve au fond de ma poche et dont l'origine se perd dans la nuit de mon premier catharre, et, secundo, de continuer votre récit pour vous laisser souffler un brin comme on dit vulgairement.

J'ai une vraie tocade pour le château de La Caze. Ces dames aussi convaincues que Bilboquet, que la variété est la source intarissable du changement, me laisseront continuer par les mêmes exercices.

Pendant que vous allez mâcher, mon très aimable géologue, ce fragment de reglisse préhistorique, je commence :

... — Je ne suis pas un alpiniste en chambre. J'ai beaucoup voyagé ; j'ai beaucoup vu et quelque peu retenu. Cependant si, n'étant pas un savant, maint détail archéologique m'échappe, si l'originalité des paysages se confond dans ma mémoire, si j'ai conservé de certains aspects une image un peu flou, j'ai toujours gardé des belles choses une ineffaçable impression.

Pour moi, La Caze est inoubliable.

Essayerais-je de vous le dépeindre ?... De plus habiles que moi s'y sont témérairement cassé le nez. Je vous dirai simplement ce que j'ai vu et comment je l'ai vu.

Au détour de l'escarpement, et par un brusque changement de tableau, le château surgit et se dresse, construit à pic sur la rivière, étalant dédaigneusement ses quatre tours d'angle et son donjon de façade.

A première vue, tout le monde se demande dans quelle intention et pour quel but ce castel a-t-il été assis sur la tablette de cette massive terrasse de tuf ?

A vrai dire son intrusion dans le paysage fait rêver. On dirait qu'il a été planté pour remplir une gageure, ou accomplir le vœu d'une princesse, car il n'a pas une physionomie de combat. Et pendant qu'on réfléchit la vue s'émerveille des tons rougeâtres et cendrés de ces pierres séculaires escaladées par les lierres et les mousses, voilées de pans de verdure, et découvrant, sur d'autres parties, les angles de leur rectiligne maçonnerie.

Je n'ai jamais trouvé à le comparer ; mais du côté du Tarn, il évoque, dans mon imagination, le dessin du château de Torquilston de Walter Scott, tandis que du côté opposé il m'éveille le souvenir du mystérieux manoir d'Udolphe.

La Caze est aujourd'hui abandonné. Le temps exerce ses ravages sur les lambris, les bois se pourrissent et craquent, l'humidité fait lentement son œuvre, les rats jouent aux barres dans les combles, pendant que l'araignée fait de la tapisserie au salon. Et, cependant, il a eu son histoire, il a eu aussi sa Dame Blanche.

Le site, le paysage, le Tarn, le caprice des rives, lui impriment ce cachet fantastique qui vous frappe, car il fut édifié simplement et sans le moindre parti pris de romantisme, par la grande Demoiselle, nièce du prieur de Sainte-Enimie, la belle et pieuse Soubeyrane, qui n'a rien de commun avec le financier Soubeyran.

Soubeyrane Alamand, plus tard dame de Montclar et de Grandlac, fit élever ce cube de pierre et y vécut abîmée dans la dévotion, enfoncée dans les saintes pratiques, préparant son salut et le passage de cette vie à l'éternité.

L'odeur « Elisabeth de Hongrie » qu'exhalait sa vertu, se mariait à tous les parfums de la montagne et aromatisait ces lieux bénis où les nonnes de Ste-Enimie, dans un perpétuel va-et-vient de leur monastère à La Caze, faisaient dans le rivage une écume et un remous de guimpes et de cornettes simulant un débordement du Tarn.

Quand elle mourut, elle fut enterrée sous le parvis de la chapelle du monastère. Ses obsèques, sans précédents dans les fastes du Cagnon, furent ordonnées avec une pompe et une poésie dignes de la Légende Dorée.

Sa bière, entourée d'un drap de satin blanc

lamé d'argent et ornée de guirlandes de fleurs champêtres, fut déposée au fond d'une barque qui remonta péniblement la rivière. Deux suisses en grand costume ramaient. Quatorze curés en étole et ayant tous le mal de mer, entourés d'une nuée d'acolytes à la voix sixtine, remplissaient une flotille d'honneur. On chantait des psaumes. Les varlets et les vassaux, massés sur les rives, escortaient en répondant aux versets entonnés par les barques.

Ce fut un spectacle saisissant, et je voudrais bien avoir le brio de Théophile Gautier pour vous décrire les détails de cette touchante cérémonie.

Plus tard « ce beau domaine » changea plusieurs fois de maître. L'un d'eux, avait épousé une gaillarde châtelaine qui lui servit huit enfants — huit filles, — connues dans l'histoire du Cagnon sous la désignation de « nymphes du Tarn. »

Blondes, d'un blond vénitien lavé d'or, toutes se ressemblaient. Elles étaient d'une beauté souveraine.

Ce sont elles qui inspirèrent le goût des excursions aquatiques. On accourait de partout, d'Aurillac et de St-Affrique, pour surprendre, encadré dans la baie d'un croisillon, l'ovale séraphique de l'une ou de l'autre *ad libitum*. On disait même, dans le pays, que leur vue portait bonheur.

Le Seigneur-père était bien quelque peu marri de cette affluence et de ces continuelles venues. Il aurait donné une de ses tours pour que le Tarn fut moins navigable et moins flottable, mais il était flatté dans son amour-propre d'auteur : il avait foi dans la vertu de sa lignée et, puis, il n'était pas tenu d'inviter à dîner tous ces argonautes en quête de ses huit toisons d'or ; il s'y serait ruiné.

J'interrogeai la vieille qui m'avait servi de guide, en lui glissant dans la main une pièce blanche du format de ma curiosité. Elle sourit finement et répondit : « Alors monsieur veut savoir l'histoire du baron de Cussac ?... »

Elle prit haleine et commença à réciter en patois, avec une originalité d'expression qu'il est impossible de rendre. Que ces choses perdent à être traduites !

... « Il y avait, autrefois, en Gascogne, dans un antique donjon des environs de Villefranche-de-Lauragais, un riche et puissant chevalier du nom d'Odilon de Cussac. Il connaissait ce pays, pour avoir visité les lieux où son ancêtre le comte Aymeric de Cussac, était venu prêter main-forte à ses amis et guerroyer contre les huguenots.

Odilon, comme tant de preux, était très enclin à la galanterie : c'était le Lovelace de la Garonne. S'il avait voyagé avec sa liste, comme don Juan, il aurait eu un Bottin sous le bras.

Il avait entrevu, dans ses équipées, l'octave des *damoyselles* batifolant dans les guérets, mais, à cause de sa réputation, il n'avait osé se présenter à La Caze ; d'autant plus que le châtelain, très documenté, l'avait marqué, à l'encre rouge, sur son Almanach de l'Ecusson de France.

Cependant la curiosité et la paillardise lui ardant les moëlles, il brûlait du désir de contempler la douce image de ce double quatuor de Grâces.

Il fouilla dans sa cervelle matoise et arrêta son plan.

Un soir d'hiver que La Caze, comme le burg d'Eviradnus, livrait un combat désespéré aux rafales de neige et luttait de toute la lourdeur de sa maçonnerie contre la tourmente, déguisé en taupier, vêtu d'une marrègue à longues déchirures, une taupe empaillée au bout d'un tournebroche, il fit abaisser la herse et franchit le fossé.

Avec un temps pareil on n'aurait pas mis un gabelou à la porte. Il fut reçu avec les honneurs dûs à son rang. Après une forte écuellée de soupe aux fèves du Gévaudan, on le fit coucher au grenier sur un tas de peaux de mouton dites *tondards*.

Il n'en demandait pas davantage car, ainsi que l'Ogre de Perrault — qui tout de même avait une fille de moins, — le maître faisait dormir ses tourterelles dans la chambre bleue au-dessous, espèce de gynécée dortoir avec cabinet de toilette dans la tour.

Odilon, à qui l'on avait retiré la lanterne, l'immeuble n'étant pas assuré, battit le briquet et toute la nuit se mit à forer le plancher à l'aide de son tournebroche.

Le jour commençait à percer, quand il s'aperçut qu'il avait percé lui-même.

O vilebrequin de la passion !

Il agrandit le trou et le boucha, avec la queue d'un bélier, en attendant la divine aurore.

Dès l'aube, le jour entra par l'ouverture, pâle comme une tache de lait sur un plancher, puis la tache bleuit, jaunit, et, au moment où elle se dorait, Cussac allongé, à la façon d'un Apache, appliqua furieusement son œil et il vit...

— Ne craignez rien, mesdemoiselles, s'écria Ulysse, en esquissant un perfide sourire à ce moment périlleux de son récit.

Ici la bonne femme me tendit la main et me dit : « Encore cinq francs, monsieur, puisque je vais faire un péché en achevant. »

— Ne craignez rien, je vous en supplie, mesdemoiselles.

Je me fendis d'une deuxième roue de cabriolet et passai ma langue sur les babines.

... « Et il les vit en chemise, pardi ! fit sournoisement, la sorcière. Et maintenant c'est fini. »

Le sire Odilon de Cussac, cela va de soi, n'essaya pas de prendre la moindre taupe : il y avait cinquante centimètres de neige dans les champs. Une seconde soupe aux fèves du Gévaudan, et il reprit le chemin de son manoir.

Chez lui il se consuma d'amour et mourut entièrement desséché. Il avait l'air, dans son lit, d'un vrai poisson fumé. Le chapelain, qui voulut recueillir ses dernières paroles, ne put tirer de lui que ces huit mots, ou ces huit noms : « Gloriane, Juliane, Luciane, Mialane, Eliane, Bibiane, Soubeyrane, Octavie. »

Et il rendit son âme au diable.

La mégère, qui m'a si dextrement étouffé

deux écus, s'appelle Finelle de Toinou. Je me venge en la dénonçant.

Ceux qui me liront sont prévenus.

Mais je crois qu'elle a dû aller rejoindre le sire de Cussac, dans le sein de l'éternel.

C'est égal, elle doit avoir passé la recette à ses petits enfants, ou je ne connais pas ma Lozère.

Un mot encore, avant de détaler.

Je recommande le petit lac qui se trouve au-dessous de La Caze. C'est là, qu'autrefois, les demoiselles prenaient des bains de siège, à la grande joie des barbeaux. L'eau y est douce, caressante et la barque glisse, comme sur un miroir, dans la direction de la fontaine des Ardennes. J'ai dit. »

— Vous avez oublié, reprit l'intarissable Mica, de dire un mot de l'horrible famine qui sévit dans le Cagnon, à la suite des pompes funèbres de Soubeyrane. Permettez que je comble les profondeurs de cette lacune.

— Ores, comblez lacune, murmura Hannton.

— Monsieur Malafosse affirme, dans sa consciencieuse notice, que douze cents prêtres s'étaient donnés rendez-vous à ces bruyantes obsèques. Il est resté bien au-dessous de la vérité. Il y en eut beaucoup plus, sans compter les moines et les moinillons, les nonnes et les béguines, les tourières et les frères lais.

C'est qu'on était en 1563, au lendemain de l'assassinat de Guise, Catherine, qui ne le pleurait que d'un œil, tripatouillait, avec Condé et ce ramolli de l'Hospital, la paix et l'édit d'Amboise, ce double billet de Lachâtre hypocritement souscrit la veille de tant d'horreurs.

L'Italienne avait, d'un mot malheureux, dans un accès de dilettantisme florentin, incendié tout le midi. La gent huguenote et la gent catholique étaient dans le pire état d'exaspération. « Eh bien, avait-elle dit, croyant au succès des soldats du culte rebelle, nous prierons Dieu en français. »

Passe encore en patois. Mais, à l'idée de sacrifier de gaieté de cœur le latin de cuisine, le Gévaudan avait pris les armes. Tout était sujet de manifestation. L'enterrement de la Sainte offrait une excellente occasion de protester, c'est ce qui explique le fourmillement de soutanes qui obscurcit les Gorges, et le formidable *de profundis* qui retentit comme une menace.

L'évêque de Mende, digne prédécesseur de celui qui, plus tard, à St-Chély, doucha la cuisse nue d'un classique guerrier à l'œil terrible, sur le gobelain de sa chambre, riait sous cape, fermant les oreilles et les yeux sur toutes ces violences. Mais ce n'est pas ce côté de l'histoire que nous avons à envisager.

Après la cérémonie, il fallut inévitablement ravitailler le personnel funérailliste, et ce ne fut pas, dit-on, une petite affaire. L'intendance se montra d'une déplorable incurie.

On avait préparé, à La Caze, un dîner de trente-sept couverts — beaucoup trop d'appelés et pas assez d'élus, — aussi l'émeute des estomacs se rua sur tous les environs et l'occupation dura plus de deux jours.

On doit avoir suivi un corps d'armée, pour concevoir ce qu'il fallut de victuailles pour distraire, seulement, la pieuse fringale de cette ecclésiastique invasion.

Il va sans dire que la rivière paya les premiers frais, qu'elle fut fouillée, dans tous ses replis, d'Ispagnac à Peyreleau ; qu'on souleva tous les rocs, que toutes les racines furent fourgonnées, qu'on vida toutes ses poches, et que toutes ses économies, en poissons et écrevisses, y passèrent. A moins de cribler le sable, on ne pouvait pousser plus ardemment la pêche.

Puis, ce fut le tour des fermes. Tous les animaux qui bêlent, grognent, gloussent, piaillent, roucoulent, miaulent, même ceux qui ne disent rien, comme les lapins, furent passés au fil du coutelas.

Dans les potagers, les choux, les raves, les pommes de terre, les carottes, le céléri, le salsifis, les concombres et les radis, tout fut mis à sac.

Il ne resta plus, quand on eut levé le couvert, ni un escargot, ni un pissenlit, ni une branche de persil. Le passage de ces sauterelles ventrues dégota toutes les plaies d'Egypte. On en parle encore et le souvenir s'en est perpétué jusqu'à nos jours.

La campagne fut changée en Sahara et les vieux avares moururent. Longtemps après il fallait encore faire des kilomètres pour trouver un œuf. Une poulette du Houdan, qu'une douairière avait sauvée du carnage en la cachant dans un carton de modiste, fut trouvée, la pauvrette, pour ne pas en perdre l'habitude, en train de couver, au milieu de chiffons, la boule en buis à repriser les bas.

Bien taillé ! maintenant il fallait recoudre.

Si l'on consulte les documents relatifs à l'histoire du Cagnon, on voit partout que les évêques de Mende avaient, au nombre de leurs redevances féodales, le produit poissonneux de la rivière, et qu'ils défendirent leur droit de pêche avec une vigueur tout à fait antique.

Il n'est question, dans les vieux grimoires, que des nombreux démêlés qu'ils avaient, à ce sujet, avec les seigneurs et leurs vassaux.

Les moines seuls, en temps de carême, avaient le droit de puiser du barbeau et du goujon, obligés, s'ils prenaient une truite, de la rejeter dans l'eau. Inutile de dire que ce droit, malgré les foudres et les mandements, fut toujours plus ou moins illusoire, et que les riverains, en catimini, prélevaient à leur tour plus que leur dîme sur le vivier épiscopal.

Après la razzia, de l'enterrement de Soubeyrane, l'évêque s'émut de ce vide de la rivière, du reste les paysans avaient eu la naïveté de lui adresser une pétition. L'art de M. Costes était encore dans les limbes, et l'administration des ponts et chaussées de l'époque ne savait pas encore résoudre les problèmes de pisciculture par l'algèbre.

Dans ces temps fuligineux, on était loin de prévoir qu'on enverrait plus tard, par la poste, de la graine de truite et de cabot que les cantonniers disperseraient, dans les cours d'eau, comme ils étendent des cailloux sur la route.

L'évêque fit appeler le maréchal chargé de

soigner ses deux juments alezanes et de ferrer les souliers de son porte-queue. Ce disciple de St-Eloi incarnait officiellement l'art de guérir les animaux, car les vétérinaires ont eu, pour précurseurs, les bergers et les tondeurs de chevaux.

Sa Grandeur donna à son docile subordonné des instructions tout à fait sommaires. Il partit néanmoins en grande hâte, avec son tablier de cuir, ses marteaux, une morue de Norvège et un baril de sardines pour repeupler la rivière.

Ne riez pas !... Dame ! on fait bien du vin avec des raisins secs, et puis une sardine, fraîche ou salée, est comme un bienfait, elle n'est jamais perdue.

Je n'insiste pas sur tous les essais infructueux qui furent tentés, jusqu'au moment où la migration, aidant le frai, reprit à peu près son équilibre, mais, pendant des années, le Tarn roula mélancoliquement ses flots avec l'abandon désespéré d'une mère dont les fils sont caporaux au Tonkin.

Les châtelains, avec quelque peu de poudre et de plomb, pouvaient encore mettre une corneille en salmis le dimanche, après avoir mangé des pommes de terre en robe de chambre toute la semaine.

Quant aux paysans, exténués par la faim, l'habitude de pêcher était chez eux tellement enracinée, qu'ils jetaient tout de même leurs filets quoique sûrs de ne rien prendre, leur jubilation fut grande lorsqu'ils écumèrent la morue et le tonneau d'*harencades* que le maréchal avait fait flotter sur leurs eaux. Il ne leur échappa point la moindre sardine, ils auraient pu reconstituer le baril.

Cependant que la campagne était triste, sans le chant du coq ! Les aurores silencieuses semblaient des fins de semaine sainte quand les cloches sont à Rome. Enfin, petit à petit, les fermières se ressaisirent, on fit arriver des canards avec leurs clarinettes en beurre, des pintades avec leurs crécelles, des dindons avec leurs gongs chinois, des poules avec leur caquetage de cinquième piston, et l'orchestre des basses-cours fut remonté à neuf. Ceux qui n'avaient pas d'argent prenaient des volailles à cheptel. On inventa, pour la circonstance, le cheptel de plume.

Ce qui n'empêche pas les chroniqueurs de considérer l'enterrement de Soubeyrane comme de première classe.

On n'en finirait pas si l'on voulait entrer dans tous les détails de cette navrante disette...

— Messieurs, dit l'hôtesse, vous devriez profiter de l'éclaircie pour aller cirer vos bottes dans le gazon ; pendant ce temps je ferai balayer le plancher.

— C'est juste, vociféra, chacun dans sa note, la bande des voyageurs.

Et on sortit pour laisser faire la toilette du triclinium et éventer les relents de persillade qui embaumaient ou empestaient, suivant les goûts, l'atmosphère de cette rustique table d'hôte.

On trouva St-Pierre à la porte, les précédant, armé de sa gaffe qu'il tenait comme une hallebarde. Mais le récit de Mica avait tellement intéressé son auditoire, que tous s'étaient serrés contre lui et qu'il marchait comme une géline avec ses poussins.

Il continua :

... « Après la fontaine des Ardennes, en laissant les barques, on suit un sentier qui passe derrière un moulin et l'on parvient, cahin-caha, jusqu'à la Malène que vous connaissez et que je n'ai par conséquent pas à décrire.

Quel dommage que la famille de Lescure ne laisse pas, en son absence, pénétrer dans la partie du château où l'on conserve la vaillante épée du baron de Montesquieu qui fit merveille à Fontenoy ! On irait, pieusement, saluer cette grande relique et rafraîchir ses souvenirs de gloire.

— Le fait est, s'écria Ulysse, dans un élan d'enthousiasme, que ce pauvre Maurice de Saxe, presque mourant, traîné dans un panier d'osier et empêtré de la personne du roi et de son dauphin — qui avait voulu suivre pour ramasser des balles, (ils ont tous cette manie) — flanqua une rude tripotée aux Anglais. Le succès de la journée, un instant compromis, sur le soir, fut éclatant. Quelle canonnade, mes petits agneaux !

Sur un grognement d'Hannton, Ulysse comprit que son lyrisme venait de faire une brioche et il roulait, sur la langue, le miel d'une phrase édulcorante à l'adresse du fils d'Albion.

Trop tard ! Celui-ci, qui s'était un peu attardé pour admirer le paysage lavé par la pluie, et l'avoir pour lui tout seul, bondit comme un sanglier, au milieu du groupe, les yeux injectés, écumant de rage et, avec un de ces gestes coupant, comme on en prête à Moïse et à Pharaon dans les bibles illustrées, se mit à hurler :

— *Ça est pas vrai ! Vô avez pas gagné la*

*bataille de Fontenoy !* Dans sa fureur il avait perdu l'usage de sa langue maternelle.

— Ah ! elle est raide celle-là ! reprit à son tour le fautif. Comment ! nous n'avons pas été vainqueurs à Fontenoy ?

— *Nô ! Ce était le grand Cumberland !*

— Qu'il aille au diable votre Cumberland !.. Voyons, mon excellent sir Hannton, vous nous avez brûlé Jeanne d'Arc, avec la collaboration d'un évêque dont le nom rappelle que l'histoire n'a pas à lui porter des boudins ? Vous avez profité de la maldonne à Waterloo, avec votre empaillé de Wellington, et vous voulez encore rester maîtres à Fontenoy !

— *Mossié, je défendais à vô de ridikiouliser lé Angleterre !* et mylord s'avançait, prêt à boxer.

Toute la bande était en proie à une vive émotion. St-Pierre, à tout évènement, avait levé son immense perche pour la laisser tomber, au besoin, sur la tête de l'insulaire.

Ludovie dénoua la situation. Elle se précipita au cou saumonné de Hannton et rassemblant, dans une lueur, tout ce qu'on lui avait appris là dessus à l'université féminine de Lacanourgue :

— Vous ne vous souvenez pas, mylord, que

dans cette bataille on vous dit de « tirer les premiers ? » que vous lachâtes toute votre poudre et qu'il vous en manqua à la fin ?

— Comment, il leur en manqua ! vociféra Grujat, en se mettant de la partie, ils en reçurent une ample provision, et du côté où flotte la queue de morue.

Un rire général éclata. L'anglais se débattait sous l'embrassade de la jeune fille.

— *Nô, petite française, jé volé pas des caresses, jé volé Fontenoy. Mossié Ulysse retirez, tout de souite, lé mot d'empaillé sur l'altissime Wellington ?*

— Noble sujet de la reine, répondit Polumétis, avec le plus gracieux sourire, je le retire. Etes-vous content ?

— *Nô !*

— Vous n'êtes pas content ?... Eh bien, retirez-vous vous même. Veuillez vous asseoir un instant sur ce roc. Nous allons délibérer.

Quand il eut fait approcher tout son monde, même Pierre Gal dont le « beau geste » n'était pas passé inaperçu, l'auteur de ce fâcheux incident, s'adressant au cénacle, leur fit cet exposé :

— « Mes chers compagnons, si vous voulez nous allons suivre les vieux errements du protocole et procéder comme dans toutes les conférences diplomatiques. Vous savez que toutes les fois que des plénipotentiaires s'assoient autour d'une table, pour se curer les dents, à propos d'équilibre européen, l'anglais est toujours le plus difficile à tordre, et qu'à l'heure de l'apéritif il faut toujours lui faire quelques concessions, car il a pour devise, comme les cimetières, ces deux mots : *Concessions à perpétuité*. Il faut toujours lui céder, c'est dans la tradition, c'est passé dans les mœurs des cabinets, il n'y a pas à s'en défendre. Il n'y a que le Turc qui lui tienne tête, depuis des siècles, peut-être parce qu'ils jouent, à deux, leur éternelle comédie : *Il faut que la Porte soit ouverte ou fermée.*

Pour moi, je ne sens pas la moindre sympathie pour ce rasoir plus rasoir que ceux de Shefield, mais ils naissent tous ainsi dans cette île ; il faut les prendre tels qu'ils sont. En veut-on à un nègre à cause de sa couleur ?

Si nous lui lachions Fontenoy, le sacrifice ne serait pas bien grand, d'ailleurs nous n'aurions rien à signer. Voyez-vous, mes amis, une défaite de plus ou de moins, dans l'histoire d'un peuple, ça ne s'y connait pas : et puis qu'est-ce que cela pèse, dans la balance, à côté des vingt volumes de Thiers sur le « *Consulat et l'Empire.* »

Accordons à cet animal qu'ils ont gagné : ou mieux encore qu'il a gagné, à lui tout seul, la bataille de Fontenoy ? »

........................................................

Cette proposition n'étant du goût de personne, Grujat se mit à entonner le chœur de Charles VI.

*Guerre aux tyrans !*

Nioparés cherchait ses castagnettes. On l'arrêta.

— Malheureux, vous voulez ensanglanter ces rives ! dit le photographe Pitot de l'air le plus piteux, du reste, d'un tempéramment peu batailleur, du collodion paraissant couler dans ses veines.

Fenechtrou, qui avait assisté à la scène, eut le dernier mot.

— Pour ma part je ne vois aucun inconvénient à lui *conchéder* Fontenoy, à condition que nous trinquions au vainqueur, ce soir même, et qu'il fasse les frais de la victoire.

— Idée géniale, murmura Mica.

— Ça y est, fit Ulysse, qu'on fasse avancer le prévenu.

... « Mylord, c'est une affaire entendue, vous

avez gagné la bataille. Nous faisons amende honorable. Sommes-nous gentils ! Aussi j'espère que, ce soir, vous offrirez, aux vaincus, le punch avec tout ce qui s'ensuit et, afin que nul n'en ignore, j'ajoute qu'il sera fait une masse des dépens pour être supportée entièrement par *Old England, Old England, Old England !*

— *Aô, je acceptai*, répondit l'anglais radieux. *God save the queen.*

La crise était dénouée, quand Samedi parut avec un livre à la main.

— Que nous veut ce laïque, demanda Fenechtrou.

— C'est curieux, ronchonna Ulysse, plus un pays est arriéré, moins on peut faire un pas sans se cogner à quelque instituteur.

— Je vous apporte la preuve que vous aviez raison tout à l'heure, dit ce dernier.

— Comment ! voilà une heure que je fais des efforts surhumains pour perdre une bataille, dans le porte-monnaie de cet original, et vous venez nous asperger de votre science ! Savez-vous que vous vous comportez là comme un vulgaire congréganiste.

Les joues du pédagogue s'empourprèrent.

Grujat le remit dans son aplomb, en lui

tapant sur l'épaule avec un sourire gras. Il lui devait bien cela, car il l'employait constamment à farfouiller, pour son compte, dans la matrice cadastrale.

Nioparès, pour le mettre tout à fait à son aise, lui fit signe de suivre le groupe à l'auberge et Hannton vint marcher à côté de lui.

Son bouquin sous le bras, Samedi, ayant repris sa contenance, s'avança avec la dignité d'un fonctionnaire affranchi, de par la république, du soin de mettre le vin de M. le Maire en bouteille et de chanter le dimanche au lutrin.

## XXX

Doit-on le dire ?... Le vent qui vient à travers la montagne, produisant les plus heureux effets pneumatiques sur les estomacs, on fit honneur au dîner comme aux précédents.

Les quatre jarrets de cochon, écartelés sur champ de lentilles et servis dans de grands plats rouges, disparurent en un clin d'œil. Il n'en reste bientôt plus, dans l'assiette de Fenechtrou, que le bracelet d'or qu'on avait mis à l'un des gorets pour le guérir du rouget.

Deux énormes gigots du Larzac, avec des

ails ankytés dans les chairs, découpés en tranches diaphanes par le maëstro Grujat, furent avalées comme du pain à chanter et, vite, métamorphosés en deux équerres maçonniques du blanc le plus ivoirin, luisantes et nettoyées, de vraies pièces de musée anatomique.

Décidément Annonciade, assise à côté d'Ulysse, en pinçait pour son voisin.

Ils pédalaient vigoureusement, tous deux, sous la table et, dans ce cor à cor de tendresses pédestres, le veau ciré de Polumétis en comptait de grises au maroquin puce de la belle senora. Même, à un moment, le luron laissa tomber son couteau pour s'assurer si sa conquête n'avait pas un poignard à la jarretière.

Ln conversation avait gravi le diapason le plus alpin. On était au dessert, et au milieu de bruyantes expansions, de protestations d'amitié dans toutes les formules, de petits hoquets sympathiques, on grignottait des noisettes, d'avant la guerre, pleines de tabac à priser. Toute la provision de mendiants s'écoula, y compris les antiques macarons hantés par les fourmis du placard.

Ludovie radieuse montrait, sur sa main, un minuscule lapin blanc sculpté dans une amande douce.

Fénechtrou, les dents brûlées par des soupes trop chaudes, ramonait ses chicots avec son eustache à la bonne lame de St-Sernin.

Alors, en qualité de coryphée, moi, Dominique, je donnai le signal en battant des mains.

— Sortez pipes !

— Servez punch ! s'écria Hannton.

— Bravo ! Bravo !

Chacun s'outilla pour le fumage, la fumerie et la fumisterie.

Aussitôt Grujat et Fenechtrou exhibèrent deux bouffardes jumelles, en cerisier greffé, taillées sur la branche du même arbre, creusées par le même artiste, le sabotier de St-Préjet. Ils en flairèrent longtemps l'arôme avant de les bourrer.

L'anglais prit un fin havane, dans son étui qu'il serra britanniquement dans la poche de son veston.

Nioparés roula frénétiquement une cigarette de *papel de Hilo*.

Avec Ulysse nous échangeâmes de vulgaires cigares d'un sou en jetant des regards furibonds sur Hannton.

— Moi, dit Samedi, je suis de l'école de Raspail, et il montra un petit tube de verre dans lequel, entre deux houpettes de coton rose, brimballaient quelques grains de camphre.

— Suffisamment asthmatique, murmura à son tour Pitot, je remplace le tabac par le *datura stramonium*.

— Après mes repas, fit Mica, en offrant sa boite aux demoiselles — sans oublier Madame Moustapha, — au lieu de mâcher du Gambier, je suce la jujube.

Annonciade et Ludovie, penchées sur leurs assiettes à dessert, essayaient de déchiffrer le rébus du recto en consultant le verso. Malgré la traduction elles devinaient péniblement le texte.

Ce scélérat d'Ulysse, au milieu du nuage de fumée qui commençait à s'épaissir, les brodequins n'ayant plus rien à se dire et s'étant compris, laissait de rechef rouler quelqu'objet et se levait, la tête congestionnée, l'œil émerillonné et les doigts grisés d'avoir palpé le mollet le plus dur de toutes les Estramadures.

Au tapage de la chambrée l'hôtesse comprit que l'heure du punch avait sonné. Gal fit son entrée portant avec onction le saladier, sur le ventre duquel s'épanouissaient ses doigts en racines de mandragore. Il le tenait à distance pour empêcher les longues flammes bleues de lui lécher la roupie héréditaire contractée par ses aïeux sur l'humide élément. Derrière ces lueurs tremblotantes, il avait bien la tête de St-Pierre, au moment où il allume un feu de Bengale sur le seuil du Paradis, pour signaler l'arrivée d'un bienheureux.

Il fut salué d'un *ban*, fortement claqué par tous les romains de la troupe.

Puis, la maritorne de sa suite tourna le dos aux convives, monta sur une chaise et éleva les bras à la hauteur d'une limande chargée de bouteilles.

Perchée sur cet escabeau, elle développait une truculente cambrure et des hanches taillées dans ce rustique Paros qui, au contraire du chocolat Menier, rancit en vieillissant.

— Quel râble ! s'écria Fénechtrou, avec un clappement de langue d'un réalisme effrayant.

Pendant que Grujat, armé d'une cuillère à soupe, remuait le sucre au fond du bol et faisait danser les ronds de citron et les morceaux de papier brûlé flottant à la surface, la servante de son côté, déménageait le contenu de l'étagère ; elle en avait plein les bras.

C'étaient de vieux flacons, masqués d'un domino de poussière duvetée, sur l'étiquette desquels plusieurs générations de mouches avaient superposé les traces de leur passage.

On dut racler outrageusement, au couteau, l'enduit hiéroglyphique, pour lire les noms de ces vulgaires cordiaux tramés dans l'ombre criminelle de quelque distillerie de Pézenas ou de Voiron.

Il y avait, là, des vespetros surannés, des chinas figés, des dantzigs à paillettes engourdies, des marasquins assoupis, des cacaos hibernants, des anisettes brouillardées, etc., j'en passe et des plus mauvais, sans compter ces compositions fénestrales où, dans un alcool affaibli, la libidineuse cannelle se marie au girofle le plus astucieux.

Vraiment il faut avoir des estomacs cosmopolites, et quatre jarrets de cochon dans le ventre, pour s'abandonner, avec joie, à des liqueurs de cette perfidie.

Mais l'anglais devait tout payer, c'était une excuse. Ce qui vient d'Albion est toujours bien pris.

On attendait le tire-bouchon.

On sait que ce timide instrument des plaisirs bachiques de l'homme, se dérobe toujours dans les grandes occasions et se fait prier comme un artiste.

Enfin, après une salve de débouchage, le

cénacle se livra aux douceurs d'une dégustation empressée.

— « Encore un peu de crême de noyau, » glapissait Ludovie, pendant que Grujat et Samedi, attelés à un irrésistible brou de noix, parlaient d'un richissime excursionniste, occupant un haut emploi dans les finances, et devant faire, incognito, la descente du Tarn sous le nom de *Pétomane*.

Ulysse, loin de se douter de la surprise qu'on lui réservait, les écoutait d'un œil, regrettant de ne pouvoir sténographier ce colloque pour l'instruction des races futures. Il se méfiait du curaçao d'Artaxercés, buvant peu, mais, en revanche, excitant ses voisines toujours la bouteille à la main.

Madame Moustapha affalée auprès de Nioparés, toute entière aux délices de cette villageoise licherie, le teint luisant du rouge des poteries gallo-romaines, cherchait le moment de placer un dithyrambe sur le mastic de Constantinople, liqueur assurément inconnue aux Vignes.

Entre temps, elle coulait un regard galvanisateur sur le raide hidalgo. Mais celui-ci, préoccupé de sa fille et d'Ulysse, dont le manège devenait de plus en plus significatif, pensait plutôt à s'interposer, comme les Pyrénées entre la France et l'Espagne, qu'à répondre aux œillades de caïman repu que lui lançait sa voisine empourprée.

— Décidément cet espagnol n'a pas plus de sang qu'une merluche, murmura-t-elle. Parlez-moi des Turcs ! En voilà des hommes ! des prima spada !

Et sous le mirage alcoolique transportée au troisième ciel par le troisième vespetro, elle se remémorait ses amours récentes et invétérées, toutes ses frasques bysantines.

La langue de Fénechtrou s'était considérablement épaissie, il racontait à Gal ébahi et prosterné comme un ange adorateur, qu'à Cette où il avait été recevoir des pins de Sicile, il avait mangé d'un poisson étranger qui avait un sabre au bout du nez, et pour l'éblouir il lui jetait au visage le nom de tous les poissons et des coquillages qu'on apporte sur le marché des villes côtières.

Le pauvre barquier n'ayant jamais goûté qu'au monotone frétin d'eau douce, demandait avec curiosité, quel était ce poisson Carré qu'on avait servi à la Sous-Préfecture de Marvejols au dernier conseil de révision. Le marchand de bois, avec un superbe aplomb et sans hésiter répondait : « C'était un merlan. »

— Voilà comment on écrit l'histoire naturelle, s'écria Ulysse. Malgré sa cristallisation intense il avait tout entendu.

Cependant le coin le plus bruyant était encore celui des savants. Mica, Grujat et Samedi, en pianotant sur leurs verres de china, discouraient sur les ancêtres préhistoriques, hôtes primitifs des Gorges, et fort documentés, tous les trois, entraînés dans les hypothèses anthropologiques les plus hardies, mêlant aux données les plus nébuleuses de la géologie les légendes de la contrée et les contes à dormir debout des vieilles chanvrières du cagnon. Ils peuplaient de cyclopes et de titans, taillés à leur fantaisie, les paisibles bords du Pas de Soucy.

— Oui, proclamait Grujat, j'ai entendu dire à mon grand'père Anicet, que des bûcherons avaient trouvé au fond d'une grotte, au-dessous de la Malène, un os de cuisse qui mesurait un mètre quarante centimètres de long. Qu'ils le portèrent au presbytère, et que le curé ne sachant qu'en faire avait voulu le faire loter au profit des dames du purgatoire ; mais que, personne n'ayant pris de billet, il l'expédia au supérieur du petit séminaire de Mende qui l'échangea avec un passant contre un rouleau de toile. Cet os est aujourd'hui au musée de St-Gaudens. Un auvergnat en a offert soixante-neuf mille francs.

—Il est certain, reprenait Mica, que ce serait une erreur de croire que tous les ossements qu'on trouve dans les cavernes et les *abens*, sont des manches de gigots ou des reliefs de poulets froids abandonnés par des bergers des deux sexes. Mais on prend souvent pour des débris humains, à cause de leur forme, des pétrifications, des concrétions calcaires et des pointes de stalagmites, récoltées dans les stratifications.

Samedi qui avait déjà sérieusement soutenu que les géantes, les femelles légitimes de ces colosses, enlevaient prestement la table d'un dolmen pour s'en faire une pierre à laver au bord de l'eau, commençait une théorie sur les monuments celtiques, dits *cibourniols* dans le pays, lorsqu'on vit sir Hannton, jusque-là demeuré aphone, se lever et imposer ses grands bras comme quelqu'un qui va officiellement pérorer.

— Médémes et mossiés, je boa aux Français vainqueurs à Fontenoy ! Je m'étais trompé. Le livre de M. Samedi avé réason. Le anglais fut battu. O yes bien battu. Mossié Ulysse faites porter la note et payez le punch au vaincu.

— Qu'est-ce que cela veut dire, murmura Ludovic.

— O perfide Albion ! vociféra Pitot.

— Bien joué Marguerite ! cela veut dire, s'écria Ulysse, que cet affreux fumiste, sculpté dans un jambon d'York, lâche la victoire que nous lui avons si chevaleresquement abandonnée, souvenez-vous en, et cela pour ne pas payer ce modeste punch de vingt-quatre sous.

— *Oquel chicono !* grommela Gal, en humectant son gilet d'un cacao tremblant et ému.

Tous les yeux chargés de réprobation, jusqu'au bout des cils, étaient braqués sur le flegmatique insulaire.

— Qu'à cela ne tienne ! hurlait Polumétis, que madame Alphonse apporte la note. Puis, montrant du doigt l'anglais, qui pour essayer de rire retroussait le maroquin de ses lèvres jusqu'à la racine de son râtelier chevalin.

— Lord Hannton, retenez bien ceci, c'est dans Lucrèce Borgia... « Sur mon âme ! vous m'avez donné un bal à Venise, je vous rends un souper à Ferrare. Fête pour fête, messeigneurs !... « Ce qui veut dire : Mylord, vous me faites payer le punch aux Vignes, eh bien ! je veux perdre mon nom, si je ne vous fais pas solder le dîner à Millau chez Hippolyte Guillaumenq, Hôtel du Commerce, place du Mandarous. Œil pour œil, dent pour dent. Est-ce entendu ? Est-ce compris ?

— Adjugé !

— Oyes ! Oyes, criait Harris, en se tenant les côtes, et son rire forcé allongeait encore ses dents en ivoire de vieil harmonium.

On procéda immédiatement au recolement.

Madame Alphonse interpellée, parut sur le seuil. Elle enveloppa d'un regard mathématique les bouteilles finies et commencées. Le compte fut fait d'un coup d'œil et sans broncher.

Elle dit : « Vous devez trente-sept francs soixante-quinze. »

O puissance du calcul ! ce mot mit immédiatement un bouchon sur tous les goulots.

Séraphie allongea ses bras en s'étirant et parla d'aller se coucher.

— On n'y va pas les j'uns chans les j'autres, bredouilla Fénechtrou.

Il ne s'aperçut qu'il avait lâché une bêtise qu'en regardant Ludovie dont le facies virginal s'était embué d'un nuage rose.

Maintenant la conversation traînait, le pétrole fumait, les verres poissaient, les chaises craquaient.

Grujat pour couper les chiens se tournant du côté de Samedi, et lui tapant sur le dos, le pria, pour terminer la soirée, laisser un brin somnoler l'auditoire et émoustiller le côté féminin, de raconter la légende de Gargantua.

Une petite pluie fine battant les vitres invitait le narrateur. Il ne se fit pas prier. Samedi versa, dans le creux de la main, les dernières gouttes d'uu flacon de china, s'en pommada le crâne et commença :

... « Gargantua, dit *Poudron*, l'homme de la Lune qui nous regarde d'en haut avec ses grands yeux, sa grande bouche et son nez épaté, ayant appris que dans les Gorges du Tarn il y avait des choses curieuses, s'agrippa à la chevelure de la comète de Biéla, comme l'étudiant au manteau d'Asmodée, descendit sur l'Aigoual et vint à Florac (Lozère) — sous-préfecture, 1978 habitants, quatre cafés, un billard, une queue.

Il se plaignit de n'avoir pas trouvé, dans les Cévennes, une pierre pour jeter à un chien, et, tout en bougonnant, se dirigea vers Molines.

A Rocheblave, il poussa un « Aah » de satisfaction, qui résonna comme un roulement de tonnerre, à la vue d'une forêt de monolithes, pointus et élancés, hauts de cinquante mètres.

Il cueillit la plus belle de ces colonnettes de pierre, aussi prestement qu'un sacristain enlève le cierge d'un chandelier.

Pour s'assurer de son arme, il exécuta une série de moulinets dans le genre de ceux qu'exécutent, avec leur matraque, les buronniers du Cantal.

— « Un peu courte, un peu badine, fit-il. Voyons si ça tiendra ? »

Et, l'appuyant sur le sol, il pressa.

Le monolithe s'enfonça jusqu'au bout.

Quand il le retira, comme une épée du fourreau, il y avait à la place un puits dont la lune n'a pas encore vu le fond.

Content de cette épreuve, Gargantua s'engagea résolument dans les Gorges, en sifflotant :

Quand ces beaux pompiers
. . . . . . . . . . . . . . . . . . . .

Jusqu'à Ste-Enimie tout alla à merveille.

A Castelbouc, il avait dit : — « C'est bien ! »

Aux Egoutals, il avait dit : — « Ça c'est des rochers ! »

A Ste-Enimie, le pont, le Tarn, Burle, les dimensions des falaises, la perspective de l'ensemble, tout l'émerveilla.

Mais c'était pour le colosse le *nec plus ultra*. Impossible d'aller plus loin.

Les montagnes étaient si rapprochées, les plis des pentes si serrés, les angles des rochers si aigus, si tranchants, le lit de la rivière si capricieux, son fond si tourmenté, qu'il ne pouvait avancer sans se faire des bleus, des bosses, des écorchures, des déchirures, des égratignures, des foulures, des éraflures et toute espèce de choses en *ure* dont la douleur dure.

— « Troun de bagasse ! sortons de ce guêpier où l'on ne peut poser le pied, grommela-t-il ».

Et, levant la jambe, il franchit la corniche de La Baume et se trouva sur le causse de Sauveterre.

Moins gêné aux entournures, Poudron gonfla ses poumons d'une large lampée d'air frais, et pansa ses blessures avec dix hectolitres d'arnica montana et une balle de charpie de sa pharmacie de poche.

Fidèle à son itinéraire — il s'était juré d'aller jusqu'au bout — il continua sa route.

Des hauteurs il put admirer l'ensemble des points culminants des causses Méjean et Sauveterre, et dans le vaste horizon, les Cévennes, Aubrac et le Lévézou.

Il remarqua que la vue plongeante, dans les abîmes, offre un spectacle autrement saisissant que lorsqu'on considère les curiosités de bas en haut.

St-Chély, plié dans son bouquet d'épinards, Pougnadoire avec son dentier d'osanores qui tremblent, le passage de l'Escalette le charmèrent.

Pour le château de La Caze, il écrivit avec toute une mine de plomb, sur un album grand comme l'ancien compoix : — « Si le seigneur de là bas avait bâti sa maison pour des hommes et non pour des lézards, je lui pousserais une visite. Mais je ne veux pas soulever la calotte de ce vol-au-vent à la non financière. »

De Serres, il marqua un bon point pour les *Détroits* et les brillantes décorations du Cirque de La Croze.

Au *Point Sublime*, près le Mas-Rouch, son extase se changea en délire. Il poussa des cris de joie, des « Hi-qui-qui ! » de conscrits avant le tirage au sort, mit son chapeau — fabriqué avec le poil de mille garennes — au bout de son bâton, et exécuta un cavalier seul dont la furia fit trembler les dolomies de St-Georges à la Malène et des Baumes à Tartaronne.

En avait-il du frétillement dans les jambes !

............................................

La nuit descendait lorsque Gargantua arriva à St-Rome.

Il avait faim.

A cette époque, il n'y avait pas d'auberge dans la vallée ni sur les causses.

— « Souperons-nous, ou ne souperons-nous pas ? » se demanda le géant en plaquant un accord sur le piano de sa mâchoire.

Tout à coup se frappant le crâne :

— « Nous souperons, fit-il, mais commençons par nous procurer le luminaire. »

Il se dressa aussitôt de toute sa hauteur, et se mit à l'affût, le bras tendu, la main entr'ouverte.

La première étoile filante qui parut, « vlaou, » il la pinça au passage, comme les enfants empoignent une mouche, et la piqua à son sombréro avec une épingle.

Aussitôt la plaine, les falaises furent inondées de lumière.

Eveillés en sursaut, par ce nouveau soleil, les perdreaux, les merles, les lièvres, les lapins et les culs-blancs prirent la poudre d'escampette.

— « Ne craignez rien, pauvres petits, ce n'est pas à vous que j'en veux, dit le noctambule. C'est aujourd'hui vendredi, nous nous contenterons d'une modéste friture. Garde à vous, messieurs de la goujonnerie ! »

Et, posant un genou sur le cap de Dolan et l'autre sur le rebord du Maynial, le pêcheur se pencha horizontalement sur le gouffre, plongea les deux mains sous les jupons de la rivière.

Mais il avait beau s'escrimer, se déhancher, s'éreinter, il ne prenait pas le moindre barbillon.

Bien plus, la brusquerie et la puissance de ses mouvements ébranlaient la montagne, décharnaient ses bases. En contrebas se produisaient des éboulis. Les roches infléchies, secouées, bousculées, détachées, glissant sur leurs assises, roulaient en meutes désordonnées jusqu'à la rivière et y formaient d'énormes entassements.

C'était un vacarme épouvantable.

Les loups faisaient leurs malles, les renards mettaient leurs fourrures de voyage, les cerfs partaient en oubliant leurs bois et les sangliers leurs laies, les ours filaient pour le nord, les aïeux de la bête du Gévaudan eux-mêmes chaussaient leurs brodequins.

Les vautours abandonnaient leurs aires. Le grand-duc, aux ailes de velours plus larges qu'un parapluie, poussait des cris de paon, tandis que les chauves-souris, au vol en zigzag, et les phalènes se flambaient au céleste fanal.

Les poissons abrutis jouaient au *turbot ruit* ou *ruunt*, avec des bosses au front — ils se *truquaient*.

Gargantua comprit qu'il aurait dû s'y prendre un peu plus à la douce et changea de tactique.

D'un premier mouvement il allongea le bras gauche jusqu'à La Croze. A partir des Détroits il balaya le fond du Tarn et de ses doigts, comme d'un râteau, il ramena gravier, rochers, cailloux et poissons. Puis, posant Roque-Sourde et autres rochers à Soucy, il forma barrage.

Par cette digue le cours de la rivière fut interrompu. Au-dessus les eaux refluèrent vers la Malène, au-dessous le lit du Tarn fut à sec.

Goujons, vaudoises, barbeaux, carpes, brochets, saumons, mille poissons monstrueux, dont les espèces n'ont pas survécu au cataclysme, agonisaient échoués sur le sable, et leurs écailles frémissantes miroitaient sous les rayons stellaires comme les cottes de mailles d'une marmelade de preux chevaliers.

Et le délinquant ne perdait pas une seconde.

Il ramassait, ramassait toujours, et jetait sa capture, par-dessus la tête, dans la conque de Cauvel.

Son réservoir plein, il bailla comme un volcan, s'étira les bras, frictionna la crampe de ses mollets, se frotta les reins engourdis par la fraîcheur de l'eau et se retourna pour faire du bois.

Il passa à Vercels, Novis, Bombes, Combelazaïs, ravagea, saccagea, racla broussailles, taillis, hautes futaies, alluma un grand feu, y plaça son gril de poche.

Quant tout fut à point, il s'assit sur un contrefort du causse de Sauveterre, les jambes pendantes, *arniquées* et *montanées*, pour attraper des écrevisses, sortit un croûton frotté de trente mille gousses d'ail, mangea fortement sans s'amuser à la bagatelle de la salade.

Pour boire il se baissait, ramenait ses mains en forme de grand coco et tirait de là quelques sizains.

Il s'en ficha une telle pitonnade, il s'en colla une si formidable boissonnade que, lorsque le dernier saumon craquait sous sa mâchoire, le Tarn tirait à sa fin.

Les eaux de la rivière, qui jusqu'à ce jour néfaste affleuraient la chapelle de St-Ilère, avaient baissé jusqu'au fond de la vallée et ne formaient plus que le mince filet que vous voyez aujourd'hui.

Sa collation finie, Gargantua ramena les jambes sur les bergeries de la plaine, appuya la tête sur le moulin à vent du Teinsonnieu, en guise d'oreiller, écrasa quelques fermiers, et ronfla comme un ouragan.

Il s'éveilla avant le jour. Sa chandelle ayant filé, il chercha son bâton dans les ténèbres, plongea son bras à Soucy et aux alentours. Rien. Au passage de sa main, Roc-Aiguille ayant courbé la tête fut sauvée. Furieux, le colosse courut vers l'Aigoual rejoindre son omnibus, et en y montant s'écria : « complet ! »

.................................................

Cette histoire comico-féérique avait follement amusé les auditeurs. Le sommeil avait fui les paupières, aussi, dès que Samedi se tut, la gaieté, jusque-là contenue, éclaira tous les visages.

Chacun fit ressortir le passage qui l'avait le plus charmé.

Annonciade aurait voulu voir Gargantua un buisson d'écrevisses dans les jambes ; Ludovic quand il farfouillait dans la rivière ; Séraphie lui enviait son chapeau lumineux ; Harris en pinçait pour l'étoile filante ; le gril de poche émerveillait Nioparés.

— C'est un bien joli conte pour les enfants, dit Mica.

— Dites plutôt une bourde, fit Grujat avec aigreur. La seule légende vraisemblable sur le Pas de Soucy est celle de Ste-Enimie.

— Celle de la Sainte est aussi fantaisiste que la mienne, riposta Samedi.

— Ma foi non !

— Ma foi si !

— Voyons, voyons, mes amis, pas de diskioussion, s'écria l'anglais. Vos deux histoires sont fort intéressantes. Chacun de vos a raconté la sienne avec oune esprit select qui fait honneur à son savoir. Bourdes ou vérités, peu nous importe ! Calmez-vos et réglons ensemble l'itinéraire de demain. Ne pourrions-nous pas aller visiter le *Point-Sublime ?*

— C'est loin, la côte est rude, le pays escarpé, grogna l'expert.

— Nous irons à dos d'âne, ce sera une délicieuse promenade, dit l'espagnol.

— Oui, oui !

St-Pierre fut chargé de louer, pour le lendemain neuf heures, des bourricots pour tout le monde, à l'exception de Grujat et Fénechtrou que leurs occupations géométriques attachaient au rivage.

## XXXI

A l'heure indiquée, la cavalerie asine, bridée et bardée, remplissait la cour du drelin joyeux de ses grelots.

Chaque monture avait son conducteur.

On remarquait trois ânesses à pompon, pour les dames.

*Péloufette*, la *Quicotte* et *Rouflaquette*, avec Clapeyrol, Paparel et Ruas pour guides.

Sur les derrières, un fourgon chargé de vivres, attelé d'un mulet, attendait : Gal, son automédon, en faisait claquer le fouet.

De son char Phœbus lançait sur les mortels des confetti enflammés, sous les rires d'un vent d'est, tandis que Aurore enrhumée de la veille, dans son boudoir rose prenait, comme son cousin Milette, sa tisane des Shakers.

Les selles n'ayant pas d'étriers, il fallait monter les amazones.

Ruas, tendant la main en creux comme pour recevoir un écu, reçut le peton d'Annonciade qui, en gazelle, sauta sur la barde de *Péloufette* où elle s'assit.

Ludovie prit un escabeau et grimpa *Rouflaquette* comme on grimpe sur un tombereau graissé de frais.

Séraphie voulut sans aide sauter sur la *Quicotte*, mais trop pataude et le pied lui fourchant elle n'arriva qu'en travers. Dès lors elle mit au clair, aux yeux ébahis de l'assistance, deux gigots de pré-salé dont la vue aurait rendu clairvoyants les pensionnaires des Quinze-Vingts.

Et pas la moindre feuille de vigne ! Allons hisse !

La cavalcade enfila la route. Nous fermions le cortège avec Ulysse, nos fusils en bandoulière, accompagnés de nos chiens qui, en gambadant et jappant, faisaient le va et vient de la tête à la queue de la colonne.

Et la côte, avec ses innombrables lacets, montait toujours. Pendant deux heures nous escaladâmes cette rude rampe.

On n'entendait que le gazouillement des jeunes filles et les *ono* et les *arri* des âniers qui, à coups de bâton, tuaient les mouches sur le dos des bourriquets.

Au sommet, pendant que la bande suivait le chemin des Almières, nous mîmes pied à terre avec Ulysse pour battre un taillis.

— Enfin, vous voilà ! cria une voix.

C'était notre ami Jacques.

Un monsieur d'un certain âge, à la face terreuse et camusée, sillonnée de fibres sanguines, les moustaches tombantes l'accompagnait.

Il nous le présenta en ces termes :

— Monsieur Onésime Frescumat, ancien grand veneur du marquis de Reveyrolles, juge de paix à Escoudournac.

Nous nous inclinâmes comme trois marionnettes aux reins souples.

— Depuis huit jours, continua Jacques, nous sommes à votre recherche. Ce n'est qu'aujourd'hui que Roux, facteur urbain et suburbain du Massegros, nous a dévoilé votre refuge et nous venions tous deux, en chassant vous rejoindre aux Vignes.

Entre temps, Sigurd le chien de Jacques et les nôtres, en vieux camarades, échangeaient des prises à leurs tabatières à musique.

Peu après, nous nous séparâmes d'un quart de verste pour fouiller la brousse.

A chaque instant nous levions du gibier, poil et plume, mais hors de portée ; le vent étant contraire, nos chiens s'emballaient.

De son côté le fusil d'Onésime faisait rage.

Bientôt sa corne d'appel résonna. Nous le

trouvâmes assis sous la perruque d'un *pinus silvestris*, séchant ses chaussettes au soleil, essuyant la sueur de ses tempes. Un monceau de cadavres l'entourait ; il avait l'air d'un marchand de peaux de lapin. *Pel de lébré, pel de lopin !*

Nous remplîmes nos carniers et filâmes dans la direction du Point-Sublime, rabotant les angles des cailloux par des récits cynégétiques.

— J'ai parcouru la France, la Suisse, le Tyrol et la Hongrie, le fusil sur l'épaule, disait le veneur : un train de marchandises suffirait à peine au transport des ours, loups, sangliers, chevreuils, renards, blaireaux, putois, lièvres, lapins, faisans, coqs de bruyère, perdreaux, canards, cailles, bécasses et autres bêtes que j'ai abattues dans quarante ans. Je n'ai rien à envier aux exploits de Bas de Cuir et d'Œil de Faucon de Fénimore Cooper, ni des autres nemrods du monde entier, abstraction faite des Gérard et des Bonbonnel qui ont la spécialité des descentes de lit et des manteaux à fourrures.

Vous deviez avoir des chiens de race, dit Ulysse.

— Des chiens !... Jamais ! répliqua l'étranger. Mon chien, je l'ai dans ma poche.

— Dans votre poche ! exclamâmes-nous avec Polumétis, en ouvrant des yeux de crapaud-volant, tandis que les lèvres de Jacques ébauchaient un sourire.

— Oui, messeigneurs.

Et Onésime plongeant deux doigts dans son gousset en exhuma une petite boîte ronde, en forme d'écrin de montre, de laquelle il sortit un appareil de métal enroulé en serpent, long d'un mètre, tenu comme un fil de laiton qu'il adapta à son nez. Par le reniflement cette trompe minuscule tournait en tout sens, se repliait sur elle-même ou s'allongeait à la volonté du porteur.

— Voilà mon chien, fit le grand veneur. Il ne paie pas d'impôt, ne connaît ni les puces ni le rouget, ne compisse pas les rideaux, ne se brosse pas à mon pantalon. Je l'appelle le *rinilatoscope*. Il est d'une sensibilité et d'une obéissance exquises. Il me signale les bêtes, les oiseaux, les salades, le marbre, la porcelaine, l'albâtre, le cristal, les sources, les sabots, les bottes, les gaz et les vapeurs. Tout ce qui dégage un fumet quelconque, aussi mince qu'il soit, ne lui échappe pas plus que les sons mesquins n'échappent au microphone.

Un « oh ! » d'admiration fusa de nos poitrines, et nous passâmes délicatement nos mains caressantes sur le dos métallique de ce petit chien savant.

## XXXII

Arrivés au pied du Point-Sublime, nous trouvâmes la cohorte affamée en train de déjeuner sous une tente improvisée avec la bâche du fourgon.

Ce fut une fête pour tout le monde, surtout pour les âniers qui n'avaient jamais vu un débordement pareil de saucisses et de tranches de bassieu. Leurs visages lançaient les flammes rouges du vin qui coulait sous la peau.

A trois heures, on gravit par groupes le monticule de l'observatoire objet de notre course.

Chacun sortit ses instruments d'optique.

Après avoir fouillé l'horizon immense bosselé de montagnes, lorsque les visiteurs plongèrent leurs regards dans l'abîme, horrible gueule aux dents de rocs grandes comme des basiliques, d'où s'échappaient les grognements du Tarn et les gémissements aquiloniens, l'émotion fut si violente que la terreur fit place à l'admiration.

Une pâleur blafarde barbouilla ces museaux pris de vertige.

Annonciade, fermant les yeux, s'accroupit la tête dans les mains. Un hoquet musical soulevait sa gorge, des sons inarticulés s'échappaient de ses cordes vocales.

Assise sur le sol, les traits contractés, Séraphie, à l'instar des macaques, se grattait furieusement le boulevard du coccyx.

A genoux et tournant le dos au gouffre, Ludovie se morfondait en signes de croix et moulinait sans arrêt cette prière : « *Sainte-Barbe, Sainte-Hélène, Sainte-Marie-Madeleine, préservez-nous du feu, de l'eau et des gens de Millau !* »

Nioparés, les bras autour d'un pin qu'il serrait fortement, les jambes libres, frappait l'arbre à coups de pieds en hurlant : « Ah *pougneta !* tu ne me jetteras pas là-bas, tu ne me jetteras pas là-bas ! »

Mica, quoique livide, faisait bonne contenance, tandis que Pitot convulsé, tremblait comme son appareil.

Après avoir fait le crâne pendant quelques minutes, Harris, troublé, fléchit à son tour. Il s'étendit sur la glèbe et bientôt gigota des bras et des jambes, avec la gymnastique d'un nageur entraîné par le courant.

Il criait :

— *Whose horrid image doth unfix my hair, and make my seated heart knook at my ribs ?* (Pourquoi ai-je regardé ce trou, dont l'horrible image dresse mes cheveux et fait trinquer mon cœur avec mes côtelettes.)

Après une pause il continua :

... *For god's sake let me have a glass of liquor* (Pour l'amour de Dieu, apportez-moi un verre de rhum.)

Puis, interpellant St-Pierre :

... *Gal, help me down below* (Gal, aidez-moi à descendre.)

Avec le concours des âniers, nous transportâmes les froussards sous la tente. Les cordiaux les remirent bientôt de leur mal de mer et les servants plièrent boutique.

La séance levée, la cavalcade reprit le chemin des Vignes, les chasseurs s'enfoncèrent dans l'escarpement des falaises.

Au-dessous des Almières, quelques perdreaux vinrent rejoindre leurs frères du matin au fond de nos carnassières.

Tout-à-coup, au milieu d'un bosquet de chênes rabougris, Onésime s'écria :

— Ça sent la truffe ici.

Et, à coups de talon de botte, il fit jaillir

du sol une potée de ces précieux tubercules dont nous cueillîmes quelques kilos. A notre rentrée à la Truite d'Or, nous fleurions la sueur de charcutier.

Tous les membres du concile voulurent aspirer les parfums des cryptogames. On se les passa et repassa de main en main, de nez en nez, avec des mots flatteurs.

Fénechtrou faisait la grimace, soutenant que la pomme de terre blanche était plus pratique, plus salubre, plus substantielle, plus morale, plus robuste, plus abordable que la truffe qui n'était qu'une pomme de terre nègre, sauvage, décadente, avachie ; que son odeur pernicieuse portait à la tête, aux cheveux, sur les nerfs, n'était bonne qu'à conserver les habits.

— Alors vous truffez vos paletots, dit l'espagnole.

— Achurément ! Cha les préjerve dès mites et des limaches.

A l'approbation générale, Ulysse réhabilita la truffe, en disant qu'il la préférait nue, à la pomme de terre même en robe de chambre.

## XXXIII

Pendant que Gal plumait une brochée de

perdreaux et enlevait le ragland à un lièvre qu'attendait Rosalie, la bande se communiquait les impressions de cette course folle.

— Je ne suis pas peureux par tempéramment, o nô, disait l'anglais, mais lorsque ce gaouffre épovintable s'est ouvert à mes pieds, la natoure a pris le dessus, oyes. J'ai senti les cheveux se dresser en baguettes de tambor, un picottemint travailler mes entrailles. Un horrible fracas de cruches cassées a sonné à mes oreilles, oyes. Il m'a semblé, qu'enfermé dans le tonneau de Régulus, je roulais sur une pente abrupte, hérissée de rochers, jeté de l'un sur l'autre par des saccades et des soubresauts horribles et douloureux, alors je suis tombé comme un passager tombe à la mer... *This is strange !*

— A ce spectacle terrifiant, j'ai senti un cercle de feu rouler autour de ma tête, avec le sifflement strident d'une meule de remouleur, glapissait l'espagnol. Mon estomac oppressé s'est ouvert sous le cauchemar, et j'ai cru que Promothée me rongeait le foie avec des dents de vautour. Alors, j'ai maltraité un arbuste qui s'est rencontré dans la projection de mes bras effarés. Je ne me vanterai pas de ma prouesse à la Reine quand, sous peu, je lui baiseral les *agacins.* Certes non !

— Moi, minaudait Annonciade, j'ai essuyé un violent serrement de gorge suivi d'un furieux hoquet. J'étais fascinée par l'abîme comme par les yeux d'un serpent à sonnette. S'il en avait eu une d'alarme, à la queue, je l'aurais tirée. On est venu me secourir au moment où j'allais me précipiter dans le vide.

— Bigre ! j'avais la chair de coq, je sentais des fritons partout, surtout au-dessous des hanches, piaulait Séraphie. Il me semblait que des araignées tissaient leurs toiles sous la coupole de mon beauséant ; que le trou aux mille voix me gueulait « *hou, hou !* » comme le bon Dieu de St-Flour.

— Je me suis vue perdue tout de suite, car le tourbillon me grisait ; je croyais que mon âme allait s'envoler vers les sphères éternelles, gémissait la fille à Grujat. Alors, j'ai tourné le dos au précipice, et, à deux genoux, j'ai supplié les saintes Marie de me tirer de ce mauvais pas. J'ai été exaucée, mais je ne retournerai plus visiter cet abominable Point Sublime, dussé-je devenir baronne de Dollans.

— Je te crois ! fit le chœur.

Ces mots « baronne de Dollans, » étant un coup de pied à mon adresse, je fronçai mes lèvres de boudeur et ronronnai à Ludovie cette apostrophe : « méchante, va ! »

Mais elle plongea dans mes pupilles ses candides rayons qui me désarmèrent.

La terreur ayant amené des phénomènes divers, sur les sujets soumis à la même épreuve, Mica, nous fit, sur les impressions éprouvées, une dissertation physiologique d'un grand intérêt.

Il en découlait que :

Hannton était un névropathe de l'école Krishaber.

Nioparés, un halluciné méthode Esquirol.

Sa fille, une visionnaire genre Chevreuil.

Séraphie, une lunatique à la Silvestre.

Ludovie, une mystique d'Elliotson.

Enfin, que les autres visiteurs réfractaires, nous étions des abrutis, des insensibles, des ramollis.

Cette appréciation, malgré sa rudesse, plaisait à tous, les visages s'épanouissaient. L'anglais ne partageait pas notre satisfaction, n'était pas content, rageait sous la cendre. Il allait éclater, lorsque, de la rue, un rataplan, plan, rataplan de tambour, nous appela aux fenêtres.

Et le garde champêtre cria :

« Le public est prévenu que, lundi prochain,
» 7 octobre courant, à l'heure de dix au matin,
» commenceront les fêtes du couronnement
» de la rosière des Vignes, selon la volonté du
» seigneur russe Serge Vergélykoff, notre bien-
» faiteur.

» Une tenue décente est de rigueur. On de-
» vra balayer le devant des portes, enlever les
» chemises, caracos et paillasses sales des con-
» trevents, les fumiers des cours, impasses et
» culs de sac. Cochons, poules et canards,
» consignés. Enfants, lavés, peignés, épluchés,
» torchés, mouchés. Hommes et femmes, bros-
» sés, cirés, astiqués, pimpés, rafistolés.

» Les chiens sans collier, et les chats galeux,
» seront incontinent par nos soins abattus.

» Pas de gros mots, ni de *bâtestes*.

» Qu'on se répète à satiété le présent avis.

» *Le Maire des Vignes,*
» Vieilledent. »

..............................

Ceci exposé, le crieur alla plus loin dégoiser
son annonce. Croisées closes, nous reprîmes
nos places, en nous posant simultanément
cette question :

— Qu'est-ce que cela veut dire ?

Nos yeux, nos poitrines et nos aqueducs auditifs grillaient d'impatience. Le fouet de la curiosité cinglait nos basanes et nos satins, en déchiquetant les perdreaux.

Alors Grujat, comme d'une gargouille, laissa couler cette cascade de paroles :

— La Providence qui veille, jour et nuit, avec la cataracte de son œil, sur les populations chrétiennes des monts et de la plaine, posa une fois son doigt béni sur les fondrières de cette commune. C'était le mercredi, sept octobre 1885, le jour de la St-Serge, vers midi. C'est déjà vieux, mais l'homme propose et Dieu dispose. Bref ! ce jour-là, un boyard du nom de Serge, de passage en ces lieux, pour fêter son patron voulait tirer le canon dans le Cagnon.

Or, dans le Cagnon, il n'y avait pas de canon. Alors, il emprunta un pistolet d'arçon à Nicolas le franc-maçon. A califourchon sur le piton de Blanquefort, des explosions de son arme, il exaspéra les échos et la smalah des serpents vénimeux du quartier. Par milliers les ophidiens enlacèrent ses membres et le criblèrent de morsures. Quand on transporta aux Vignes le nouveau Laocoon, il râlait, filait un mauvais cocon.

Ce que voyant madame Fraïsse, mercière au Massegros — les malheurs l'avaient rendue commerçante, — s'écria : « Le poison des crotales crêve cet homme, vite la succion ! »

Aussitôt une jeune fille, une humble bergère du Villaret — c'est là tout près, — *sergit* de la foule, se dévoua, Serge était aussi sauvé que Panine.

— Quel succès !

— Oui, ça réussit à merveille. Le prince recrépi, ragaillardi, plongeant la main dans son sac de nuit en tira une superbe tabatière en ruolz, illustrée du portrait de Menotti Garibaldi, en offrit une prise à la fève à Madame Fraïsse (pour tant d'amour ne soyez pas ingrate) comme hommage de son éternelle reconnaissance. Quant à Adolie Bréfuel, l'humble bergère, il se l'attacha en qualité de femme de chambre, par bail à vie dûment enregistré et transcrit — en vertu de la loi du 23 mars 1855.

Puis, replongeant la main dans son sac de nuit, le boyard en exhuma une pipe en mérisier qu'il alluma, six francs qu'il distribua aux pauvres, enfin, dix mille roubles formant, d'après l'instituteur, vingt-cinq mille francs de notre monnaie. Il donna cette somme à monsieur le maire avec charge de la placer, pour dix ans, à trois pour cent sur l'Etat français.

Au bout de ce terme, ce capital devant représenter trente-cinq mille francs, serait retiré et affecté, d'abord, à solder la dette de la commune s'il en existait, et le surplus, quel qu'il fut, serait destiné à doter une jeune fille vertueuse pour une année seulement.

— « Vertueuse pour une année seulement ? » interrompit Jacques qui débutait.

— Vous ne m'avez pas compris, ou je me suis mal expliqué, riposta l'expert. J'ai voulu dire, qu'il n'y aurait qu'un couronnement de rosière, cette année seulement. A l'avenir, il n'en sera plus question puisque l'élue actuelle prendra tout.

— Elle sera bien riche, goguenarda Ulysse, celle qui fera sauter la banque.

— Pas tant que ça ! pas tant que ça ! La commune doit plus de trente mille francs : pour les frais d'achat, de pose et d'entretien de la boîte aux lettres ; pour le rabottage du banc des marguilliers, le rhabillage du tambour du valet de ville, qui change de peau plus souvent que monsieur le Maire change de chemise, l'achat des drapeaux du quatorze juillet, de la plaque, du képi, du sabre et de la blouse du garde. Pour les dépenses imprévues lors des élections ; pour les fournitures de bureau de la mairie, plumes, papier, encre, règles, gomme, grattoir, crayons, fil, aiguilles, ficelles, épingles, pulvérin, buvards, bandes, cachets, sceaux, canifs, cartons, cire, pains à cacheter, sandaraque, punaises, balais, plumeaux, etc. Personne n'a jamais pu savoir ce qu'un maire opportuniste dépense en frais de bureau !

De plus, les fêtes du couronnement devant être splendides, selon le désir de messire Vergélykoff — désir qui sera religieusement respecté, — les frais, d'après le devis élucubré par le conseil municipal lui-même, arriveront à quatre mille neuf cent cinquante-cinq francs. Il restera donc, pour la rosière, quarante-cinq francs qu'elle touchera gratuitement, sans timbre, à la caisse de Gresham, rue de Provence, 30, à Paris. C'est un bien joli capital, quarante-cinq francs, pour une rosière de chez nous !

— Je ne briguerai point la palme, pour quarante-cinq francs, balbutia Ludovie.

— Té ! si moi ! fit madame Moustapha en se trémoussant.

A cette réplique, un rire homérique secoua tous les thorax et bientôt après, pendant que Phœbé promenait sur les bleus du firmament sa blanche galette, les lambris de la Truite d'Or résonnaient sous un orchestre de ronflements. « Et *ron* et *rou*, et *rou* et *ron*. »

Bonne nuit !

## XXXIV

Le lendemain, à l'heure chaude où la poussière des chemins poudre les bottes des facteurs ruraux, qu'un soleil sudorifique cuit la carapace des personnages de l'Angelus de Millet, St-Pierre, en habitué, entra sans frapper dans notre chambre et dit :

— M. Vieilledent, — ami de Nespoulous, — demande à vous parler tout de suite.

— Que veut-il ?

— *Ou sabé pas.*

— Quoique couchés, nous pouvons le recevoir. Faites entrer.

Le maire parut aussitôt.

Il portait une bedaine fort rondelette, des favoris rudes presque blancs, une figure de bélier apaisé.

Il bêla ainsi le sujet de sa visite :

.... « Excusez-moi, messieurs, de pénétrer dans l'intimité de votre gîte, mais ça presse. En qualité d'administrateur de la commune, je viens auprès de vous remplir un devoir pieux. J'ai besoin de votre généreux et bienveillant concours, pour une chose délicate, — que ne savent faire nos pirates — sacrée, qui exige le tact, le goût et le savoir-faire, que vous, hommes du monde, avez contractés dans le sillage des nombreuses relations que vous coudoyez dans les villes et les cités industrielles, quand vous célébrez le centenaire ou le souvenir d'un évènement mémorable, que vous fêtez la réception d'un président de la république, d'un souverain, d'un ministre, d'un grand quelconque, l'ouverture d'une voie ferrée, le lancement d'un navire, le couronnement d'une rosière. Ces cérémonies sont inconnues dans nos pays reculés et retardés.

Aussi, messieurs, je vous supplie d'accepter le rôle de directeurs et d'organisateurs de cette solennité, car, moi et mes conseillers sommes aussi novices aux fêtes de ce genre, que le seraient, en pareille occurrence, les ânes du Monna et les chèvres du Larzac.

C'est dans cinq jours, comme vous l'avez appris, que nous couronnons notre rosière. D'après les feuilles compétentes, il faut, pour ces réjouissances publiques, un attirail de tous les diables, musique, illuminations, ballon, salves d'artillerie, mâts de cocagne, feu d'artifice, des jeux de tonneau, un massacre d'innocents, un tir, des régates que sais-je ! C'est écrasant pour un vieux papa de réunir toutes ces voluptés dans si peu de temps.

— Avez-vous fait le choix de la victime, de la candidate, de la rosière ?

— Nous en trouverons cinquante, jeunes ou vieilles, dans notre commune, que cela ne vous préoccupe point. Nous désirerions : que vous allassiez dans une ville ; que vous nous y procurassiez, les engins nécessaires à la fête, canons, feu d'artifice, baudruches, etc. ; que vous insérassiez le programme dans leurs journaux ; que vous rédigeassiez des affiches, placards à ce sujet ; que vous convoquassiez les musiques des environs ; que vous écrivassiez aux hommes experts dans l'art de manier le ballon, le canon et autres condiments brillants et retentissants ; que vous fassiez tout ce qui sera utile. Voici mille francs pour les frais. »

Et posant un sac d'écus sur notre table de nuit, M. Vieilledent, sans écouter nos observations fila, comme un chien auquel on a attaché une léchefrite à la queue, par la porte restée entr'ouverte.

Ahuris par cet incident, la brusquerie de cette entrée et de cette sortie, nous courûmes en chemise délibérer dans l'embrasure de la fenêtre,

— Nous ne pouvons pas abandonner ces linots en pareille détresse, dis-je à Ulysse. Pars pour Rodez immédiatement, en quête des articles requis. Je ne perdrai pas mon temps ici.

— Je n'irai pas tout seul.

— Jacques t'accompagnera.

Le même soir, Polumétis et Jacques couchaient à la gare de Rodez chez l'ami Verdegris, — Spécialiste en foie gras, terrines, pâtés périgourdins.

Ils rentrèrent le surlendemain dans la matinée du jeudi, suivis de deux lourdes charrettes chargées comme des abeilles de l'Attique.

De mon côté, et par exprès, j'avais envoyé mes instructions aux journaux de Florac, de Mende, de Millau, de St-Affrique, de Lodève.

Écrit aux rédacteurs des publications de Toulouse, Montpellier, Nîmes.

Convoqué les orphéons des villes, et les fanfares de Lacanourgue, de St-André-de-Vezines, de St-Geniez et de Meyrueis.

Invité, par lettre, tous les maires et le clergé des cantons et communes de vingt lieux à la ronde.

Fait placarder partout de rutilantes affiches, aux couleurs nationales, qu'avait imprimées et expédiées Polyte-Maury.

Que c'était chic ! Comme ça marchait !

## XXXV

Le village était en révolution.

Le conseil municipal siègeait en permanence dans le tambour de l'église.

Cinq jours de congé avaient fermé les écoles.

Les enfants couraient les falaises à la recherche d'escargots, dont les coquilles serviraient de lampions ; les jeunes filles apprenaient des hymnes qu'harmonieusement, sur l'harmonium, leur insufflait Mlle Borel, la sympathique institutrice mixte.

A l'autre extrémité du pont, dans un des salons de l'auberge Badaroux, on entendait, par intervalles, le chœur des pêcheurs que leur rabâchait M. Bourgnou, premier serpent de la paroisse de St-Préjet.

> *C'est nous qui péchons*
> *Et qui repéchons,*
> *Les jolis petits*
> *Les p'tits barbillons.*

.................................

Les hommes plantaient des allées d'arbres verts.

Un cordon de lessiveuses bordait la rivière le croupion en l'air.

Fénechtrou s'étant chargé du mât de cocagne,

écorchait, raclait, savonnait, sur la route, un pin de vingt mètres, en sifflant une bourrée.

Partout bavardages, rires et cris.

A la Truite d'Or la petite colonie ne chômait pas.

On déballa des deux fourgons : une couleuvrine des ruines du château de Balissart, mesurant huit pieds six pouces — un baril de poudre de mauvaise mine — un ballon dégonflé, en lustrine gommée — deux carabines Flobert et accessoires — un jeu de tonneau — un massacre des innocents et ses douze poupées habillées, un gendarme, un juge, arlequin, cuisinier, jeune mariée, pompier, Lucifer, madame Lafarge, Polichinelle, Bazaine, etc., — un épais coupon de soie blanche et de flanelle pour le costume de la rosière — une malle de fleurs artificielles et cinquante kilos de berlingots et de pétards — des milliers de boîtes plombées et plusieurs flacons — un copieux panier de champagne, etc.

La couleuvrine fut consignée à l'écurie, les autres objets furent transportés à la salle à manger.

— Il y aura du homard, s'écria joyeusement Séraphie à la vue du fer-blanc.

Vieilledent, radieux, serrant à tout instant les

mains de Jacques et d'Ulysse, leur répétait, avec tout le velours de son cœur ; « Ah ! messieurs, comme ça marche !... Ce sera le plus beau fleuron de ma vie !... Ma gratitude est immense ! Je vous donne le droit de chasse, de pêche et de chercher des champignons, à perpétuité, sur tous les communaux. »

Hannton et Nioparés, ayant installé le tonneau sous la tonnelle, essayaient leur adresse.

Ludovie et Annonciade rangeaient les fleurs sur des étagères, et admiraient la souplesse du coupon de satin déployé sur la table.

Samedi allait de la place au pont, et du pont à la Truite d'Or, transmettant les ordres de Monsieur le Maire.

Chaque quart d'heure on recevait des lettres anonymes.

Pélégrini, l'artificier de Toulouse, annonçait son arrivée avec son fils : il tirerait ses feux et le fiston le canon.

Verlaguet, capitaine des pompiers de Meyrueis, viendrait avec son bataillon.

Les gymnastes de Florac préparaient leurs cordages.

Monseigneur Carnac bénirait la fête.

L'après-midi, Monsieur Fossemale, curé de St-Préjet, nous décocha une visite. C'était un beau vieillard, dont les cheveux chanvre et filasse encadraient, d'une auréole de naïveté, la figure que le pinceau jovial des champs avait lustrée d'un reflet de bonté et de béatitude commune à ceux qui ont l'estomac complaisant et la conscience de tout repos. Il nous congratula à peu près en ces termes :

— « J'ai appris avec plaisir, messieurs, que vous daignez vous occuper de notre petite fête. Cordial merci. Privés de votre généreux concours, livrés à nous-même, que serions-nous devenus ? Mazettes nous étions, mazettes nous serions restés, et nous aurions fait un four, banal, complet, honteux. La cérémonie n'aurait pas été digne de notre bienfaiteur, dont le vœu était qu'elle eut le plus d'éclat possible selon nos moyens. J'espère que tout se passera bien sous votre bienveillant patronage. Il ne faudrait pas que le rastaqouérisme des invités, leur langage, leurs actes, pussent troubler, ternir d'un léger nuage l'esprit candide, le miroir d'innocence des âmes pieuses de notre région. Je n'ai pas été consulté encore sur le choix des candidates, monsieur le maire m'en avisera certainement. J'ai a lui proposer, moi-même, une jeune fille vrai trésor de pureté, d'amabilité et de douceur, nous saurons nous entendre. Il ne faudrait pas que la cabale, ce piège à démon, nous fît dévier de notre devoir, nous fît commettre une de ces injustices dont le remords tue, ce serait un abominable sacrilège que la miséricorde céleste saura nous épargner. Nous nous reverrons bientôt, messieurs, je ne veux pas abuser plus longtemps de vos moments, ils sont précieux, en attendant je prierai le bon Dieu qu'il vous inspire et vous ait en sa sainte garde. »

..................................................

Le soir, au dîner, madame Moustapha réclamant toujours du homard, nous nous décidâmes à faire sauter le couvercle de l'une des boîtes. Il jaillit d'icelle des flots de lumière.

La surprise inondait les yeux de tous, des explications pressantes s'imposaient.

Alors Ulysse s'exprima comme une éponge, en ces termes :

— Monsieur le Maire nous ayant chargés de faire l'acquisition de lumignons inextinguibles, pour illuminer les Gorges depuis Soucy inclus jusqu'aux Vignes, quand nous avons demandé à l'épicier des lampions réfractaires à la pluie et au vent, de prime abord, il nous a répondu que les progrès de la science n'avaient pas atteint ce degré-là. Puis, se frappant le front,

« J'ai votre affaire » s'est-il écrié, et il nous a montré ces lucioles qu'on avait fait venir de la terre de feu, à grands frais, pour illuminer à Rodez la cathédrale et les autres édifices publics, lors des inoubliables fêtes cardinalices. « Sur vingt mille boîtes, a-t-il ajouté, il ne m'en reste que dix-neuf mille neuf cent dix-neuf que je puis livrer à cent soixante-dix-neuf francs, dernier prix. » C'était à prendre ou à laisser. Comme nous avions reçu l'ordre de ne rien épargner, afin que la fête soit brillante, nous avons consommé le marché. Ce ne sont donc pas des conserves de homard, mesdames et messieurs, que nous vous offrons, mais des conserves de verts-luisants. Tous nos regrets !

Et les petites bêtes phosphorescentes sautant avec bonheur de leur prison sur la table la transformèrent, en un clin d'œil, en un banc de diamants.

Quelques-unes un peu mâchées, meurtries, pâlissaient. Alors Jacques, trempant un blaireau dans un liquide régénérateur, redonnait aux insectes l'éclat et la vie.

Annonciade et Ludovie étaient dans l'extase, en contemplation, en admiration muette devant les lucioles, le clan des hommes manifestait son étonnement en commentaires plus ou moins baroques, Séraphie bougonnait. Elle aurait préféré du homard à ces sales chenilles qui avaient de la braise au derrière.

Mica nous apprit que le ver luisant est aussi appelé lampyre, du mot grec *lampô* briller, et *pyr*, feu. Décidément il était trop savant ; on l'envoya se coucher.

## XXXVI

Le vendredi, à l'heure matutinale où Aurore se bassine les paupières à l'eau de rose, pour mieux répondre aux œillades troublantes d'Appollon, on ne dormait pas chez madame Alphonse ; chacun avait secoué son édredon et était à son poste.

Fénechtrou faisait la dernière barbe au mât de cocagne.

Ludovie et Annonciade, un peu couturières comme toutes les femmes, taillaient dans le coupon de soie le costume de la rosière. Elles le coupaient sur le patron d'un peignoir ; plus il serait ample, plus il serait reçu avec plaisir par la coquebine qui, plus tard, le transformerait en couvre-pied de justes noces.

Nous trois descellions les conserves, et faisions prendre des bains réparateurs aux bestioles avariées.

Grujat et des cantonniers enfonçaient des piquets en bois dur sur la place, pour soutenir la large tente qui devait abriter les notables, les invités et les amis, lors de la cérémonie.

Vieilledent désirant truffer un veau, Onésime et un guide fouillaient, là-haut, les boisillons du causse de Sauveterre.

Les enfants escargotiers ayant rassemblé deux tombereaux de ces mollusques, Gal avait gardé auprès de lui la moitié de l'escouade, pour curer les coquilles, l'autre moitié était revenue à la rescousse.

— Que voulez-vous donc faire de toutes ces écailles, demanda Nioparés à Ulysse.

Il lui fut répondu :

— Mêchées et remplies de suif, elles remplaceront avantageusement les lampions fragiles et leurs verres itou.

— Alors ce seront des escargots liqumineux, demanda Hannton.

— Vous l'avez dit.

Et l'espagnol et l'anglais allèrent vers le tir casser quelques pipes.

On signala une voiture qui descendait la

côte, C'était le courrier du Massegros qui portait M. Pélégrini, son fils et ses colis.

Aussitôt, par les oreilles, on attacha la couleuvrine à de fortes cordes et soixante hommes, aux puissants biceps, la transbahutèrent sur le promontoire de Dollans.

L'Italien, pour éprouver la pièce, la bourra jusqu'à la gueule et y mit le feu. Du coup, toutes les vitres des Vignes, du Maynial, de la Cave, des Almières, de St-Rome et des Beaumes volèrent en morceaux, les tuyaux des cheminées se lézardèrent, les clous des souliers sortirent de leurs orbites pédestres.

Il fallut mander les vitriers, les couvreurs et les cordonniers des riches cantons voisins.

Mais l'effet était produit. Ceux qui n'avaient ni vitres, ni cheminées, ni souliers, hurlaient : « Vive la Sociale et la poudre à canon ! »

M. le maire, enthousiasmé, se frottant les mains, disait : « Ça marche, sapristi, ça marche ! Certes, on ne peut pas faire d'omelettes sans casser des carreaux ! »

Et, sans broncher, il paya douze francs d'indemnité, sur le budget de la commune dont il avait la caisse dans sa poche.

Cette catastrophe ne troubla nullement Pélégrini, quoiqu'il en fut l'auteur. Il ne s'excusa point de sa faute, sachant, par un proverbe de son pays, que s'excuser d'une faute c'est en commettre une autre — *defender la sua colpa, è un altra colpa.*

## XXXVII

Le dimanche, tout était prêt.

Les sociétés chorales, *La Cigale* de Peyreleau, *La Grenouille* de Rivière et *l'Alouette* de la Cresse, se faisaient le bec autour des tables rangées sur le pont.

Les fanfares, *La Lyre* de Lacanourgue, *Le Chapeau Chinois* d'Ispagnac, et *Le Triangle* de Sévérac, préludaient sur le champ de foire.

On entendait sur la route de Florac, les commandements, « Portez arme !... Arme au bras ! » des pompiers de Meyrueis, au casque d'or, alignés en rangs d'oignons.

Après les vêpres, un guignol et des chevaux de bois ouvrirent leur boutique, aux flonflons joyeux des orgues de barbarie, des aboiements des chiens et des pleurnicheries des moutards que le bastringue secouait à l'intérieur, au coupé et à la rotonde, en tortillements saccadés.

Par ci, par là, de petites baraques de pâtisserie, de joujoux, une roue de fortune sur laquelle cliquetaient porcelaines et cristaux.

Le jeu de quilles et de boules s'installait, et, plus loin, un tir aux poulets.

Une bande de conscrits, drapeau en tête, dévalait des hauteurs, la gorge gonflée de chansons guerrières.

De toutes les rues, on voyait déboucher des femmes se dirigeant, avec des plaques de gâteaux ronds sur la tête, vers le four banal.

Et M. Vieilledent — ami de Nespoulous — courant de groupe en groupe, marmonnait, en se frottant les mains : « Ventre de miche, ça marche ! Le populo aura de la fouace et des chevaux de bois, *panem et circenses.* »

. . . . . . . . . . . . . . . . . . . . . . . . . . . . . . . . . . . . .

Pendant que la foule s'amuse, que se passait-il à la Truite d'Or ?

Gal, Grujat et quelques adolescents remplissaient de suif les coquilles des escargots, y piquaient des mèches. Puis, ils les passaient à Pélegrini père qui les reliait, par des fils d'archal, en chapelets de cinq mètres l'un.

Annonclade et Ludovie tressaient des couronnes et des bouquets de fleurs artificielles et de chrysanthèmes, Séraphie roulait des cornets et y logeait des berlingots qu'au préalable elle essayait.

Pélégrini fils, Jacques et Ulysse, ayant défoncé les boîtes de lucioles les casaient, prêtes à distribuer, dans de petits paniers d'osier.

Frescumat et Rosalie truffaient, à l'office, légumes et poissons.

Je laissai à leur ouvrage ce cercle de travailleurs et revins flâner au dehors.

Non loin des écoles, Mica, Pitot, Nioparés, Harris et Samedi géologuaient.

Samedi ayant dit qu'il possédait quelques types assez remarquables, nous entrâmes dans son musée.

L'instituteur était modeste, sa collection était fort belle et classée avec intelligence. Mica le combla d'éloges, nous félicitâmes, à tour de rôle, l'infatigable chercheur.

L'espagnol restait muet, en présence de cette marmelade de minéraux, de coquilles et d'os. Il passa lentement devant toutes les cases, examina, scruta, tâta de l'œil ces trésors comme un connaisseur, puis, se tournant vers Samedi, il lâcha :

— Savez-vous, monsieur, que vous avez dû vous baisser bien souvent pour ramasser tout ce ballast.

A cette monstruosité, à ce coup de pied d'âne, vrai coup de poignard, en plein cœur de savant, Samedi devint blême ; nous sentîmes la betterave nous monter au visage. Nioparés ne comprit pas la sottise, l'impair qu'il avait commis ; il déchaussa son nez du binocle et le roulait en castagnettes dans les doigts.

## XXXVIII

A neuf heures, retraite aux flambeaux.

Les tambours des pompiers, suivis d'enfants porteurs de lanternes vénitiennes, chantant la *Marseillaise*, parcoururent les rues du village au bruit des fusées et des pétards.

Jusqu'à dix heures les fanfares firent entendre sur la place leurs sons déchirants, le garde annonça, après une roulade, l'ordre de la fête du lendemain, et, aussitôt, le conseil municipal entra en séance.

On délibérait sur la rosière, dont le choix était encore indécis.

Quelle serait la candidate capable de porter dignement la couronne, l'heureuse élue dont le trésor d'innocence vaudrait quarante-cinq francs ?

Toutes les filles de la commune, de dix à soixante ans, s'étaient fait inscrire sur le livre d'or de la mairie.

On en comptait trois douzaines.

Cette abondance d'âmes pures troublait singulièrement l'esprit des échevins Vignois.

On élimina, d'abord les velles au-dessous de trois lustres, et les génisses au-dessus de six — la tendresse et la coriacité.

Il restait onze sujets, d'un mérite *ex æquo* sur le carnet. C'était trop ! Pour ne pas se faire des ennemis, par voie de tirage au sort, on ne conserva que quatre noms, sortis les premiers du chapeau de M. le Maire.

C'était Lucienne Lassouche, laquelle avait « perdu un fer » au temps des abricots.

Brigitte Corcoral, qui avait manqué M. le curé, lequel l'avait surprise en conversation débraillée, avec Félippe le marchand d'allumettes de contrebande.

Nathalie Béziguet, directrice d'un tir nocturne à la guinguette des *Bons Zigs* à Capestang.

Enfin, Martine Routaboul, dont le casier judiciaire portait trois procès-verbaux, pour infraction à la loi sur l'ivresse, bris de clôture, détournement de lapins et cobayes, vagabondage et rebellion à la gendarmerie.

Des peccadilles, quoi ! Dame ! il faut vivre, en ce siècle où les vers à soie sont si durs d'oreille, et où les larves des hannetons répugnent aux poissons.

La délibération se concentra sur ces quatre bonnes têtes.

— Ma foi, dit M. le Maire, on ne voudrait pas se faire des ennemis, cependant m'est avis que les temps tourmentés que nous traversons, nous forcent à nous prononcer pour Nathalie la tenancière du tir. En définitive, il nous faut des soldats, rien que des soldats, et, si chez cette fille, on trouve des idées explosibles et patriotiques, elle est dans le mouvement.

— Le baromètre politique est tout à la paix, riposta Pitagne, à preuve: l'envoi de notre flotte à Kiel ; le relâchement de Romani ; l'acquittement des Trente ; l'emprunt Chinois ; les lois d'accroissement ; l'expulsion des toréadors. Et, si je ne redoutais pas des complications diplomatiques, j'ajouterais le mariage du duc d'Aoste. Aussi j'opine, en toute confiance, pour la paisible et tranquille Lucienne.

— Forgeron va ! lui cria Cabussel, on voit bien que c'est toi qui as forgé le fer susdit.

— Malpropre ! Qu'est-ce qui t'autorise à dire cela ? Heu ! en sortant nous nous retrouverons.

— Assez ! Assez !

— Moi ! hurla Trincard, dominant le tumulte, je donne ma voix à Brigitte. Le curé a rêvé, et puis, s'il n'a pas rêvé, tant pis pour lui, ça m'est égal ! Les allumettes de Brigitte sont excellentes et pas chères. On trouve chez elle place au feu et à la chandelle ; son phosphore lui procure du pain et elle sait partager ce pain avec le pauvre, ça me suffit !

— Vous avez l'air de mépriser Martine, dit avec calme Léquepeys, eh bien, c'est un tort ! Je porte mon choix sur elle, parce que c'est la mesquine la plus innocente de la localité... Si vous chapardez des lapins, des choux, des volailles à vos voisins, vous apportez sur la porte de cette fille, les peaux, les plumes et les trognons pour dérouter la religion de la police. C'est elle qui est la bouque-émissaire de la commune ; la mule qui porte en croupe tous les méfaits du canton, et dare !

Cabille, Roumégous et Tarniquet « pour ne pas se faire des ennemis, » se renfermèrent dans une mimique expressive, mais vide comme la cervelle de l'adjoint.

Et le conseil se sépara bredouille, après minuit.

## XXXIX

A peine Phœbus, vêtu d'une limousine, le cou entortillé dans le fichu rose d'Aurore, venait d'amorcer son fouet d'une *pétarelle* neuve, que ses chevaux pommelés sortaient des portes de l'Orient.

Je dis « pommelés » avec intention, car, ce jour-là, un vent d'est, âpre et froid, pommelait le ciel et badigeonnait la frimousse des femmes mondaines, du fard du dernier cotillon.

Pélégrini était à son poste et la couleuvrine tonnait, annonçant aux mortels du Cagnon que l'heure avait sonné, qu'on allait s'en ficher une culotte aux Vignes, se payer une tranche de rosière.

Le carillonneur de St-Préjet mettait ses cloches en branle, les fanfares jouaient la *Marseillaise* et l'*Hymne à la Reine Hortense*.

Et la petite flûte fesait *zuit-zuit*; la clarinette *couac-couac*; l'ophicléide *grou-grou*; le trombonne *gnouf-gnouf*; le piston *titarot-titarot*; rataplan, tsim-tsim, boum-boum. Les voix des hommes vibraient comme des chaudrons, celles des enfants comme des verres de cristal.

Un murmure joyeux s'élevait vers le ciel

pommelé, et de tous côtés, par terre et par eau, la foule des curieux accourait.

Peu à peu le calme se rétablit, la multitude mangeait.

Bon Dieu ! quelle servitude, active et continue, pour les riches, passive et discontinue, pour les pauvres, que le manger ! Quelle infirmité !

Où êtes-vous poètes ! vous, qui vous nourrissez d'un soupçon de soleil, d'un chant d'oiseau, d'un frisson d'eucalyptus !

. . . . . . . . . . . . . . . . . . . . . . . . . . . . . . . . . . . . . . . .

Les musiciens ayant enfoui leur embouchure dans la profonde, nous sortîmes avec nos inséparables.

Madame Moustapha la coulait douce au bras de Jacques.

Les beignets frissonnaient dans les poêles en plein vent.

Les marchands d'oublies glapissaient : « Vl'a le plaisir, mesdames... Vl'a le plaisir ! »

Nous échangeâmes un salut amical avec M. le curé, qui passait avec deux de ses collègues.

— Quel charmant homme ce M. Fossemale, dit Ludovic, c'est la bonté, la bienveillance en chair et en soutane. Il est aimable pour tous, même pour les bêtes. On raconte un fait curieux qui le dépeint tout entier. Un jour, il trouva le nid d'une pie-grièche. Emerveillé des œufs, tachetés de rouge, il les emporta chez lui. Pris de remords de sa mauvaise action, quand il se figura la désolation de la pauvre mère, il revint au nid, et, n'y pouvant remettre les œufs refroidis, il y déposa, pour l'indemniser, une pièce de dix sous.

— Nos prêtres d'Espagne ne sont pas si larges, si naïfs, eux qui vendent les indulgences six sous la douzaine, sur les places publiques, dit Annonciade.

— Le clergé de chez nous se tient mieux que le vôtre, fit Ulysse.

— M. Fossemale est fort gentil, dit Séraphie, mais il a un nez à fossettes qui le *dégaille*.

— Du tout, riposta Jacques, il a un nez bon enfant, fait pour renifler et réciter des psaumes.

## XL

Maintenant la cohue se dirigeait vers le pont et la rivière. On courait aux régates, l'une des principales attractions de la journée.

Auprès de la chaussée du moulin se tenaient quatre barques, montées par quatre gaillards vêtus d'une chemise sans manches et d'un caleçon — aussi sans manches, — bleu, rouge, vert et jaune, chacun de couleur différente.

Ils devaient monter à Soucy et redescendre. Le premier gagnait un louis, quatre litres de vin et une fouace ; le second, une pistole et un dindon, les deux derniers, la honte et le déshonneur.

Polumétis, qui avait un « tuyau » sûr, par le canal de Gal, s'approchant de Hannton lui dit :

— Mylord, cinquante louis pour le bleu. Tenez-vous le pari ?

— Oyes, mossié, cinquante loïs, quarante livres sterling, tenus contre bleu, sacrebleu !

Au signal de M. Vieilledent, les quatre barcots filèrent en chantant :

*Nous sommes les pêcheurs des Vignes,*
*Et nous voilà sous nos insignes,*
*La chemise et le caleçon.*
*Dans ce costume nous allons*
*De Roc-Aiguille à Pougnadoire,*
*Et du dortoir au réfectoire.*

*Ah ! Ah !*
*C'est nous qui pêchons*
*Et qui repêchons*
*Les jolis petits,*
*Les p'tits barbillons.*

*Quand nous cherchons noise*
*Au banc de vandoise,*

*Et que nous plongeons*
*Traquant les goujons,*
*Si l'on verbalise,*
*Sous l'œil de Phœbé,*
*Quelle bonne prise*
*En temps prohibé !*

*Ah ! Ah !*
*C'est nous qui pêchons*

. . . . . . . . . . . . . . . . . . . . . . . .

En remontant à la bricole, nos canotiers allèrent lentement, mais, au retour, c'était comme l'*Eclair* de Montpellier, comme la *Dépêche* et l'*Express* de Toulouse.

Le caleçon bleu, Polverel de la Croze, arriva bon premier, dépassant ses concurrents de toute la longueur de ses cils.

Des claquements et des « bravos » retentirent, en roulement de train sous un tunnel.

M. Vieilledent embrassa le vainqueur, lui remit vingt francs et les victuailles, en lui disant :

— Tu es un brave garçon. Jeune athlète, je souhaite que tu fasses ton chemin sur la terre et au ciel, comme tu viens de le faire par eau. Va, que le Dieu désarmé t'accompagne !

La dernière nacelle arriva un quart d'heure après. Elle était montée par ce sacripant de Merleflac, au caleçon jaune. Hannton lui montra les deux poings, en grognant: « Rossard ! »

L'anglais s'approchant d'Ulysse lui dit :

— Vô avoir gagné le sport. Donnerai, à vô, traite sur banquier de Liverpool.

— L'*hiver* commence, les *poules* ne pondent plus, répondit Ulysse, j'attendrai patiemment jusqu'à la semaine prochaine à Millau.

— Je accepte.

— Combien font cinquante louis, demanda timidement Ludovic.

— Mille francs.

— Tant que ça ! Votre ami s'est largement rattrapé des pertes de la bataille de Fontenoy.

— Dans notre famille, quand nous nous rattrapons, nous nous rattrapons bien.

Et la fille à Grujat, poussa un soupir en mi bémol comme un pet de nonne sur une écumoire.


## XLI

Nous nous arrêtâmes devant les divers jeux.

Il serait trop long d'énumérer les réflexions oiseuses des acteurs et des badauds qui les entouraient, toutes ces balivernes étant soutirées de la cuve des mêmes bouilleurs de cru.

Les jeunes filles et Séraphie, ayant voulu caracoler sur les chevaux de bois, nous caracolâmes côte à côte, deux par deux.

Ludovie, ma riveraine, gazouillait en chevauchant :

— Oh ! que j'aimerais un coursier docile, dans le genre de celui-ci.

Je lui roucoulais :

— Tu l'auras, ma gazelle, ma tourterelle, quand tu seras baronne de Dollans.

Et « hip et hop ! et hop et hip ! »

Nous étions au troisième ciel, là ousque les anges tiennent les *Bouillons Duval*, à dix sous le cachet, vin compris.

. . . . . . . . . . . . . . . . . . . . . . . . . . . . . . . . . . . . . . . .

L'heure du couronnement approchait.

Les musiciens dégorgeaient leurs cuivres et leurs anches des corps gras et des liquides suspects ; nous nous dirigeâmes vers le lieu du supplice.

Sous la tente précitée une estrade, sur le pourtour de laquelle on lisait, écrit en gros caractères : « *Honneur à la rosière, dont la vertu est la bannière.* »

Et à suite : « *Prenez garde aux pickpockets. La commune ne rembourse pas les soustractions, ni les autres vols non spécifiés, tels que larcins et filouteries.* »

Sur cette estrade trônaient les autorités, y compris le sonneur et la servante de monsieur le curé.

Cornophones et clarinettes à pédales, de la maison Besson, ouvrirent la cérémonie.

Aussitôt M. Vieilledent, ceint de son écharpe, le porreau du Mérite Agricole à la boutonnière, se dressa et prononça, d'un ton quasi-ému, ce laïus qu'un silence religieux rendait solennel :

« Vigniers, Vignois et Vignerons,

» Pauvres et juifs, banquiers et vagabonds, gens insuflés de l'esprit sain, ancien et nouveau, vous avez répondu, en masse, à notre appel, mille remerciements !

» Du haut de ces planches mal jointes, je déverse sur vos têtes les cataractes de reconnaissance qui bondissent du Niagara de mon cœur.

» Votre empressement et votre entrain, nous permettent de remplir le programme des fêtes qui sont le fait du prince, car, personne ne l'ignore, il y a un prince là dessous et ça marche, ça marche ! Sans le prince, la République ne marcherait pas du tout.

» Or, ce noble étranger fut miraculeusement sauvé d'une mort sûre, par une humble bergère du Villaret, non loin d'ici.

» Aimable, chaste et pure elle l'était, l'été, l'hiver, le printemps et l'automne, c'est-à-dire les quatre temps.

» Bien douée, couverte de valenciennes et cambrée, le prince se l'attacha par des points d'Alençon.

» O Adolie ! humble bergère, des pays lointains où tu règnes, assiste à nos réjouissances, à cheval sur la rose des vents, chère enfant !

» Cette bonne action s'accomplissait le sept octobre de l'an de grâce 1885.

» Dans sa gratitude, la munificence du boyard fut sans bornes comme nos communaux, qu'il faudra bien un jour.... mais je passe.

» Il nous combla de roubles, monnaie russe en cours, mais il exigea que, dans dix ans, en souvenir de son heureux sauvetage, on couronnerait une rosière aux Vignes, avec toute la pompe — messieurs les pompiers sont là — digne d'un semblable événement.

» Aujourd'hui, nous venons satisfaire à notre engagement décennal, et mettre à exécution le vœu de l'illustre roublard.

(Salve d'applaudissements. Ici les fanfares

auraient dû jouer l'*Hymne Russe*, mais on ne le savait pas. On le remplaça par le *God save the Queen*, à cause de la sympathie toujours croissante des deux nations. Hannton resta découvert tant que dura le *De Profundis* britannique.)

Après cet épanchement, M. le Maire continua :

... » Comme vous le voyez, mes amis, rien ne manque aux splendeurs de la cérémonie. Avec l'argent d'autrui, on trouve toujours assez de corroyeurs pour élargir la courroie.

» La musique charme nos oreilles ; les parfums des fouaces chatouillent délicieusement nos nez et nos palais ; nos yeux s'écarquillent à la vue des brillantes toilettes et des décors ; les jeux dilatent nos rates et, ce soir, nos jambes se livreront à la St-Guy des auvergnates et des bourrées.

— Bravichimo ! exclama Fénechtrou.

— A la porte !

... » Certes, qu'on ne vienne pas nous parler de l'émancipation de la femme ! Des amazones, des femmes soldats, des femmes diplomates, des femmes députés, des femmes académiciennes, des doctoresses ?

» Il n'en faut pas !

» Le champ de bataille de la femme, son

sénat, son institut, son académie ?... C'est le foyer domestique !

» Sa lutte avec la marmite est aussi recommandable, aussi rude, aussi glorieuse que celle de nos guerriers contre les canons ; des académiciens contre la grammaire et la prosodie ; des Pères conscrits contre le budget et le code ; des diplomates contre les embarras gastriques d'une politique à l'usage externe.

» Le chant de la marmite vaut bien le chant des Girondins, et, sans la marmite, point de Girondins.

» La pudeur, la chasteté, la modestie, sont les trois pieds de la marmite de la femme, la vertu.

» Hors la marmite, point de rosière ! »

— Bravo ! Allo ! Hourra ! Vive la marmite de Monsieur le Maire !

(Enthousiasme indescriptible. Trépignements frénétiques ! Ecrasement de cors sous tous les bancs. De loin, on entend Pélégrini tirer, avec peine, son cent trente-deuxième coup. Les pickpockets travaillent les jupons et les goussets. Les fanfares jouent le *Miserere* du Trouvère. Les falaises tremblent sur leurs assises.)

La foule chante :

*La soupe aux choux*
*Se fait dans la marmite,*
*Dans la marmite*
*On fait la soupe aux choux !*

. . . . . . . . . . . . . . . . . . . . . . . .

Monsieur le curé ayant fait un signe indiquant qu'il voulait parler, *conticuere omnes intentique ora tenebant*. Il ouvrit le compteur de son éloquence, et laissa tomber, de son bec Auer, ces paroles dans des oreilles amies :

« Chères ouailles,

» En quelques mots bien sentis, M. Vieilledent, notre maire vénéré, vous a fait l'historique de notre fête, je n'ai pas à y revenir.

» Toutefois, je ne pouvais rester bouche close, en présence de la moralité de l'œuvre, de son idéal, de son but, de son esprit, de ses tendances, du souffle qui le nourrit, de la force qui l'anime, des hymnes qu'elle entonne, des idées qu'elle remue, des rayons qu'elle projette, des mystères qu'elle renferme, des héroïsmes qu'elle invoque, des victoires qu'elle chante, des bas fonds qu'elle fuit, des sublimes hauteurs qu'elle renferme.

» Eh bien ! la vertu de la femme c'est tout cela !

» Cherchons la donc et trouvons la, cette

vertu digne de la couronne, fêtons-la et chantons ses louanges. Quoiqu'elle ne soit point un oiseau rare, on ne la coudoie pas à tout instant dans les foires, on ne la fond pas comme des cueillers et des fourchettes....

» Voilà de belles phrases, penserez-vous, pour un pauvre pasteur de village ? Mais, je m'empresse d'en faire l'aveu, ces maximes ne sont pas de mon sac, ni de celui de Larochefoucauld. Je les ai tirées des Pères de l'Eglise, ou des articles moraux du journal *La Libre Parole*.

» La jeune fille doit être aussi jalouse du plumage blanc de son innocence, que le corbeau de son plumage noir.

» J'applaudis de tout mon cœur à l'enthousiasme qui préside à notre fête. Je rends grâce aux organisateurs qui ont si bien fait les choses, et je dis en terminant :

*Honneur à la rosière*
*Et gloire à Vieilledent,*
*Car, elle est la plus fière*
*Et lui le plus vaillant !*

. . . . . . . . . . . . . . . . . . .

(Resalve d'applaudissements. Les fanfares redéboulonnent l'*Hymne à la Reine Hortense*. On est étonné de ne plus entendre Pélégrini ; il ronfle dans les bras de sa couleuvrine.)

## XLII

Monsieur Fossemale s'est rassis auprès de M. Malafosse son vicaire. Le tumulte a plié bagage. Plus d'orateurs. Chuchottements et gestes sur l'estrade, rumeur légère, petit vent rasant la terre.

Bientôt le grincement d'une brouette. C'est l'harmonium de Mlle Borel.

Douze fillettes vêtues de blanc, chrysanthèmes dans les cheveux et bouquet à la main, suivent le véhicule monorote.

Le cortège s'arrête en rond au milieu de la tente, et, après « un, deux, trois, » de l'institutrice chef d'orchestre, la voix argentine de Valérie Maruel éparpille dans l'air cette cantate :

> *Tel sur le penchant du coteau,*
> *Dans un hameau du diocèse,*
> *Grandit à l'ombre d'un sureau*
> *Un jeune lys de la devèze,*
> *Loin du monde élevé, conservant sa blancheur,*
> *De ses parfums il vous encense*
> *Et le calice de sa fleur*
> *Est un abîme d'innocence.*
>
> *En chœur*
> *Heureux, heureux mille fois,*
> *L'enfant dont la pudeur se cache au fond des bois !* (bis)

*D'une pudeur intéressante
Surveiller les pas innocents,
Monter une garde incessante
Autour du fragile destin,
D'une corolle si légère
Que le petit papillon,
D'un tendre baiser lacère
Ou perce de l'aiguillon,
Ce n'est pas, on nous assure,
Un soin insignifiant,
Non plus une sinécure,
Mais, c'est très édifiant.*

### *En chœur*

*Heureux, heureux mille fois,
L'enfant dont la vertu se cache au fond des bois !* (bis)

........................................

Quand le concert cessa, l'émotion était à son comble, les glandes lacrymales avaient levé leur vanne.

Pendant que les notables essuyaient pieusement sur le front des candides chanteuses leurs nez barbouillés de tabac, ces chères enfants roulaient des berlingots sur leurs lèvres virginales.

— Puisqu'on se grignote, fit Jacques, allons-y gaiement !

Et, simultanément, nous embrassâmes nos accortes compagnonnes.

— Que vous êtes « imagineurs, » murmura Ludovie en souriant.

Confetti et bonbons pleuvaient sur les coiffes, chapeaux, casquettes, bonnets, et les pêcheurs aux pieds humides, à la bouche brûlante, s'égosillaient à répéter :

*Nous sommes les pêcheurs des Vignes,*
. . . . . . . . . . . . . . . . . . . . . . . . . . .

## XLIII

Crépuscule aux doigts de mulâtre — quoique frère d'Aurore il n'était pas du même lit, — s'apprêtait à fermer les portes de l'Occident, que la séance durait toujours.

L'indécision persistait.

A tout instant arrivaient des télégrammes, des principales villes de France et de l'étranger, demandant le nom de la « rosière. »

Le public le réclamait sur l'air des lampions.

La houle montait comme une soupe au lait.

Les gamins imitaient les cris des bêtes. C'étaient des miaulements, des aboiements, des bêlements, des hennissements, des cocorico.

Bientôt retentirent des sifflets et les apostrophes malsonnantes : « A l'ours !.. Enlevez-les ! »

Vous entendez ça d'ici.

Puis, un tapage épouvantable, un vacarme

infernal, que ne pouvaient apaiser le « piano, piano, piano » des pontifiants.

La situation devenait critique.

Sur l'estrade, les autorités tremblantes, piteuses, décontenancées, gesticulaient des bras, des jambes, de la tête, sans proférer un mot.

Tout à coup, monsieur le Curé, haussant les épaules en signe de dépit, se couvrit de son galurin et quitta la scène avec son personnel.

Alors, quatre plis cachetés tombèrent dans le chapeau de monsieur le Maire.

Une main innocente en soutira le nom de « Martine », aussitôt proclamé et acclamé.

— Aaah !... Enfin !

Le corps des pompiers emboîta le pas à la recherche de la « Bienheureuse. »

Au retour, point de Martine.

— Elle est à Béziers, *cheffe* au café du *Bon Coin*, cria le capitaine.

— C'est mon café, fit une voix de femme.

— Approchez !

Madame Moustapha grimpa sur les planches.

— Tiens ! c'est toi, ma grosse ! dit Vieilledent, Comment vas-tu ?

— Tout doucement, merci.

— Ton mari... les mioches ?

— Tous, bon appétit. Madame votre dame se porte bien aussi ?

— Elle a un lombago-vomito-négro, mais le célèbre Pierrou de Nasbinals assure....

— « Pas tant de m'amours !... Finissez ! Allume ! Allume ! » hurla la multitude.

Interloqué par cette brusque interruption, Monsieur le Maire reprit vite ses esprits, et posant sur les cheveux de Séraphie la couronne de vertu, tressée de chêne et de glands, et le livret de quarante-cinq livres, il lui dit d'une voix « Canitrotruante » :

— Par procuration, je te proclame rosière pour Martine, ton amie. Tu lui remettras ces insignes décoratifs et pécuniaires.

Et les accolades recommencèrent, sous les clameurs de la populace qui répétait le bruit des baisers sur le dos de la main, et les instituteurs laïques et repus récitaient des tirades de *Pour la Couronne* de François Coppée.

— « Ouf !... maintenant ça y est ! » firent les autorités en levant le siège, et en enfilant jusqu'au coude la fouace de leur rond de cuir.

Pendant que la cohue s'écoule lentement, avec quelques sifflets à la clé et le cri : « Vive la Moustaphe ! » celle-ci, aux appâts bondissants comme les cabris du cantique de Salomon, court à l'auberge, en montrant la graisse de ses mollets, endosser le peignoir symbolique.

## XLIV

La Nuit, fille du Chaos, avec son rasoir d'ébène faisait tomber les derniers poils de la lumière du Jour, quand nous rentrâmes à la Truite d'Or.

Partout on gueuletonnait.

La rosière, que la blancheur de son rôle attachait à l'écharpe de Monsieur le Maire, occupait la place d'honneur au banquet officiel servi dans une grange odoriférante.

Ces agapes rustiques n'ayant pour nous qu'une attirance médiocre, pour ménager les timidités de nos habits camphrés, nous avions décliné les sauces et les coulis villageois de notre cher Vieilledent, prodigue de câpres.

## XLV

— Enfin, nous voilà seuls ! exclama Jacques en pénétrant dans une chambre où, pour nous,

> Sur un tapis de treillis
> Le couvert se trouva mis.

Fénechtrou et Grujat manquaient, ils s'empiffraient ailleurs.

Les impressions de la journée fournissaient un large thème aux papotages, principalement le choix de notre camarade Séraphie à la dignité de rosière.

Les jeunes filles en riaient jusqu'aux larmes intimes.

— Pourquoi, quand on prononce le nom de M. Vieilledent, ajoute-t-on « ami de Nespoulous ? » demanda Ludovie.

Il lui fut répondu :

— Monsieur Nespoulous est l'homme le plus aimable de nos contrées, de plus, c'est un chirurgien fort habile. De même que M. Pasteur guérit la rage des chiens, M. Nespoulous guérit la rage des dents. Et, lorsqu'on s'appelle *Vieilledent*, on est fatalement l'ami de l'éminent opérateur.

— Voilà pourquoi, acheva Polumétis, on ne prononce pas le nom de l'un sans y accoler le nom de l'autre. Les anciens ne séparaient jamais Pollux de son Castor.

L'affaire est entendue, huissier, appelez une autre cause.

Mica interviewa le veneur de la sorte :

— Pourriez-vous nous dire, monsieur, ce qui vous a poussé à remplacer le chien par le « rinilatoscope ? »

— Ce remplacement m'a été fort pénible, répondit Onésime, parce que j'aimais beaucoup le chien. Mais, je me suis aperçu que le chien moderne est complètement en décadence.

Son maître, le traînant dans les auberges, brasseries, cafés, casinos, chez les somnambules et les petites souris, il partage son abrutissement.

L'odeur des alcools, des gaz, du tabac, de la peau d'Espagne, du papier timbré, des bottes et des bottines, lui a enlevé ses facultés olfactives, ses vertus domestiques.

Le chien de nos jours est socialiste, insoumis, querelleur, immoral. Cette dégénerescence intellectuelle et morale du chien m'a forcé à inventer le rinilatoscope.

— Quand il fera des petits, vous m'en garderez une paire, dit Nioparés en faisant sortir la fumée de sa cigarette par les yeux.

## XLVI

Les millions d'escargots dont on avait illuminé le village, et les billions de vers-luisants dont on avait saupoudré les deux falaises, faisaient du Cagnon un brasier.

Jamais flammes des Enfers n'avaient autant brillé, jamais ceinture de Norodon n'avait autant relui.

Là-haut, Roche-Aiguille flambait.

Un peu pompette, M. Vieilledent — ami de Nespoulous, — fredonnait des refrains incendiaires, auxquels, pendue à son bras, Séraphie la sinistrée ripostait par des canailleries exquises.

Le feu d'artifice, tiré de la plage, envoya dans la rivière des myriades de postillons étincelants. Au bouquet final, l'image de la rosière parut au milieu d'un arc-en-ciel, une marmite à la main.

Le ballon, monté par Pélégrini fils, creva sur le Tarn. Aéronaute et nacelle dégringolèrent dans la masse humide.

Un cri d'effroi sortit de toutes les poitrines. On courut aux barques, le transalpin fut retiré des eaux comme Moïse, rasé de près, frisé, pommadé, un vrai champoing.

## XLVII

La vaste remise de l'adjoint, décorée de verdure, de mousse et de draps de lit, avait été convertie en salle de danse.

Monsieur le Maire ouvrit le bal avec la rosière par la *Valse du Gras-double* du suave Paliéstrippa.

En tournant, les basques maigres de la lévite de Vieilledent se perdaient dans la houle du peignoir de la Moustapha, on eût dit une chauve-souris empâtée dans le gosier d'un pélican.

Hauts en couleur, ils roulaient, roulaient, ruisselants comme deux coquelicots humiliés sous la rosée des vaches.

Vint ensuite le ballet des fillettes, cheveux au vent, robes flottantes, ceinturées et embretellées de rubans roses et bleus, de petits anges, quoi !

Pendant une demi-heure elles déballèrent des *branles*, des *rondes*, des *farandoles*, des *boulangères*.

Après cette délicieuse sauterie, campagnards et campagnardes écrasèrent *auvergnates* et *bourrées* dans une purée de crottin qui servait de sternutatoire aux spectateurs.

Fénechtrou jubilait. Il s'en flanqua une ribotte jusque-là.

L'entrée était libre, la police était faite par des matrones.

Aux danses succédaient des intermèdes de chant.

Les sociétés chorales et des amateurs se firent entendre.

Tout à coup, la voix gouailleuse et avinée de Merleflac grinça les couplets suivants :

> *Quand on couronne une rosière,*
> *Par devant et par derrière,*
> *On lui fait un compliment*
> *Par derrière et par devant.*
>
> *La ttou, tou-tou-tou, lalaire,* (bis)
> *La ttou, tou-tou-tou, lalala.*
>
> *Moi, j' me fich' de la rosière,*
> *Par devant et par derrière,*
> *Je ris de son air innocent*
> *Par derrière et par devant.*
> *La ttou...*
>
> *Qué que c'est qu'une rosière,*
> *Par devant et par derrière,*
> *Une brosse de chiendent*
> *Par derrière et par devant.*
> *La ttou...*

*Lorsqu'ell' sera plus rosière.*
*Par* . . . . . . . . !.

(Désordre. Rires. Cris. Plusieurs voix : — « Oh ! la sale bête ! Passons-le à tabac !... » Autres voix : — « Laissez-le chanter !... » Re-autres voix : — « Non ! non ! »)

On traîna l'incongru dehors avec accompagnement de coups de pied et de coups de poing, par derrière et par devant.

Hannton, qui, depuis les régates, avait une « vieille-dent » contre le pochard, profita de la bagarre pour lui allonger par-dessus les têtes une volée de coups de canne, en disant à chaque coup : « En avant la miousic ! En avant la miousic ! »

— J'en ai assez de vos divertissements. Ces scènes me dégoûtent, sortons, marmonna Ludovie.

Je la suivis.

## XLVIII

Nous nous dirigeâmes vers le Tarn, en longeant le chemin du Villaret.

Le temps était aussi serein que nous.

Crapauds et rainettes psalmodiaient leurs nocturnes.

La lune à sa dernière côte de melon, versait sur la nature sommeillante des lueurs incertaines, de minces larmes d'argent comme le stillicide des feuilles après la pluie.

Nous nous assîmes sur le rivage.

D'en haut, le pudique Orion braquait sur nous les rayons méfiants de son œil à la vinaigrette.

Dans sa robe ample et claire, sous son chapeau de paille, Mademoiselle Grujat avait l'air d'une willi, d'une délicieuse vision de la nuit.

Je tenais ses mains dans les miennes, je caressais ses blonds cheveux quininés au genièvre, et, dans le rayonnement que les femmes ont à leurs heures, je remarquai la dilatation de ses yeux aux luisances étranges.

La première elle rompit le silence, d'un ton caressant mouillé de tristesse.

— Quoique je ne sois, dit-elle, qu'une fille des champs, vous, homme du monde, officier d'académie, vous êtes descendu jusqu'à moi.

Je m'inclinai comme un pétunia léché par la brise.

— A Polignac comme aux Vignes, poursuivit-elle, votre amabilité a été immense. Votre bras avec le mien formait un huit constant, de mes pas vous écartiez les ronces, épines-vinettes, bardanes et bouillons blancs.

Matin et soir vous étiez toujours là, fondant, affectueux, sentant le tabac et le Bully.

Votre voix chantait à mon oreille une musique que le gazouillement des chardonnerets, le babil des chéneaux, le langage des insectes, des gazons et des luzernes n'imiteront jamais.

Quatre fois vos lèvres délicates ont laissé sur ma peau lisse d'incandescents souvenirs.

Eh bien, monsieur Dominique, toutes ces politesses, ces allèchements, ces douceurs, ont fait de moi une brebis, une poupée de paille, un meuble, une casserole qui vous appartient de l'anse au couvercle, « de haut en bas » comme dit le petit ramoneur.

Je ne sais plus ce que je fais ! mes volailles maigrissent : mon chat s'étiole : je casse la porcelaine, le marbre, l'albâtre, les parapluies et les soufflets : je me pique les doigts : mon réséda jaunit : mes escaroles tirent la langue : mes bottines s'essoufflent, le coude de mes talons fait risette à travers mes bas écrus.

A la seule idée de votre départ, je ne dors que sur le dos : mes narines se gonflent : mes yeux se voilent : j'entends des bourdonnements tumultueux ; j'ai un réveille-matin dans mon corset.

Si vous ne m'emmenez pas, mon doux selgneur et maitre, je deviendrai folle et mes yeux se fondront dans les larmes.

Je lui répondis :

— O ma tendre amie, mon cœur malade se fend comme le bois à brûler, en vous entendant parler de la sorte. Vous emmener à Paris, où la vertu fragile de la femme éclate dans les fiacres comme des verres de montre dans un brasier ! Dans cette ville condamnée où fleurissent les raffinements et les mystères que l'on célébrait en Phénicie autour des fontaines de Byblos !... Est-ce possible ! « En voulez-vous des z'homards !... » Y pensez-vous, cher ange ! vous, trésor de pureté, fleur d'inconscience !... Votre père ne consentirait jamais à une aussi cruelle séparation.

— Mon père !... Ah, que vous le connaissez peu ! Il cherche à m'éloigner pour convoler à de troisièmes noces. Il a écoulé notre modeste fortune par le canal du bien-être, et maintenant, il me prêche, à tout instant, d'aller gagner ma vie ailleurs, de ne pas rester les jambes croisées.

— S'il en est ainsi, pois de senteur de mes rêves, bouton d'or de mon âme, agnelet pétri de grâces et de ris, nous partirons ensemble. Je trouverai une chaumière convenable et garnie qui nous permettra de vivre, selon nos cœurs, en dînant à la carte les jours de fête locale, vocale et instrumentale.

— Bien vrai ?
— Bien vrai !

Dans son délire Ludovie vola dans mes bras ouverts comme les chemins d'Altorf, et m'embrassa si follement que mon chapeau scandalisé sauta dans la rivière.

J'abandonnai mon gibus au caprice des flots et je coiffai la casquette de soie qui, en prévision des cyclones et des mouvements populaires, ne quitte jamais la poche droite de mon smoking.

## XLIX

Partout, sur notre hémisphère, le mardi succède au lundi, quoique dans un trou il en fut de même aux Vignes.

La petite et la grande aiguille formant angle droit sur la pendule, neuf heures sonnèrent, nous nous levâmes.

Le sexe piaillait à la salle à manger.

Ludovie houspillait la Moustapha, laquelle avait une tête de carnaval, yeux fouettés, miellés, teint blafard, cheveux en pelote.

Le peignoir gisait sur une table, chiffonné, taché de sauce et de vin, portant sur la poitrine des traces de doigts, arpèges de la grivoiserie.

— Sans « flatulation » disait la rosière, j'étais la plus belle de la fête. Ce qu'on m'en a dit de « galantises ! » un vrai jus de banane.

— Il est propre ton peignoir !... Quel chromo ! grinchait Ludovie.

— Avec de « l'indécence » de térébenthine ça partira... et puis, tant pis !

Pendant que les deux cousines échangeaient leur quassia-amara, nous quittâmes ce foyer d'allusion intestine.

## L

Au déjeûner nous annonçâmes notre départ pour le vendredi suivant.

Nous devions descendre le Tarn jusqu'au Rozier, visiter la grotte de Dargilan, Montpellier-le-Vieux et de là filer sur Millau d'où chacun retournerait à ses lares et à ses jambons.

— Nous vous suivrons, firent plusieurs voix.

— Moi aussi ! cria Fénechtrou, auquel dans

un coin le suisse de la paroisse payait une suissesse.

Alors Annonciade d'un ton mignard :

— Ce n'est que mardi, qu'allons-nous devenir jusqu'à vendredi ?

— Nous irons visiter le pâté de Blanquefort, l'une des curiosités les plus stupéfiantes du Gagnon, répondit Pitot.

— Vous vous mordriez les doigts jusqu'au sang cet hiver, les pieds sur les chenets, dit Grujat, si vos méninges ne vous reproduisaient point le souvenir de Blanquefort. Si Blanquefort est négligé, méconnu de la majorité des touristes, son escarpement en est l'unique cause. Quelle admirable olla-podrida de rochers, de ruines, de végétation et d'horreurs !

Il fut d'abord, aux temps préhistoriques, un refuge de fauves, plus tard, quand l'homme parut, un repaire de bandits.

Le plus célèbre par sa cruauté, parmi les seigneurs de cette aire qui terrifièrent les Gorges, fut messire Raginel, aventurier venu dont ne sait d'où qui, entr'autres méfaits, trouva le moyen de ruiner le Tarn.

— Ruiner le Tarn !.... comprends pas !... dit Nioparés.

— Parbleu ! il lui vola tout son or.

— Si ma mémoire est fidèle, fit Annonciade, vous nous aviez promis ce récit lors de la pêche aux écrevisses ?

— Parfaitement, mademoiselle, aussi suis-je prêt à m'exécuter.

— Passez de la colophane d'Ionie — qui est la meilleure — à votre archet, afin qu'il tire de vos cordes vocales une de ces histoires palpitantes qui faisaient tressaillir nos pères les gaulois sur leurs curules escabeaux, dit Ulysse.

— En avant la miousic, glapit l'anglais devenu rabâcheur.

— ... Le moyen-âge pourri et vermoulu touchait à sa fin, lorsque le susdit Raginel pénétra par ruse dans l'inexpugnable Blanquefort.

Il se présenta à la poterne à l'entrée de la nuit, avec sa bande, déguisés en ménestrels. Les hommes soufflaient dans des galoubets, raclaient des rebecs, les femmes agaçaient des tambourins.

Ils chantaient des motets, des ballades, des rondeaux, des virelais qui charmèrent le seigneur et ses soudards, les danses exotiques les achevèrent. Le vin coula à flots et, en pleine orgie, les histrions poignardèrent le personnel.

La troupe Raginel installée dans la place, les horreurs continuèrent de plus belle, plus raffinées, plus salées qu'auparavant. Enlèvement des Sabines et des cabaux, pillage des églises et des troncs, rançonnement des voyageurs, massacre des vieillards et autres innocents, engueulement du clergé séculier.

Un jour, ils pendirent au donjon, par les pieds, entre deux molosses, suspendus de même, un joailler juif qui ne voulait point casquer. Pendant vingt-quatre heures ce fut dans le Cagnon une sacrée musique.

Mais revenons à la déconfiture du Tarn.

A cette époque les oies et les canards sauvages fourmillaient sur la rivière, comme de nos jours les macreuses sur l'étang de Thau. Au moyen de larges filets les flibustiers en faisaient de copieuses razzias.

Un matin, Raginel assistant au découpage d'une série de ces volatiles, remarqua que leur gésier regorgeait de corpuscules brillants. Son œil américain lui révéla tout de suite la présence de l'or natif. — « C'est donc vrai, ricana-t-il, ce que dit le poète Ausone, le Tarn roule des paillettes d'or ?... mes compliments ».

La mine découverte son esprit de rasta lui suggéra bien vite la façon de l'exploiter.

Avec des fils de laiton il tressa un nombre incalculable de petits paniers, semblables aux récipients minuscules qu'on adapte au cou des cafetières pour passer le thé.

Puis il tendit ses filets et prit en peu de temps des légions de palmipèdes qu'il relâcha sur la rivière, après leur avoir fixé sous la queue l'appareil dragueur.

Dès lors, avec l'opulence, les bacchanales redoublèrent dans les plus grandes largeurs, Sardanapole et Nabuchodonoseur, les célèbres noceurs, passèrent à l'état de cadets.

Jupiter indigné n'eut raison de cet abominable désordre qu'en envoyant à Blanquefort le plus foudroyant de ses tonnerres. Ce ne fut pas long, « brrou-brrou, cric-crac » et l'antre maudit disparut dans un tourbillon.

— Et le trésor ?

— ..., Le trésor, d'une richesse incommensurable, resta intact, assure-t-on, dans les flancs d'un rocher creux.

— Comment expliquez-vous, demanda l'espagnole, la présence des pépites dans le gésier des oies et des canards ?... Il me semble que c'est une nourriture bien peu substantielle pour des volatiles qui vivent sur l'eau.

— Les oiseaux en général et ceux qui ont un bec à clarinette en particulier, répondit Mica, ont la manie de béqueter les corps durs et d'avaler même ceux de petite dimension, leur digestion le demande. Ils donnent la préférence aux corps brillants quand ils les ont sous la main.

— Avec la baguette de coudrier, fit Nioparés, on arriverait pour sûr à découvrir le fameux trésor. Dans ma jeunesse, à l'aide de ce bâton magique, j'ai trouvé près de Tarragone une source de limonade Rogé.

— Ne vous gênez pas, ironа Polumétis, fouillez les coins et les recoins de Blanquefort; personne ne vous troublera, pas plus qu'on ne le fait pour M. Onésime à la recherche des truffes ; à moins que le percepteur du canton, qui a toujours les mains dans ses poches, quand il ne les a pas dans celles des autres, ne vienne, au nom de l'état, vous réclamer sa part du gâteau.

Après cette interruption, l'expert reprit :

— ... Trois siècles plus tard, alors que le temps commençait à passer sa brosse sur les frasques macabres de Raginel, un autre monstre vint occuper Blanquefort et les esprits. J'ai nommé la *bête du Gévaudan*.

— Mais ce monstre être oune chimère, n'avoir jamais existé ! s'écria Hannton.

— Erreur, mylord, la « bête » a existé, dit

Onésime. J'ai vu une de ses pattes, salée, poivrée et desséchée, pendue aux poutres du monastère antique de Chazes en Auvergne. C'était un loup énorme *cervier* ou *garou*, je ne sais au juste.

— Quelle distinction faites-vous entre un loup-cervier et un loup-garou ? demanda Ludovic.

— Pas malin, répondit Séraphie, c'est que le loup-cervier aime la cervelle de mouton, tandis que le loup-garou préfère le « *garou* » de cochon.

(Très bien ! Très bien ! sur toute la ligne).

— La peau des loups-garous est à l'épreuve de la balle, dit Jacques, à moins que la balle n'ait été bénite dans la chapelle de St-Hubert, et que le tireur ne porte sur lui du trèfle à quatre feuilles.

— ... Dans le courant de l'été 1764, continua Grujat, on signala du Bleymard, près des sources du Lot et de l'Allier, l'apparition de la « bête » sortie des forêts de Mercoire.

L'exagération en fit bientôt un gigantesque dragon à tête d'ours, aux griffes de léopard.

Sa trompette gutturale de hyène effrayait les contribuables, le fer s'émoussait sur ses écailles de crocodile.

Il lui fallait un enfant à chacun de ses repas, on ne comptait plus le nombre des personnes mûres sculptées par ses pattes ; les fabricants de béquilles et de jambes de bois, devenus millionnaires, construisaient des châteaux en Espagne.

La terreur était grande en Gévaudan et en Rouergue. Plus de foires, ni de marchés ; plus d'audiences ; plus de réunions du conseil municipal ; plus de fêtes votives. On se barricadait dans les maisons, les buissons et les herbes étaient teints de sang, on voyait voler dans les airs des flocons de cheveux pommadés et des oreilles farcies.

Les évêques de Mende et de Viviers organisaient des battues ; les hommes d'armes égrenaient des rosaires ; les états du Languedoc et les barnums offraient des primes princières, en or, meubles, ou denrées.

Rien n'y fit ; dans les rencontres la « bête » restait toujours maîtresse du champ de bataille.

Louis le quinzième, lors régnant, négligeant pour un instant Pompadour et Dubarry, ému des malheurs de ses sujets, envoya son lieutenant de louveterie, un régiment de turcos et le père Antoine son porte arquebuse.

Après trois mois de poursuites, en septembre

1765, les traqueurs débusquèrent la bête dans les bois de l'abbaye royale de Chazes, où ils l'abattirent avec un sétier de chevrotines fondues tout exprès par le pape Clément XIII.

L'animal défunté, les chasseurs furent surpris de ne trouver en lui qu'un vulgaire loup, de forte taille, long de deux mètres, gros comme un notaire urbain après dix ans de timbre.

Il avait quarante-deux dents pareilles à celles des herses à ratisser les céréales.

Son estomac, vrai bazar à 13 sous, contenait des peignes, des bretelles, des buscs, des bas, des tricots, des étuis, des bonnets, des jarretières, des cravates, des couteaux, ciseaux, rasoirs.

Quelques mois avant son décès, le monstre était venu faire une saison d'eaux et d'os dans le Cagnon. Il avait établi sa résidence à Blanquefort. Matin et soir, il se baignait sans caleçon dans le Tarn et ne quitta nos parages qu'après en avoir dévoré toute la salle d'asile.

Les chroniqueurs rapportent que sous Charles VII, un autre loup monumental, à la queue coupée — ce qui lui valut le nom de *Courtaud* — remplit d'épouvante la banlieue de Paris. Toutes les fois qu'il est question de la bête du

Gévaudan, je me figure qu'elle était la descendante de Courtaud. L'atavisme doit exister chez les animaux comme chez les hommes, puisque nous avons été créés avec les mêmes matériaux, avons les mêmes goûts, les mêmes légumes nous substantent, la Providence nous assomme avec le même bâton.

— A Blanquefort demain ! crièrent, après ce récit, tous les membres du concile en battant des mains.

## LI

Notre trio correct, poli à l'instar du bey de Tripoli, pour prendre congé, se devait aux convenances, aussi Ulysse, Jacques et moi passâmes-nous l'après-midi en visites.

Monsieur le Maire fut aimable, badin, gai, comme l'empereur.

— Et l'on se reverra l'année prochaine ?...

— N'en doutez pas.

Monsieur le Curé nous reçut en vieux amis, avec cette cordialité douce affable, naturelle aux prêtres campagnards qui fait d'eux des anges consolateurs, des menuisiers qui rabotent les nœuds amers de l'existence et polissent le sapin du jugement dernier.

— Ah ! messieurs, dit-il, que d'excuses d'avoir quitté si brutalement la cérémonie du couronnement !... Mais pouvais-je faire autrement, en présence de l'entêtement des pontifiants ?... Assurément non !... Ah ! cette Martine !... Alors que Ludovic Grujat, trésor de candeur et d'innocence, était toute indiquée ! ...Tas d'imbéciles !

Nous écoutâmes cette tirade avec une attention scandée de hochements de tête approbatifs, et, voyant que le cœur de l'excellent homme se gonflait toujours, nous le quittâmes avec force poignées de mains muettes mais significatives.

Après avoir distribué le restant de nos poignées de mains, aux calleux de notre connaissance, nous allâmes rejoindre Samedi dans son musée.

En avait-il des fossiles !... Bélemnites, ammonites, encrinites, ananchytes, radiolites, hippurites, turrilites, crioceras, ancyloceras : des dents d'iguanodon et d'ours des spélonques, un fragment de tête d'ichtyosaure, etc.

Son herbier renfermait pareillement des plantes très rares, entr'autres : un pied de *Hutchiusia procumbens*, — une branche de *Salix incano-caprœa*, hybride signalé comme unique au monde, — une racine de *Scorzonera purpurea*, — un bouquet de *Trifolium alpinum*, et d'autres types qui ont fait, font et feront pâmer d'aise tous les herbophiles passés, présents et futurs.

Pour connaître le mérite de ces salades, nous renvoyons nos lecteurs aux traités botanistiques qui ont paru depuis Théophraste, Jussieu et Ivolas.

Sans rancune, n'est-ce pas ! obligés que nous sommes à boucler nos colis.

## LII

Sur le seuil des portes de l'Orient, un kilo de sel sur un morceau de papier, Phœbus croquait une botte de radis roses, qu'Aurore avait cueillie au potager des Hespérides, quand nous gravîmes en jardinière la rampe du causse Méjean conduisant à Blanquefort.

Nous n'étions que des hommes. Le clan féminin était resté à la maison. Les jeunes filles en avaient assez de rochers comme ça.

Séraphie avait mal dormi. Une plume d'oie dans sa dextre et une soucoupe à la sinextre, à notre départ elle badigeonnait de pétrole le bois de son lit pour chasser les incubes qui, disait-elle, l'avaient oppressée la nuit et lui avaient procuré les alternatives agréables et amères du cauchemar de ses mille et une nuits.

Nous l'avions laissée à son travail insecticide.

Annonciade ayant demandé ce que c'était que des « incubes », son père lui avait répondu que c'étaient les punaises du Sérail.

— Le vulgaire dont je fais partie, avait dit Fénechtrou, les appelle des *chauche-poulet*.

## LIII

Après une longue série de lacets et de courbes, quittant la route de Florac, nous pénétrons, par un sentier rocailleux, malaisé, dans le massif de Blanquefort.

La beauté du site nous dédommage amplement de notre grimpade enragée.

Blanquefort est un vaste ramassis de rochers, droits comme des cierges, pointus comme des pains de sucre, carrés comme des boîtes de Pandore, ronds comme des tours, pansus comme des épiciers, bossus comme un éclat de rire, à grosse tête en forme de champignon, penchés en Polymnies, coiffés de mitres, de chapeaux de commissaire, de tromblons, de bonnets à poil, le tout formant un ensemble d'ombres chinoises aux tons fauves, mouchetés de jaune et de vert.

Dans les plis d'une plate-forme se dessinent les ruines vivaces de l'ancien château, derniers débris ayant résisté au marteau des hommes, aux dents des taupes, et aux ébranlements des bourrasques.

Partout des dédales, des couloirs, des porches, des souterrains ouvrant sur des espaces vides, espèces de cours intérieures, meublées de stalles, de chaires, d'orgues, de baptistères, de lutrins, de tables et de bancs rembourrés du plus pur calcaire, sur un tapis rampant aux baies rouges, ombragé par un luxuriant feuillage d'églantiers et de noisetiers, embaumé par les parfums de la lavande et du thym.

C'est là que les lapins et les lézards pincent de la guitare et se poussent du ventre au soleil levant, sous l'œil sournois du renard à longue queue et des oiseaux de proie aux griffes acérées.

Voici des marches, des degrés, des escaliers, tout d'une pièce, raides comme des échelles ; des paliers, taillés dans le roc par la pluie, la gelée ou les rafales, que ne gravissent que les escarpins des chèvres et les sabots des bergers.

Nous nous enfonçons délicieusement dans ces labyrinthes silencieux, pleins de surprises, filtrant des coulées de lumière à travers les arbustes et les rochers, offrant un ensemble d'un effet kaleidoscopique charmant et d'un pittoresque tout à fait inédit.

A côté de saillies grandioses ce sont des retraites gracieuses, vrais boudoirs de verdure, où les nymphes des bois venaient jadis jouer de la flûte de Pan et tricoter des bas en compagnie des francs maçons aux pieds fourchus.

Autour de ces forts, contreforts, escarpes et contrescarpes, fondus ensemble par une nature fantaisiste et ingénieuse, nous reconnaissons les vestiges d'un mur d'enceinte. Cette découverte nous porte à croire que ce pâté, ruiniforme et inexpugnable, avait été aménagé en camp retranché à l'époque de l'occupation romaine.

Les Ferragus du moyen-âge en avaient tiré profit plus tard, ainsi que les batailleurs lors des guerres de religion.

Du haut de la plate-forme dominante, énorme piédestal qui pourrait supporter la statue de la *Liberté éclairant le monde*, nous embrassons d'un coup d'œil l'immense paysage.

Comme au Point Sublime, encore une fois, il nous est permis d'envisager les admirables horreurs et les beautés enchanteresses des Gorges. Si les grandes lignes des horizons ne changent guère, ici le détail en est sensiblement modifié, tout en conservant la même originalité, la même bizarrerie de tableau, les traits généraux de famille, sous une inépuisable diversité de tons, d'allures et de couleurs.

Par un renflement de Blanquefort sur la rive gauche et une inclinaison du Serre de Granaïres sur la rive droite, se faisant vis à vis, la grande conque des Vignes se trouve fermée et s'ouvre l'hémicycle d'un nouvel amphithéâtre couronné des deux côtés par les grandes falaises dolomitiques.

Le banc de rochers, véritables fortifications, qui isolent le plateau du causse Méjean de la vallée, ont des dimensions effrayantes. Ils varient de cent à cent cinquante mètres de hauteur, et ne descendent guère au-dessous de quatre-vingt dans les projections les plus basses.

Ce banc est inaccessible pendant dix kilomètres, du Bruel à Capluc, excepté sur trois points : le passage de Blanquefort, et les trouées du Pas de l'Arc et du Mas de la Font.

Dans cette longue traversée d'un myriamètre, il n'y a rien d'inharmonique, aucun ornement en disproportion avec son cadre, point de faiblesse dans le détail, la suite se maintient régulière, ferme, superbe.

Nous avions pris des vivres. Après le repas, la fatigue et la chaleur plombant nos paupières, chacun chercha un gîte pour la sieste.

Je me glissai sous une charmille au dôme de chèvrefeuille. Bientôt je fus plongé dans un bien-être délicocuescent ; un envolement de jouissances vaporeuses envahissait mon âme, sous l'empire d'une aisance de pensée extraordinaire, comme si j'avais sucé une pâte de chanvre indien.

L'image souriante de Ludovie surgit dans mon esprit, au milieu d'un ciel bleu magnifiquement pur, semé de petits nuages roses, aux accords d'une musique idéale, douce et variée.

J'entendais la voix plaintive de l'aimée, plaintive comme le « *kourou* » de la tourterelle et le frisson coulant dans les branches des filaos ; je voyais la houle de sa gorge, son clair regard où miroitait le reflet de toutes ses candeurs.

Dans le ravissement des félicités suprêmes, ma tête perdant peu à peu le nord, le sommeil secoua toutes les broutilles de cette vision à la Gérard de Nerval.

Je ne m'éveillai qu'au moment du départ, que l'espagnol avait retardé le plus possible, afin de pouvoir sonder, ausculter, fouiller les rochers pour découvrir le trésor de Raginel.

Peine inutile. Il n'avait rencontré et dérangé que de nombreux reptiles qui lui avaient montré la queue ou les dents.

St-Pierre l'accompagnait dans ses recherches et, à chaque auscultation ou sondage infructueux, lorsque le pêcheur lui disait : « *Nio pas rès* (il n'y a rien), » le père d'Annonciade estomaqué s'arrachait une poignée de furoncles et lançait aux échos un affreux juron castillan.

Il implora le secours du « rinilatoscope, » mais Onésime resta inerte, se renfermant dans cette réponse à la Vespasien : « L'or n'a point d'odeur. »

## LIV

Le jour indiqué pour quitter les Vignes venait de poindre, les trois barques devant nous transporter au Rozier étaient décadenassées sur la rive, les bateliers à leur poste.

Le vent du midi soufflait, le firmament roulait des nuages gris, le temps s'obscurcissait.

Dès le matin le tonnerre, tambour des escargots, avait grondé avec jaillissements d'éclairs.

Mica et Pitot, qui devaient fouiller un dolmen signalé de la veille, s'étaient excusés. Séraphie, non plus, ne serait pas des nôtres réclamée par ses enfants à Caucanas.

— Mesdames et Messieurs, dis-je au groupe en partance, massé sous la culée droite du pont, il est temps de démarrer. Nous avons dix kilomètres à glisser sur l'eau d'ici au Rozier. Ce sera la dernière étape, toutefois le temps presse, il pleuvra sur le tard.

Nous avions fortement pressé les phalanges beurrées de Madame Alphonse ; distribué des paroles amicales et de la monnaie au personnel de la Truite d'Or.

Madame Moustapha n'en finissait plus avec les adieux touchants : plus inconsolable que Calypso elle avait déposé sur les joues de Jacques un lourd baiser, sauce tomate, pressé sur ses quantités débonnaires Nioparés attendri, donné un suprême shake-hand à l'anglais en montrant l'azur de l'empyrée.

— Nous ne nous reverrons plus que là haut !

L'insulaire ahuri, par ce débordement de tendres manifestations, avait clapoté :

— O nô, ce était trop raide, je monterai pas.

Polumétis, entre Ludovie et Annonciade, poursuivait ses théories, ses démonstrations et ses aperçus d'avant-goût, ouvrant son disque devant la voie libre.

Le reste de la troupe agitait le mouchoir.

M. Vieilledent très ému et ceint de son écharpe, avec laquelle il ronflait depuis le jour du couronnement, seul au milieu du pont, se livrait à une mimique bénisseuse et guignolait des saluts désemparés.

Quand nous arrivâmes sur les derniers galets de la frange humide, nous fûmes étonnés de trouver des bateliers maigriots, à côtelettes de jockey, ainsi que des barques étroites et plates à l'excès.

On nous expliqua ce changement dans le personnel et le matériel. A partir de cet embarcadère le Tarn devient plus rapide et parsemé de gros blocs qu'il faut frictionner, friser et raser de près, ce qui ne va pas sans difficulté.

Le danger n'est pas grand, pour les gaffes exercées, mais on doit avoir bon pied, bon œil et ne pas s'amuser à se curer les dents, avec le bout de la perche, quand on accoste la carapace de ces chatouilleux récifs.

Il est certains passages, entre ces rocs amphibies, dans lesquels il faut que la barque passe comme un clown dans un cerceau. Cette acrobatie nautique est sans péril, grâce à l'expérience des barquiers qui connaissent, par leur sobriquet, toutes les pierres de la rivière, et qui râpent la bosse des rochers à fleur d'eau, ainsi qu'on rape le fromage pour une soupe à l'oignon. Ludovie n'avait plus peur depuis qu'elle s'était abritée sous mon aile que je laissais pendre à la pingouin. Annonciade s'était agrippée à la basque d'une jaquette marengo, celle de Polumétis on le devine, et claquait des quenottes en signe de plaisir lorsqu'elle voyait l'écume blanchir les rames, bouillonner, s'amortir sur les cailloux roulés de la plage. Parfois, quand les gouttelettes éparpillées sur le manche des perches jaillissaient sur ses joues d'andalouse, elle poussait un petit cri d'alouette lulu.

Hannton était morne et livide, quelque chose le torturait. Accroupi comme un sphinx purgé de frais, il feuilletait anxieusement son guide cherchant un passage avec fièvre.

— C'est horripilant à force d'être beau, s'écriait Ulysse ; ici le grandiose se corse, le paysage s'élargit, le féérique s'accentue. Les orgues de barbarie de là haut sont devenus des orgues de cathédrale, les colonnes sont des tours, les tours des Babels ! Admirez ces formidables pâtés, grands comme des mosquées, avec des minarets pour cheminées ! Ces inachevables galantines cannelées, couvertes d'une gelée calcaire pour le carnaval d'un Polyphème. Quelle table d'hôte de résistance ! sans compter les faux donjons et les simili châteaux.

Ne semble-t-il pas qu'après cette absorption oculaire, de fastueuses et indigestes merveilles, il serait agréable de se délasser mollement l'optique par un grand plat de crème tranquille tâchée de quelques ilots de caramel ? Il faudra que je préconise ce régime pour l'œil des touristes, j'en parlerai à notre nouvelle hôtesse. Cet entremet sera l'oreiller de nos prunelles.

Annonciade ravie, aurait voulu mettre de la musique de Saint-Saëns et du cinquième sens sur le lyrisme de son compagnon. Le scélérat ! il se sentait maître de la place, et se complaisait dans cette règle de Lhomond, qui lui incendiait la cervelle : « *Urbem captam hostis diripuit.* »

O souvenirs classiques, comme vous accourez en foule dans les moments psychologiques ! J'en fais timidement l'aveu. Mais, toutes les fois que mon cœur est remué, ou simplement agité, avant de m'en servir, j'ai des bouffées de

Corneille et de Racine. On n'a pas idée de tout ce qu'on emporte, de ces petits bancs de l'école, quelque cancre que l'on ait été.

Pendant qu'il pinçait la double lyre du dehors et du dedans, interrompu par quelques cahots qui le faisaient mazurker sur les godillots de Fénechtrou, les barquiers tendaient un bras vers un pli de la falaise où, de loin, on entendait une source débiter son palmarés.

— C'est l'Ironselle ! La source de l'Ironselle ! La grotte de l'Ironselle !

Chacun fourrant son nez dans un guide, un Malafosse ou un Martel, voulait lire le couplet sur ce site.

On l'a très judicieusement avancé, les touristes vont chercher dans leur livre ce qu'ils pourraient voir, regarder et apprécier à leur tour.

— Et la barque file, dit philosophiquement Nioparés. Combien sont-ils ceux qui ne voient qu'avec les yeux des autres ?

— Et sans les avoir essuyés, ajouta Jacques.

— Stop ! Arrêtez vô ! hurla Hannton impérieux, les yeux effarés ; accotez, j'ai volé descendre.

Qu'était-ce donc ? Tout le monde était dans l'attente d'un incident carabiné. Mais, quand on vit le riche coutelier enjamber la rive, avec le *Times*, le *Fremdenblatt*, le *Reichsanzeiger*, le *Secolo*, le *Patriote de St-Affrique*, sous le bras, l'on commença timidement à comprendre qu'il était pris d'une de ces défaillances intestinales qui coûtèrent la tête à ce pauvre néo-grec d'André Chénier. Il avait disparu sous la verdure.

Une idée occiputière fit plisser la lèvre narquoise d'Ulysse. Profitant de cette escale « foraine », tandis que Nioparés prenait mesure des rochers comme l'on prend mesure d'une twine à la *Belle Ecaillère*, tandis que Ludovie extasiée s'abandonnait au murmure des eaux de la source de l'Ironselle, toujours cramponnée à ma manche devenue de plus en plus à gigot, il sauta prestement dans une barque vide suivie de sa belle, de plus en plus sous l'influence d'un fluide ravigoteur, et, sous la conduite d'un gaillard à l'œil, il se fit déposer sur les bords rocailleux de la grotte.

Puis, il repoussa l'esquif d'un vigoureux coup de pied à la Guillaume Tell.

Si, pour le quart d'heure, l'anglais sous les pampas de la rive droite se livrait à la plus vile prose, sur la rive gauche, dans un coin discret de l'antre humide, on était tout entier à la poésie de la solitude à deux.

Vous pensez bien qu'en ces rapides minutes psychologiques, pointues comme des flèches d'or, notre artiste ne s'amusa pas à chercher la cigale dans le sein de Chloé.

Quand ils reparurent sur le seuil de la grotte, jobards comme Enée et Didon dans le quatrième chant de l'Enéide, Virginie Glaucopis, la naïade du Tarn ceinte de son écharpe verte, les avait déjà inscrits sur les registres de son état-civil.

Rembarqués à la queue leu-leu sur le fiacre aqueux, Annonciade souriait montrant les perles de sa grenade déhiscente, pendant que Rodrigue son conquistador, son Cid Campéador, fredonnait comme chez dom Carnac,

Pâle voyageur connais-tu l'amour !

............................

Car, si après les « choses essentielles » de la divine Périchole, tout touriste est triste, *excepto Gallo*, affirme le dicton, ce brave Ulysse était un vrai gaulois de la Gaule Transalpine.

En montant dans la nacelle, sous l'influence d'une de ces inévitables associations d'idées dont l'ironie se mêle au ravissement du plus pur emballement, Polumétis glissa dans la main de l'intelligent barquiste une large pièce blanche de l'honnête Charles X.

Il eut le cœur brisé, en constatant que ce stipendié (n'oubliez pas la petite bonne) la retournait pour s'assurer si elle n'était pas espagnole aussi.

C'est que, de même que ce bon M. Florian, tous les cochers, par terre et par eau, connaissent la fable du *Lapin et de l'Escarcelle.*

... « Charme de l'amour, qui pourrait vous
» peindre ! Cette persuasion que nous avons
» trouvé l'être que la nature avait destiné pour
» nous... Ce jour subit répandu sur la vie et qui
» nous semble en expliquer le mystère... Cette
» valeur inconnue... »

... — Au diable ! murmura notre jeune esthète, voilà mon *Adolphe* qui me remonte aux lèvres... Gardons-nous de croire que, si nous avons été le Benjamin, nous sommes tenu d'être Constant !... O Cythéréen abri de l'Ironselle, source de voluptés Franco-Espagnoles ! O toi, dont le nom est plus doux que celui des riants cours d'eau qui se jettent dans le fleuve du Tendre !...

<blockquote>S'il est un nom plus doux fait pour la poésie<br>
Ah ! dites, n'est-ce pas celui de la Voulzie !</blockquote>

Plaignez ce pauvre Hégésippe et ses prunes

à la Moreau. Il peut se fouiller ! La Voulzie est de la gnognotte à côté de l'Ironselle qui rime richement avec bagatelle, hirondelle, Jeanne d'Arc, et médicalement avec sarcocèle, hydrocèle et varicocèle !

Et Ulysse aurait prolongé indéfiniment sa cantilène amoureuse si Harris, émergeant du maquis, n'eût fait sur l'autre bord des appels désespérés.

On le hissa, côté des hommes, blême, hâve et concave, continuant à farfouiller dans son Miriam, comme s'il n'avait pas assez bouquiné.

— Milord, lui dit candidement Ludovie, vous secouiez tout à l'heure des baies de genevrier ?

— Non, cria Fénechtrou chétaient des cherises d'églantiers !

Heureusement le passager retrouvé, n'avait pas entendu. Il remerciait avec des gestes secs de marionnette fatiguée et répondait, à l'artiste en bois, avec ce sourire stéréotypé du « Sourd » de l'*Auberge Pleine*.

Le double incident était clos à la satisfaction des états d'âme respectifs.

Et la source de l'Ironselle chantait toujours la claire sonnerie de son joyeux carillon, sous les corniches de la grotte, au milieu d'un fouillis verdoyant.

## LV

Après une succession de *rapides*, sur lesquels on est balloté, avec force révérences et génuflexions, on arrive au Cambon, hameau de la rive droite, flanqué sur une plate-forme rocheuse, ombragé de noyers.

Maintenant, sur la gauche, voici la Sablière.

On dénomme ainsi deux masures isolées, chacune sur son rocher qui monte à pic de la rivière, séparées d'une cinquantaine de mètres, ce qui fait dire parfois aux excursionnistes, « Qu'en général deux jambons sont plus rapprochés. »

Grujat, élevé au petit séminaire de Belmont, ne rata pas la facétie. Il en fut pour sa courte honte, et sa plaisanterie de troisième classe tomba dans l'eau.

Nioparés, dont l'œil fouillait les nuages, signala la lucarne du Pas de l'Arc. C'est un trou ogival percé dans le roc, à une hauteur de quatre cents mètres, par un cyclope vagabond, récidiviste, rélégable, sans travail.

La légende insinue que, dans les temps les plus reculés, ce géant, avec son flair d'artilleur, sentit une bergère assise de l'autre côté du rocher, sur un autre numéro du cadastre. En un clin d'œil, avec sa lime à ongle, il fora la pierre et passa son mufle à travers l'épaisseur pour baiser le cou de la belle.

Ce baiser, comme un coup de canon, fit rentrer dans leurs étables les troupeaux effarés ; mais Pyrame n'obtint de sa Thisbé que « cette ombre de plaisir. » Néanmoins il se déclara satisfait, les géants, entre leurs repas, sachant se contenter de peu.

Il paraît que du haut de ce pont osculatoire on jouit d'un mirifique coup d'œil ? C'est certain, mais, pour un coup d'œil, que de coups de jarrets ! On recule devant la dépense.

D'ailleurs, à ce point de la descente, la succession des rapides, la reproduction du même tableau, grossie ou atténuée, voilé de frondaisons ou étalé en plein soleil, déconcerte la pupille par une variété monotone, si l'on peut accoupler ces deux mots.

Il semble qu'on est né au milieu de ces escarpements et qu'on y a usé le velours de ses premières chausses. Il faut avoir étudié tous les détails de cette partition à la Wagner, épluché les dessous touffus pour ne rien perdre de cette vaste symphonie pétrée.

Un autre cirque ; parodiant assez drôlement

celui des Baumes et figurant un ratelier sur l'établi d'un dentiste ambulant; ouvre la gorge pudique de St-Marcelin. Sur les dentelures une débandade de chèvres suspendues aux buissons, et lorgnant du coccyx les étoiles, ronge la barbe de l'ermite dudit Marcelin.

Quels maux peut donc guérir ce grand saint à cette altitude ?... Est-ce un sanatorium, un pélérinage spécial pour les tambours majors ?

Si le solitaire qui y perche n'a, pour se chauffer l'hiver, que les béquilles suspendues en *ex voto* à sa nef, il doit être obligé de mettre en bouteille plusieurs hectolitres de rayons de soleil.

Nous recommandons ce sanctuaire à ceux que la nature a généreusement dotés de la goutte, de pieds à la poulette, d'orteils à la Ste Menehould et de nombrils à la mode de Caen.

Découvrons-nous en passant devant notre dernier piton, le grand pic de Cinglegros, qui semble marquer par sa masse le terme de l'itinéraire. C'est le portier de la vallée. Il résume l'embonpoint de tous les massifs et de toutes les quilles étagés au-dessus des lacets de la couleuvre Tarnienne.

Pendant qu'on admire les aiguilles qui tricotent en sentinelles ce royal colosse, on voit passer et repasser un gros oiseau étoffé d'un plumage sombre de la tête à la base des serres.

C'est le grand aigle, le messager, l'ordonnance de Jupiter, astiqué, éperonné en mousquetaire du *Comte Ory*.

Il a su expulser de son domaine le vautour, son fermier puant et grossier, qui lui rongeait tous ses cabaux.

En face de ce bastion, la rive droite quitte la veste lozérienne pour revêtir la jaquette aveyronnaise.

Nous voici dans les cirques, couronnés de rochers découpés à la diable, à coups de hache, sans ordre ni régularité : Cirque de St-Marcelin ; Cirque d'Eglazines ; Cirque du Mas de la Font.

— Que de cirques ! s'écria Annonciade, parodiant Mac-Mahon.

— Que c'est joli ! Quel tableau merveilleux ! exclama la bande.

— Il n'y manque que celui de Gavarni, fit Grujat.

— Gavarni, l'auteur de *Masques et Visages*, a pu s'en payer un ? interrogea Nioparés.

— Et un fameux, senor, dans les Pyrénées, répondit Frescumat.

— Môa l'avoir visité, by God ! mâchonna Hannton.

En haut, sous la corniche, à la lumière resplendissante du soleil, St-Marcelin et Eglazines souriaient, jetant leur tâche blanche, pleine de grâce naïve et de fantaisie, sur le fond brun, gris et rose de la falaise.

Par leur situation et leur structure, les deux hameaux semblent vivre d'une vie aérostatique, tranquille, étrangère aux bruits de ce monde, à l'abri de toute discussion sur l'impôt du revenu.

Les maisons font corps avec le rocher surplombant, s'adaptent à lui comme une chrysalide sur un mur qui picote du pain dur.

Les habitants sont de la race des grimpeurs : rude la descente, rude la montée, leurs biceps se développent à ces grandes manœuvres, ascendantes et descendantes, qui travaillent sans cesse les jambes et les bras sur des échelles de pierre.

En fait de curiosités : la chapelle de St-Marcelin n'est qu'une pauvre masure, un humble sanctuaire : son château du neuvième siècle, dans sa simplicité primitive, ne comprend qu'un vieux mur bouchant une caverne ; lucarnes et porte basse : trois étages en excavations. C'est de l'architecture en trou de mine, hors de l'atteinte des cambrioleurs.

A Eglazines, on voit une maison gallo-romaine ; foyer au milieu de la pièce, cuvette dans le roc pour les ablutions pédestres.

De ce ravin d'Eglazines descend un énorme dicke ou coulée de basalte, lequel, traversant le Tarn, remonte sur la rive opposée. Que fait ce typhon parmi ces bancs de chaux carbonatée ? C'est un problème de géologie.

Il surprend le touriste par sa teinte noire.

On croirait un boudin au milieu d'un plat de choucroute : une natte brune sur un potage au macaroni : une tâche de cambouis sur le voile d'une petite mariée.

Un dernier mot avant de quitter cette congrégation de cirques.

Quel chic chaos de surprises, de projections audacieuses, d'ombres changeantes, de décors insensés ! Les lignes gardent leur ampleur, l'ensemble son aspect imposant, les teintes leur brillant, leur richesse.

Ce n'est plus le grandiose des Baumes, mais les groupes, quoique moins resserrés, plus culbutés, conservent cette harmonie symétrique, cette allure qui épate les artistes et les désœuvrés qui viennent décortiquer les mystères des Gorges.

J'y ai vu dans les pistes : des processions : des chasses royales : des tournées du Président de la République : des charges de cavalerie : des monuments commémoratifs : des promenades de bœufs gras et de vaches maigres : des montées et des descentes de la Courtille : des colonnes Morris : des courses de taureaux : des mascarades gaies et macabres. Que sais-je ! Le tout du plus pur calcaire.

Jamais Molier ni Fernando, Bourret ni Fonteneau, n'ont procuré à leur public un pareil abrutissement.

## LVI

Au départ des Vignes, nous avions chargé nos colis et objets précieux sur une barque spéciale, sous la conduite de Gal qui devait nous rejoindre après s'être taillé les cors, oignons, durillons et œils de perdrix, excédants de bagages dont il tenait à se débarrasser, la nacelle étant surabondamment bondée : il nous rattrapait à l'instant.

Arrivés au plus dangereux rapide de tous les rapides, il fallut rengainer nos lorgnettes et cesser toute contemplation.

— Accostez illico ! cria St-Pierre à ses compagnons.

A ce commandement les trois barcots s'approchèrent de la rive.

— Le ressac, dans cette forte pente, embarquera des paquets d'eau, continua notre mentor, messieurs les passagers descendez sur le plancher des vaches. Ce n'est pas la saison des baignades, il est inutile de renouveler l'expérience qui en 1880 faillit coûter la vie à une douzaine d'anglais.

Nous l'écoutâmes, à l'exception d'Ulysse et d'Harris qui voulurent tenter l'aventure.

Au milieu du courant l'un des bateliers fit signe que c'était là l'endroit sinistral.

Pour mieux examiner le trou, le fils d'Albion se pencha de quarante-neuf degrès : son centre de gravité ne tenait que par un filigramme, ce que voyant Polumétis, toujours farceur, et qui avait son idée, éternua violemment dans l'oreille de l'insulaire. A ce choc, le déplacement de la colonne d'air rompant brusquement l'équilibre, patatras, celui-ci fut précipité dans l'onde pure et entraîné dans le gouffre sous roche comme une anguille de Melun.

— Un homme à la mer ! hurla l'équipage.

Aussitôt on démusela toutes les bouées de l'entrepont.

Sur la berge, Annonciade et Ludovie cinglèrent l'air de leurs cris perçants, et de leurs bras décrivaient des paraboles, des courbes, des losanges, des ellipses de désespérance épispastique.

Mais l'homme ne re-ve-nait pas.

Alors Ulysse, qui nageait comme une épinoche, quittant sa capote Clayeux et Thomas, plongea dans l'abime et reparut bientôt tirant le noyé par les favoris qui lui avaient poussé dans sa chûte. Il le déposa sur le sable.

Le pauvre diable était fortement décornifibustulé : sa tête vacillante battait de l'est à l'ouest, du nord au sud, ainsi d'un coquelicot dont on voudrait faire un mât de cocagne : une matelote de vérons, ablettes et autres cyprins coulait de sa bouche bée : il tournait des yeux chassieux de porcelaine intime ; ses jambes et ses bras pantelants, pantelaient flasques dans les manches de son veston et dans celles de son pantalon collant.

Sortis des *rachs*, les nautonniers cadenassèrent les embarcations et vinrent à notre secours leurs sabots à la main.

Le Mas de la Font n'étant qu'à quelques

pas, on enfourna l'anglais dans le manoir.

Il était habité par messire Hoclés, seigneur sans prestige, son épouse, douairière sans importance, et leurs enfants, chevaliers du commun et princesses aux pieds nus.

Dédaigneux des charrues à la mode, ils faisaient valoir leur bien par les anciens procédés, avec une rustique indifférence.

Les jeunes étaient aux champs, aux bois ou à l'aire-sol, en manche de chemise.

Le vieux *papette*, ascendant sans dents, aux lèvres jaunes depuis qu'il avait baisé la topaze de l'évêque de Mende, au coin du feu, était affalé sur un antique fauteuil à crémaillère du plus pur style Louis le Gros.

La *mamette*, un peu enrhumée, ronflait dans la *murserie*. (On appelle *murserie* l'enfoncement sous l'escalier du galetas formant alcôve, où se trouve un lit au ciel duquel se balancent le jambon, le carré de lard et les andouilles qui se fument ainsi à l'haleine tiède de quelque ancêtre rhumatisant).

— Mon Dieu ! fit le seigneur sans prestige occupé à tresser une corbeille d'osier, — en voyant entrer le quadrige et sa queue portant sur les rames le noyé couronné de cresson, — quel est le malheur qui vient d'arriver ?

— Chest pas un malheur, chest une chauvaison, répondit Fénechtrou. Ce moschieu, qui vient ichi au porteur, voulait deschendre les Gorges chous l'eau, nous l'avons ramené à la churfache.

Un matelas de fine laine de bassieu fut vite allongé devant le feu : on jeta dans l'âtre des copeaux de pin ; Hoclés souffla dans un canon de fusil ouvert aux deux bouts ; on remplit de rhum le capucin à flamber les rôtis, et, avant que l'anglais fut tout-à-fait cuit, sous l'action énergique du cordial, il poussa un cri et lâcha cette phrase :

— *I think i am going to die* (je sens que je vais mourir).

— Pas encore, milord, répliqua Onésime, le seul de nous élevé par un ignorantin sachant quelques bribes d'anglais.

— Messieurs, avant tout il faut le déshabiller, s'écria le *papette* qui avait vu dans sa vie plus de piles de noyés que de faces de pièces de cent sous.

— J'allais vous le proposer, murmura Jacques.

A ces mots Annonciade et Ludovie se retirèrent pudiquement et allèrent s'asseoir sur la maie à pétrir.

Fénechtrou, avec cette délicatesse de doigté

qui caractérise les bûcherons, voulait commencer par le pantalon, mais déjà Grujat avait retiré le veston, lourd de tout ce que contenaient les poches de l'insulaire. Jacques avait défait les boutons du gilet et l'on voyait luire les boucles des bretelles.

— Il doit être catholique, susurra Jacques.

— Pourquoi ? hurla-t-on en chœur.

— Parce qu'il a les bretelles en croix dans le dos.

— Mes chers amis, répliqua Niopares à son tour, c'est par les bretelles qu'on commence et par le scapulaire qu'on finit.

Enfin, on venait de retirer la chemise d'Oxfort, marquée aux armes d'Angleterre, lorsque du côté de l'espagnole, que l'on croyait tout à fait étrangère à l'opération, on entendit ce glapissement de voix flûtée :

— Mais c'est un juif !

— Non, mademoiselle, un puritain. Il est un peu puritain, riposta Ulysse, et un sourire coquin plissa les lèvres de tous les assistants.

— Maintenant, pendant qu'on tord la chemise dans un plat de grès, nous allons faire inventaire et délibérer, grommelait l'expert en faisant tintinnabuler les poches du veston.

Hannton, à l'état de vermisseau, frissonnait

au grand air. Le *papette* s'étant approché assez près pour lui réchauffer les orteils de sa roupie, dit en branlant le chef :

— Non, messieurs, avant l'inventaire il faut le bouchonner, le masser et le frotter avec de l'huile de cade : dans un quart d'heure il sera sur pied et s'associera au vin chaud de Languedoc que j'aurai l'honneur de vous offrir.

(Ce chapitre étant suffisamment long, pendant qu'on soigne le britannique, si vous voulez, bienveillant lecteur, nous allons passer au suivant).


## LVII


La guérison fut prompte : les anglais reviennent de loin, des Indes, de l'Australie, de la Californie et de Dongola.

— Ahô ! s'écria-t-il, entre deux borborygmes annonçant que ses intestins chantaient chacun dans son casino, — *Give me a little rhum.*

Après une autre capucinade de rhum brûlant, Harris un peu remis, roulé dans une couette de dindon machonna : « *How unlucky I am ! I felt into the water, I wonder how I did* (Suis-je malheureux ! Je suis tombé dans l'eau je ne sais comment). Puis, il s'endormit d'un profond sommeil.

— Quécheque chela veut dire ? demandait l'auvergnat.

— Cela veut dire, grand crétin, lui répondit Ulysse, que c'est la réaction.

— Ah ! il est réacchionnaire ?.. Moi auchi, fouchtra !

— Cela veut dire, homme des bois, lui envoya Grujat, que nous allons faire l'inventaire sans désemparer.

Et il sauta sur la défroque du syncopier, fumante sur des chaises devant le feu.

— Ce diable d'homme, murmurait Nioparés, il a des poches même à son caleçon.

— Vous en avez bien à vos castagnettes, fit Ulysse plein d'irrévérence pour son beau-père occasionnel.

— Attention ! hurla Grujat : — *Poche poitrine du veston :* — Un onglier en argent : trousse de voyage, oiseaux, couteaux, rasoirs : porte-cigare en aluminium, havanes mouillés.

— Ça n'empêchera pas de les fumer, dit Jacques en s'en octroyant une paire.

— Chut ! laissez continuer l'inventaire.

... *Poche gauche interne :* — Mouchoir batiste aux armes d'Écosse : portefeuille bourré de banknotes, c'est l'espoir du printemps, c'est l'amour d'une mère : enfants, n'y touchez pas !

... *Poche droite interne* : — Un portrait, une horreur.

(Une voix dans le groupe).

— Ce doit être sa femme ?

— Non, dit Annonciade, c'est la reine d'Angleterre.

— *God save the queen*, dit Jacques ; remettez sa Majesté dans son fourreau.

... *Poche gauche externe* : — Une boîte de pastilles de menthe anglaise ; une paire de pistolets ; un briquet, avec un hectomètre d'amadou.

... *Poche droite externe* : — Coffret à bijoux : chronomètre indien, Clarkson horloger lampiste à Bénarés, tout d'une pièce, sans rubis, ni échappement ni cylindre.

Dédaigneux de marquer les heures, comme les montres qui courent les monts de Piété, il donnait : Le cours de la Bourse, le départ des trains, la taxe du pain et le programme des spectacles. Bagues, anneaux, bracelets incrustés de gemmes, diamants, solitaires, œils de chat, aigues-marines, etc.

— A qui voulait-il faire cadeau de tout cela ?

— A nous, chimiste budoïd.

— Voici ! — Porte-monnaie, dans chaque poche. — Faut-il ouvrir ?

— Oui, faisons la caisse.

... *Numéro 1, maroquin vert*. — Or et argent étrangers, couronnes, souverains, livres, marks, ducats, reis, condors, kronors, piastres, dollars, drachmes, tomans, roubles.

— Avec ça il pouvait consommer à l'œil chez tous les mastroquets du globe, déclamait Polumétis.

... *Numéro 2, cuir de Russie*. — Or français.

— Ah ! exclama-t-on sur toute la ligne.

— Pourvu qu'il y en ait assez, balbutia le vieux.

... *Pantalon, poche gauche* : — Chocolat Menier, qui brunit dans l'eau : gimblettes d'Albi durcissant à l'humidité : vanille : palmers académiques : fromage de Chester du plus dur calcaire. (La poche réfectoire).

... *Pantalon, poche droite* : (celle-ci était son dortoir). — Bonnet de coton, en soie de Chine, tente abri, oreiller en caoutchouc vulcanisé.

... *Poche unique du caleçon* : — Une lettre en anglais, encore chaude malgré le bain. Lisez plutôt :

« Mr Hannton,

» You rascal ! So you have left me. Oh !
» I have not been surprised of it. I knew you
» were a real scotchman. Please don't call
» again I will not know you anymore.

» At first, I wanted to send back to you all
» what you have given to me, but you would
» have been too glad of it, and I will keep it
» all as religiously as the despise I have for
» yourself.

» You d.... scoundrel !

» You will never see me again at least for
» the same price.

» Y remain.

» Y ours truly.
                    » Mary KINGSON.
» Bottom Street, London N° 3, E. C. »

Onésime, après une traduction tout à fait *in petto*, remit l'épistole dans sa cachette en disant :

— Mes chers compagnons, ne violons pas les secrets irrétrécissables de la flanelle.

## LVIII

Le vin chaud frissonnait dans le chaudron ;

Harris qui devait l'avoir senti, — car il ouvrit deux yeux ahuris, — éternua et demanda si le tapioca allait être bientôt servi.

— Hélas ! murmura piteusement messire Hoclés, si on nous avait prévenu, un mois à l'avance, qu'un riche milord viendrait se noyer chez nous, nous aurions fait nos provisions à la dernière foire des Vignes, mais nous sommes dépourvus et je ne puis vous offrir que les quelques litres de vin chaud qui sont sur le feu.

— Pauvre homme ! répondit Hannton, en lui tendant une main sèche et froide comme celle du serpent de Ponson du Terrail.

Onze heures sonnaient, les chevaliers du commun, un fagot de bois sur le dos, suivis des princesses aux pieds nus, portant des sacs de fèves sous l'aisselle, faisaient leur entrée. Ils venaient manger la soupe. On l'avait négligée au milieu du désarroi général.

A première vue, ils prirent Harris pour un pêcheur étranger trébuché dans quelque gouffre, empêtré dans son épervier. Mais, quand ils virent bouillonner le grand chaudron, ils comprirent qu'ils avaient à faire à un asphyxié de grande marque et allèrent tranquillement se couper une tranche de pain bis pour la débiter en lichettes chopinatoires.

« Il n'y avait pas assez de verres pour tous les membres du concile; on décrocha les écuelles de faïence et d'étain pour les hommes; on rinça les coquetiers pour les dames.

» Le seigneur sans prestige, d'une main vacillante, remplissait les gamelles alignées sur la table, quand, du côté de l'alcôve, on entendit une voix faible qui marmonnait : « *You mé bouolé.* »

» En un clin d'œil un spectre femelle, affublé d'un jupon eau grise souris et d'un caraco détestable, vint allonger une main ridée et rayée de cordes de violoncelle vers l'écuelle la plus pleine. C'était la douairière sans importance, la *mammelle* Hockés.

» Elle avait déserté sa niche pour prendre part au festin.

» Quand on voulut trinquer, on chercha vainement Ulysse; il avait disparu.

» Annonciade finit cependant par le trouver au fond de la nurserie, couché dans les draps tièdes de la douairière.

» Étant tous occupés d'Harris, on ne s'était pas aperçu qu'étant aussi mouillé que son sauvetage, pour réchauffer ses membres congelés et déjà tremblant la fièvre, il s'était coulé dans le thalamus de la vieille, ses habits en bataille sur l'escabeau, ses bottes pleines de varech et de goémon fluvial.

Pendant qu'Ulysse mijote dans la fine toile d'emballage, sous les jambons de dame Hoclés, toute la bande, mise en joie par les lampées d'un rupestrix réconfortant, frottait les omoplates du sinistré avec des couennes dorées en chantant en chœur cette chanson bachique :

> Noé, dans l'arche de refuge,
> Avait appris à craindre l'eau,
> Et pour oublier le déluge
> Il eut recours au vin nouveau.

Les chevaliers du commun faisaient les basses, les princesses aux pieds nus accompagnaient avec des voix vinaigrées.

Hannton était ravi ; il sentait la vie qui rentrait à flots par tous les pores. Transporté au troisième ciel, luisant comme un ver, nu jusqu'à la ceinture comme un petit St-Jean Baptiste roulé dans du coton en rame, il promenait ses yeux extatiques sur la cohorte protectrice : une touffe de poil d'écureuil incendiait le creux de son thorax, faisant ressortir l'ivoire de son corps un peu jauni comme celui des jetons manipulés par les longues manilles d'hiver.

Quand il rabâchait la *mamelle*, se rappelant confusément qu'elle avait vu, dans le sanctuaire de St-Marcellin, un tableau représentant l'archange St-Michel, en habit noir, terrassant le démon en caleçon de bain.

— Puisque vô avez sauvé môa, je volai faire mes dernières volontés de l'excursion, et donner, tout de souite, ce que j'avais sur môa ; dans mes habits, pour revivre comme si j'étais en renaissance de reconnaissance, very wel. Tout môa avec sioulement les habits pour couvrir les nioudités de môa.

Aussitôt on lui passa une pélerine et un cache-nez autour du cou, et c'est dans ce costume Abyssin, — il n'avait pas le Chôa, — qu'il fit la distribution du contenu de toutes ses poches.

N'allez pas croire que je vais vous défiler le catalogue d'un bout à l'autre. Qu'il vous suffise de savoir que tout le monde fut merveilleusement loti : que Philémon et Baucis reçurent une floppée de louis pour leur hospitalité ; que les jeunes filles touchèrent des bijoux et des perles : que Grujat obtint la tente abri et l'oreiller en caoutchouc dont il fit plus tard un biniou : que Fénechtrou encaissa le stock de coutellerie : que Nioparés fut gratifié des pistolets et des cigares : que St-Pierre et les bateliers empochèrent les pièces blanches et une boîte de maquereaux fumés : et que les chevaliers du commun et les princesses aux pieds nus se partagèrent tous les menus objets que l'inventaire avait négligé d'énumérer et qui garnissaient le fond de cale.

Hannton ne conserva que ses banknotes, le portrait de la reine et son or étranger pour payer ses dépenses, y compris le paquebot de Boulogne à Folkestone.

Tout s'était admirablement passé, sans accroc ni réclamation : Grujat, élève de Pailhoux, — entre chaque poche, comme dans les distributions de prix après chaque classe, — avait joué un air de guimbarde.

Zingue, zingue, zing, zoun-zoun,
Zingue, zingue, zing, zoun-zoun.

L'opération eut été sans tache, sans cet animal de Fénechtrou. Il avait jugé à propos de s'adjuger les bretelles d'Harris, à titre de supplément. Mais Ludovic, ayant observé son manège, les lui quitta quand il fut acquis que l'anglais allait réintégrer son pantalon.

Pendant ce temps, Polumétis à son tour dormait. Il respirait bruyamment et avec son haleine faisait balancer et s'entrechoquer mollement deux andouilles aux tons brunis.

— Ne l'éveillez pas, dit Annonciade qui faisait sécher ses habits ; il doit rêver.

ils parlent tout seul, dit la vieille. Tout à l'heure pendant qu'on se partageait le mobilier, je l'ai entendu qui murmurait : « Trompe-la-selle... » L'inventaire avait négligé d'énumérer...

— Respectons le sommeil du héros de la journée, fit Grujat d'un air goguenard ; en attendant ce temps, papette, racontez-nous l'histoire du Rocher Peyreverde. Vous devez la tenir de Jean Dardé lui-même, votre contemporain.

— Connu, je crois bien. Quand il mourut je lui devais dix pistoles qu'il m'avait prêtées à la fête votive de Peyreleau.

Oh ! tout ça c'est des histoires à faire peur.

... Vous voyez d'ici ces ruines de Peyreverde. C'est là que, pendant de longues années, Alexandre Verghet a vécu en sauvage, parcourant les taillis, fouaillant les chèvres et criant : « Vive l'empereur ! »

Il se nourrissait de miel sylvestre, de sauterelles apprivoisées ; il s'était fait un palotot avec des peaux retournées ; à ses côtés Robinson Crusoé eut paru un sous-préfet. Il...

C'est l'amour qui l'avait mis comme ça...

Voilà pourquoi la légende l'a tant que le Cagnou d'ici a caillé à la petite folie amoureuse du jeune souverain.

nez dans le verre pour une beuvette de société, lorsque Napoléon Grand-Homme revenait de sa grande équipée de Russie. — Millau.

Il n'est personne, même à cinquante ans, qui, dans le pays, ne soit, en hiver, ému jusqu'au pied des phrases au nom de... ayez compris... camarades ! Quion, les deux Vernhet, Boyard.

Alexandre en tenait pour Marie Boscary, la sœur d'Étienne Boscary. C'était pas mal, deux amants qui s'aimaient beaucoup, à côté de frère toute la huitaine. En hiver, quand viennent les engelures dans les temps, quand viennent les fleurettes en prairie; quand viennent les abeilles sans nombre : en automne, quand viennent les oreillettes sous les chardons desséchés.

C'était trop beau, tout ça devait se gâter.

Il y avait dans les environs un sacripant du nom de Quiot de Bouys, ainsi nommé parce qu'il avait la tête dure, qui par malheur tomba amoureux de la Boscarinette.

Il la poursuivait avec des poches pleines de pastilles, le cou dans une cravate bleue et les cheveux frisés avec une baguette de noisetier.

Mais la petiote préférait son Vernhet, qui était plus bonasse et moins mielleux et qui faisait, sans barguigner, des journées de bœufs au père Boscary, tant seulement pour les beaux yeux de sa fille.

Quiou de Bouys, traître de son métier, ne pouvant désensorceler la mauviette, courut à Millau : dénonça Vernhet, Boscary, Dardé et toute la bande, comme réfractaires à l'appel.

Ça prit comme du fromage, et en avant les camarades ! Quiou, les deux Vernhet, Boscary et Dardé sous les armes !

On les poussa à coups de baïonnettes jusqu'en Russie, ousque se trouvait logé Napoléon.

Il neigeait là-bas beaucoup, et il ne faisait pas bon se battre avec des gaillards vêtus de peaux de bêtes qui ne laissaient passer que le bout des yeux.

Nous reçûmes une de ces piles dont on se souviendra, comme disent les livres des enfants à l'école.

Que devint Alexandre ? Il manqua à l'appel au retour : on le crut dans le ventre des corbeaux et des vautours cosaques, et on ne pensa pas plus à lui qu'aux gens qui ne doivent pas revenir.

Marie Boscary pleura, mais les pleurs finissent toujours par tarir, comme les fontaines à la canicule ; elle épousa Jean Dardé.

Ah ! mes amis, il revint, l'oublié, trois ans

après : maigri, crotté comme un barbeau au milieu d'un jeu de quilles. Son frère le trouva un matin sur la porte, en rentrant des champs, en train de prendre une lampée de soleil français.

Le pauvre avait l'air d'un mendiant ; il était fou. Il ne se souvenait que de ces mots : « Vive l'empereur ! » et il courait les rivages et les crêtes en criant toujours « Vive l'empereur ! »

Marie le revit dans cet état, et quoiqu'elle eut pour son époux la tendresse des épouses, elle ressentit une piqûre au cœur dont elle mourut à la longue en entendant sans cesse l'écho des cirques, des falaises et des bois répéter le « Vive l'empereur ! » que leur lançait le malheureux estropié de la cervelle.

— C'est très touchant, fit Nioparés, mais toutes ces légendes se ressemblent comme les contes de la *Mère l'Oie*. Si je voulais vous raconter celles de la Sierra Nevada, pour le moins aussi bêtes que les vôtres, je vous ferais tomber en catalepsie.

— Père, ne dis pas cela. Tu ne comprends pas la poésie de ces choses mystérieuses : moi, j'aime toutes les histoires de grottes, de cavernes et d'abîmes.

— A propos d'abîmes, dit Fénelon, tu la mamelle, va nous raconter celle de l'Abbé de Courtivos, qui fit pleurer M. Rallié, notaire, la première fois qu'on la lui narra.

— Je le voudrais bien, répondit la douairière sans importance, mais je n'ai pas mes lunettes : cherchez dans ce tiroir.

— Vous n'avez pas besoin de lunettes pour raconter ?

— J'ai la vue si faible que je ne puis rien faire sans mes bésicles. Passez-les moi puisque vous les avez trouvées.

## LIX

La mère Hoclés regarda tout son monde par dessus ses verres et commença :

— Ça c'est encore une histoire à faire peur. Hélas ! que j'en ai fait pleurer de jeunes filles à ce simple récit.

« Une fois il y avait à Tours en Touraine, avant la grande Révolution, c'est-à-dire sous le pauvre roi Louis XVI, une auberge tenue par Jehan Mauduit.

Les tournebroches y tournaient jour et nuit et ne s'arrêtaient, dans l'année, que juste le temps nécessaire pour graisser les ressorts.

On noxi fêtait tous les saints du calendrier, sans compter ceux de l'almanach.

Les tiroirs du patron regorgeaient d'or et d'argent, de toute effigie, aussi il était gras, rouge et brillant, avec son grand couteau pendu à la ceinture, comme Champon.

Mais le véritable attrait de son hôtellerie, laissant bien loin les succulences de la cuisine, c'était sa fille Loïse, aux yeux de violette, à la taille élancée, au corsage plein d'œillades.

Toute la garnison en raffolait, officiers, sous-officiers et soldats. C'était elle qui menait les écus du régiment, aucun ne manquait à l'appel, tous venaient s'engouffrer dans l'escarcelle de Mauduit, jalousé par tous les cabaretiers à cent lieux à la ronde.

Parmi ces freluquets, se trouvait un sergent, Blanc d'Argent, originaire de nos pays, de la Malène. Un beau s'il en fut, aux yeux de feu, aux moustaches cirées à l'œuf.

Tout de suite Loïse l'aima : mais l'aima si follement que la mesquine en perdit l'esprit.

Tout entière à son galant elle passait sa vie suspendue ou à son bras, ou à son cou, ou à ses galons, ou à ses moustaches, car ils s'embrassaient jusque sur la porte de l'auberge, à laquelle leurs baisers servaient d'enseigne.

On sentait que l'amour habitait la maison en glissant du pied sur le seuil.

Quand il eut fini son temps et qu'il dut réingrer ses foyers, les deux tourtereaux ne purent se résoudre à une séparation.

Blanc d'Argent — famille de tanneurs depuis longtemps éteinte, dont le dernier fut corroyé par l'adversité, — semblait bien plus raisonnable, déjà blasé par la monotonie des étreintes, mais la tourangelle l'enlaçait de ses caresses désespérées.

Elle le suivit dans nos montagnes, non sans avoir légèrement forcé le tiroir à papa pour se procurer ce viatique dont personne ne peut se passer, pas même les amoureux.

Arrivés à la Malène, Blanc d'Argent fut accueilli avec joie par sa famille, mais on fit grise mine à sa compagne, qu'on prit pour une vulgaire maîtresse de sergent-major, et on lui fit intimer, par le garde champêtre qu'elle eut à retourner chez elle dans le plus bref délai.

Blanc, refroidi par le climat natal, était presque résigné, mais elle se cramponnait aux basques de sa tunique et persistait à vouloir dormir sur sa poitrine, à l'endroit où pend la médaille militaire.

Cependant le soldat dut céder aux instances de sa mère. Il promit à sa belle de l'accompagner à Tours, de la demander en mariage, et ils partirent sur deux mules rousses dont Loïse arrosa la crinière de ses larmes, des larmes de bonheur.

Après avoir cassé la croûte aux Vignes, ils descendirent au Cambon chez un rustre du nom de Cazelle ; et là, sous prétexte d'aller chercher ses papiers qu'il avait oubliés dans sa musette, alléguant qu'il serait de retour avant la nuit, Blanc d'Argent rebroussa chemin.

Ce Cazelle était une brute sans scrupule. Il entraîna la pauvre enfant, sous un motif quelconque, vers l'abenc de *Courinos*. Au bord de l'abîme il la fit mettre à genoux et lui dit : « Fille du diable, demande pardon à Dieu d'avoir jeté un sort sur le sergent Blanc d'Argent : ta dernière heure a sonné : tu vas rentrer aux enfers qui t'ont vomie. »

Loïse poussa un cri de détresse qui attendrit les rochers, mais Cazelle, plus dur que ceux-ci, la précipita dans le gouffre avec le petit ange qu'elle portait dans son sein et dont elle avait déjà senti le tressaillement.

Ce crime n'eut d'autre écho qu'un bruit sourd perdu dans les flancs de la montagne.

La fille de Mauduit n'était plus de ce monde peuplé de méchants. »

Ces légendes nous avaient remués et humectés.

Nous sortîmes de chez les Hoclés les yeux noyés, les paupières battantes, les cils collés.

Comme nous nous tapions réciproquement dans le dos, pour chasser de nos vêtements la poudre de mélancolie, il en sortit des nuages noirs comme du poussier de charbon, car nos habits s'associent à nos peines et à nos plaisirs.

N'est-il pas vrai que lorsque nous buvons un coup de trop, notre gilet devient gris et que notre pantalon flageole ?

— Sous des dehors querelleurs, je suis sentimental comme les œuvres complètes de Gulhem de Castro ; je suis une véritable sensitive, confessa Niopatès. Imaginez que lorsque Dolorès, ma femme, me périt d'une embolie dans les draps, je laissai éteindre ma cigarette et ne la rallumai qu'au bout de dix mois de viduité.

— Vous êtes resté si longtemps sans fumer ? s'écria Ludovic.

— Je le jure, mademoiselle, mais je chiquais la nuit.

— Moi, dit Onésime, je suis si impressionnable que toutes les fois que j'ai un procès-verbal de chasse, je suis pris de sueurs froides rien qu'à l'idée que je ne pourrai payer l'amende, ce qui m'arrive quelquefois. Tenez, pas plus tard que la semaine dernière, j'ai été exploité par un huissier dolichocéphale. Cela m'a tellement ému qu'à l'audience j'ai été défaillant ; le jugement le déclare.

— C'est moi, dit à son tour Grujat, qui peux me vanter d'avoir un cœur d'or ! Au moindre froissement il se contracte et se replie, on croirait qu'il contient de la graine de balsamine. Une fois — j'étais alors dans toute la farce de l'âge, — je laissai bêtement périmer une inscription hypothécaire de quarante-sept mille francs treize centimes, intérêts-mémoire, composant les six cinquièmes de ma fortune. Eh bien ! vous le croirez si vous voulez, je ne plus fermer l'œil de vingt-quatre heures. Je suis comme cela. C'est malheureux, mais on ne se refait pas.

— Ecoutez, clapota Fénechtrou, la tendrèche m'a toujours perdu. Quand j'étais jeune, j'ai fait des folies comme les autres. Un beau jour d'avril je partis pour Paris avec une jolie payje, Pulchérie Bernadou. J'avais la bourche bien garnie. Le premier choir, aux Champs-Elysées, nous nous arrêtons devant un Guignol en mérijier. Un coquin de Polichinelle, en rachine de buis, tapait comme un chourd et roschait un commichaire en chapin de Norwège. Je pleurais. Je voulus chortir mon mouchoir pour m'eschuyer mes yeux à carreaux. Bigra ! un pique-paquet venait de me le faire ainsi que le porte-monnaie. Mon évanouichement fut inschtantané. On me transchporta à l'hôtel chans ma connaischanche : Je n'ai plus entendu parler de Pulchérie et je ne chuis pas mort.

— On a bien raison de dire que les femmes se perdent à Paris, grommela Nioparés.

— Pour moi, gazouilla Annonciade, je suis une vraie romance en chair et en os. Si mon père n'était pas là, vous pourriez croire que je suis née du soupir d'un hautbois dans une guitare. La première fois que je suis entrée à la Comédie Française, dès le lever du rideau je suis tombée en syncope dans ma baignoire, sur ces deux premiers vers troublants de la tragédie :

On vous faisait, Arbate, un fidèle rapport !
Rome en effet triomphe et Mithridate est mort.

Ce bon monsieur Mithridate, ancien marchand de dattes ! Comme je le regrettais, ce pauvre chéri ! Il s'était habitué aux poisons et il s'intoxiqua en avalant son haleine. Ah, elle est trop forte celle-là !

— Tiens ! tiens ! marmonna Polumétis, léchant des yeux son amie, je ne la connaissais pas sous cet aspect élégiaque : changeante et potelée comme la lune !

— J'ignore, dit Ludovie, toutes les choses excitantes de la ville, mais celles de la campagne me remuent considérablement. Il me semble alors que tous les rossignols des rivages nichent dans ma cervelle : je suis assourdie, étourdie par les flots d'une invisible et interne harmonie. Je me trouve mal. Il faut alors qu'on me frotte les tempes avec de l'essence de bergamote.

Exemple : le jour où je vis monsieur Dominique tirer sur une bécasse, dans les bois de Polignac, je m'affaissai sur le gazon, désolée d'être obligée de me relever toute seule et sans le secours d'un bras ami.

— Certes, fit Jacques (Lot), j'ai eu aussi, dans ma vie, une pointe d'insensibilité rétrospective. Il y a deux ans, avant de devenir tout à fait insolvable, je devais à mon coiffeur, pour barberie, perruquerie et parfumerie, la bagatelle de vingt-deux mille francs quatre-vingt centimes. Pour faire honneur à mes affaires, je lui avais consenti, à trois mois, un billet sur timbre sec. A l'échéance, il se présenta en mon hôtel : vingt-deux mille francs étaient alignés sur ma table de nuit. Il passa consciencieusement en revue le groupe argentin, il manquait les quatre-vingt centimes, lesquels je n'avais pu raccoler en frappant la veille à toutes les bourses des amis. Oh, mes amis !... Il n'y en a plus d'amis.

Le juif ne voulut pas accepter la somme incomplète. Il l'a bien regretté depuis. En mourant il disait : « Je meurs d'avoir perdu vingt-deux mille francs pour quatre-vingt centimes. »

Je ne l'accompagnai point à sa dernière demeure.

## LXI

L'incident de Fontenoy avait fait perdre à Hannton l'estime de la bande, qui le considérait comme un canore, un grigou. Malgré cette détestable note, lors de la noyade, chacun fit son devoir, sans arrière pensée, tant le chevaleresque est entripaillé dans l'esprit français.

Sa générosité, presque d'outre-tombe, lui avait reconquis la sympathie.

Ulysse lui-même, son terre-neuve, était ravi du chronomètre merveilleux, décrit plus haut, que le fils d'Albion lui avait délicatement colloqué dans la poche, sans crier « gare ».

A l'inverse de Thémistocle, il s'était bien gardé de refuser le présent de ce nouvel Artaxercès courte-botte.

De même que chat échaudé craint l'eau froide, Harris ne voulut plus rembarquer sur le you-you commun pour arriver au Rozier dont le pont nous faisait, là-bas, de gros yeux. Pour lui être agréable le trajet à pied fut décidé.

Liés par les entraves reconnaissantes de la digestion, avec les habitants du Mas de la Font, soyons polis et disons un mot de son manoir et de son paysage avant de les quitter.

Le manoir est un bâtiment sans prétention, édifié sur une plate-forme rocheuse peu élevée du sol. On n'y voit ni tour, ni donjon, ni bretesches, ni créneaux, ni mâchicoulis, ni moucharabys, ni pont-levis : pas de croisées ni croisillons à meneaux : pas d'escarpe ni de contrescarpe : pas d'oubliettes ni d'ergastules.

Il est comme votre maison et la mienne :

comme celle de monsieur le maire, de monsieur le curé et du greffier de la justice de paix.

La famille Hoclés n'était pas fière, quoique de basse lignée.

Au lieu d'aller planter des drapeaux sur les remparts de Jérusalem, leurs aïeux s'étaient contentés d'aller planter des choux et des navets dans leur potager de Tras-St-Jean-d'Acre.

Le Mas de la Font, avec la prairie qui l'environne, à l'abri du vent et des bourrasques, ombragé par le feuillage des figuiers, des amandiers et des mûriers — arbres de la flore la plus vulgaire — est un site enchanteur. Une fontaine cristalline se gargarise délicieusement dans vos oreilles : les parfums des jasmins et des séringuas y flattent la double paire des muscles nasicaux.

Après le rapide, le couronnement de la falaise gauche attire et fait loucher par l'éclat de ses larges bandes calcaires, qui se développent en avancements fermes et saillies dentelées, profilant leurs ondulations et replis vers l'horizon poudreux.

Ensuite la montagne se divise, se fractionne en échancrures, trouées et ravins. Le piton de Capluc, menaçant et superbe, se détache dans le fond, en artichaut ébréché, annonçant la fin du causse Méjean et le confluent de la Jonte.

A droite, le Cagnon s'élargit, les escarpements se modifient, se changent en pentes plus douces, en talus. Ici, ce sont des éminences arrondies, cabrées les unes sur les autres, qui semblent jouer à saute mouton. Ailleurs, des bancs superposés et plats, pareils à des athlètes qui dorment après la lutte.

## LXII

Au Rozier, on nous reçut à l'hôtel Rascalou, dans le petit salon du rez-de-chaussée, illustré de photographies reproduisant les points les plus remarquables de la région, croqués par des artistes du crû.

Entre les cadres courent des étagères, sur lesquelles s'étalent des bêtes empaillées au beurre d'arsenic, par les mains habiles de M. Cazes du Massegros. Toute la faune oiselière et quadrupédière sauvage y est représentée.

Sur la tablette de la cheminée, un renard tient dans ses crocs un lapin, tandis qu'un lièvre, droit sur ses pattes de derrière, vise le ravisseur avec un symbolique pistolet de carton.

Dans un coin, deux grands ducs, les oreilles écarquillées, lancent des éclairs métalliques de leurs yeux roux et fourbes, comme ceux de plusieurs conseillers municipaux de notre connaissance.

Ce buen retiro, bien tenu et coquet, dénonce tout de suite, que la patronne se lève à l'angelus, qu'elle n'a pas les prunelles à la poche, ne laisse pas pousser le poil dans la paume de sa main, et ne passe pas le plumeau bourrin-bourran c'est-à-dire avec étourderie.

Après le transbordement des bagages, chacun monta dans sa chambre pour réparer les désordres de la traversée. La toilette des jeunes filles, selon la coutume féminine, fut assez longue, la nôtre ne dura que l'espace d'un juron de Cadillac.

Le déjeuner fini, nous sortîmes pour visiter le Rozier et Peyreleau, deux villages jumeaux que relie le pont de la Jonte.

Le Rozier, construit sur le prolongement du cap du Causse Méjean, est une gentille localité, pimpante et gracieuse, couchée en Vénus Amphitruite au bord des eaux, sous les rayons d'un soleil du midi. La bise ne la mord jamais de ses dents de bouledogue, Capluc lui servant de paravent capitonné.

C'est le rendez-vous forcé des amateurs qui visitent le Cagnon du Tarn, la vallée de la Jonte, l'Aigoual, Montpellier-le-Vieux et la Grotte de Dargilan.

Rien de remarquable au Rozier, qui tire son nom de l'arbuste cythéréen et épineux. La chronique raconte que des moines du moyen-âge y tenaient des haras d'églantiers, où l'on greffait le *Maréchal Niel* sur la *Gloire de Dijon*... Déjà !

## LXIII

Pendant notre promenade, nous eûmes, la bonne fortune de rencontrer M. Fabié, notaire à Peyreleau, membre des plus prépondérants du club Alpin.

Avec un cicérone de cette valeur, nous étions sûrs d'être documentés.

L'aimable tabellion nous fit visiter Peyreleau, son vieux fort démantelé, dont il ne reste qu'une tour carrée maquillée par le lierre, et les ruines du château de Triadou, construit en 1500 par Pierre d'Albignac. On y admire encore de vastes salles, aux lambris sculptés, avec fresques et plafonds peints.

Ce d'Albignac se flanqua de rudes raclées avec le sire de Capluc, jusqu'au jour où ils confondirent leur pot au feu, grâce à l'enlèvement de la belle Flour, fille de ce dernier.

Un siècle plus tard, Simon d'Albignac, descendant du batailleur sus nommé, après une sanglante escarmouche, fit le lourd porte-monnaie du duc Henri de Rohan, chef des parpaillots, qui dînait sans payer à Meyrueis et soupait à l'œil à Millau.

Le chapardeur cacha si bien son trésor, que ses successeurs ne purent jamais le retrouver. En 1793, les jacobins millavois s'emparèrent du château, découvrirent sous un escalier la sacoche dorée et raclèrent les champignons qui avaient déposé sur icelle une fausse couche dans l'ombre. Le sire de Triadou, dépossédé, émigra à Londres, où il reconstitua sa fortune en accommodant chez les lords des salades de pissenlits à l'huile de noix, ainsi que le rapportent les Froissart de l'époque.

De même que le Rozier, Peyreleau est abrité des vents glacés par les montagnes qui l'environnent et caressé par un soleil démocratique peu avare de ses baisers. Pomone et Flore y dressent des corbeilles de fruits que c'est comme un bouquet de fleurs.

La vallée de la Jonte rafraîchit la localité de ses vents paisibles et doux, et les brises de l'Aigoual, balsaminées par les forêts de pins, y reconfortent les poitrines. Aussi voit-on, dans ces parages, des octogénères qui plantent et des sexagénères qui s'exagénèrent leurs forces.

A la sortie de Peyreleau nous grimpâmes à Capluc, dont la montée, quoique raide, n'est cependant pas trop pénible. Hannton était rentré à l'hôtellerie, encore courbaturé par sa baignade matutinale.

Le piton se compose de deux plateformes superposées : la première est spacieuse et large, on y accède par un sentier à degrés creusé dans le roc. On n'atteint l'acrotère de la deuxième, dont la surface entourée d'une balustrade est aussi restreinte que la lanterne de la tour Eiffel, qu'au moyen d'échelles en fer.

Peu de situations sont aussi en vue, par leur élévation, que cette énorme masse détachée des dernières crêtes du Causse Méjean.

C'était un point stratégique naturel, tout indiqué pour la construction d'un château fort, aussi on y retrouve partout des pans de murs, des voûtes, des restes d'arcatures remontant aux âges disparus.

Nos compagnonnes ne tentèrent point l'escalade du sommet.

— Si j'étais lézarde oui, dit Annonciade. Mais...

— Avec des ailes peut-être essayerais-je, fit Ludovie, en attendant je suis sur le ferme et j'y reste.

Nous y montâmes seuls.

De là haut se déroule un panorama qui vous rend baba d'admiration.

A l'ouest, c'est le vallon élargi du Tarn : la rivière y roule sa bosse humide, sautant mollement les chaussées des usines et baignant à droite les godillots de nombreux villages. A gauche, les falaises escarpées du Causse Noir, crénelées de rochers et de pins, lui servent de barrière. L'horizon finit au-dessus d'Aguessac, dominé par le puech Dondon, le Causse Rouge et la chaîne du Lévézou.

A l'est, entre le Causse Noir et celui de Méjean, coule la Jonte : dans le lointain le regard papillonne, à perte de vue, sur une infinité de plateaux et de mornes jusqu'aux Cévennes.

C'est un tableau exquis, d'une tonalité curieuse et originale : les chocs, les mélanges et les croisements de lumière et d'ombre produisent des effets inattendus.

Vers 1200 les seigneurs de ce fief, dont ils portaient le nom, étaient vassaux des rois d'Aragon ; ils avaient succédé aux de Montferrand. Les d'Albignac absorbèrent les de Capluc, à suite du mariage forcé de Flour sus-nommée.

De ce belvedère, crevant les nuages, après le « Ah ! » d'enthousiasme qui partit comme un bouchon de blanquette de Limoux, M. Fabié nous expliqua tous les détails de l'immense paysage. Il dévida la bobine des légendes qu'il connaissait et nous retint plus d'une heure, cloués sur place, sous le charme fleuri de son langage.

Le calme du soir, troublé seulement par la sourde respiration du Tarn, fredonnait sa berceuse quand nous dégringolâmes au Rozier.

## LXIV

L'honorable officier ministériel, avec son esprit, toujours divers, toujours nouveau, nous émerveilla toute la soirée.

Pendant le dîner, qui dura jusqu'à minuit, on lui présenta le personnel de la caravane, avec justifications et titres à l'appui.

Edifié en bloc sur le mérite, les qualités, le substratum des hommes, et à parcelles sur l'amabilité des jeunes filles, M. Fabié laissa tomber de ses lèvres ces paroles pleines d'harmonie :

... « Admirateur fanatique des Gorges du Tarn, de celles de la Jonte et des garnitures mirobolantes qui complètent et encadrent cette table d'hôte servie par une nature généreuse pour les gourmets du dur, du sec, du mastoc et de l'imposant, je vous remercie du fond de mon âme, nobles et vaillants étrangers, d'avoir quitté les bords de la Tamise, où fleurit Jack l'éventreur : la Giralda et l'Alcazar, délices des rois Maures : St-Flour, avec ses usines de forte-colle et de chaudronnerie ; Escoudournac, doré au jaune d'œuf par les fleurs de genêts : Millau, la nouvelle Babylone, et Sévérac, à l'opulent hôtel-de-ville qui penche comme la tour de Pise, pour venir savourer nos sublimes horreurs.

» Commanditaire moral de ce chaos royal, sur l'avenir duquel j'ai une foi immarcessible, je vous dois mes meilleures poignées de reconnaissance. Je sens que tout l'univers artiste, blasé sur les splendeurs artificielles des cités, viendra en foule, dans un temps prochain, barboter dans notre incomparable salmigondis.

» L'instruction de la race future ne sera complète que par la connaissance du Cagnon et de ses annexes. Cette connaissance deviendra classique et sera exigée dans les examens des Compagnons de tour de France.

» C'est ici que ces bacheliers de la lime, de la varlope, du *bigos*, du bistourtier, de la truelle et du tire-pied, viendront se parachever sur les modèles que la Providence a entassés sur nos falaises, nos crêtes, nos grottes, nos pitons. Ce sera leur école d'Aix.

» Puisque vous êtes venus, mesdames et messieurs, pour faire des excursions, admirer nos richesses, vous en avez trois de premier ordre à contempler aux environs de Peyreleau. Ce sont : le *Pont des Arcs*, large trouée dans le roc, produite par l'érosion des eaux : le *Château de Peyrelade*, la plus curieuse ruine des constructions féodales du midi : enfin, l'*Ermitage St-Michel*, débris datant de l'époque carlovingienne, dont le solitaire, devenu transparent par les jeûnes trop prolongés, se loue pour les fêtes nationales avec R. F. sur le ventre. »

M. Fabié ayant terminé son speech, Ulysse, interprète de nos sentiments et de nos projets, lui répondit sans phrase :

— O le plus joli coq du poulailler des notaires, au nom de la chambre, je vous rends grâce des renseignements suggestifs dont votre bonne obligeance nous gratifie. Mais, quoique Lavigerie et Laroche aient aboli le servage, nous restons esclaves de notre programme. La saison s'avance, les journées sont courtes, nos heures sont comptées. Impossible de porter nos pas sur les lieux intéressants que vous nous indiquez, de promener sur leurs anaglyphes le feu de nos prunelles. Maintenant que nous avons admiré ces hospodars du plus pur calcaire, nous ajournons à l'année prochaine notre visite aux vassaux. Pour le moment nous nous contenterons d'ausculter la célèbre grotte de Dargilan et Montpellier-le-Vieux, ce sera la clôture définitive et sans remise comme disent les acrobates. J'espère que vous serez des nôtres, monsieur ?

— Le baume de tolu n'est pas plus doux, à la bouche des convalescents, que ne l'est à mon cœur votre gracieuse invitation, répliqua le tabellion. Je mets à votre disposition ma boussole, mes jambes, ma mémoire et mon entendement, ainsi que nous disons dans les testaments.

## LXV

Le lendemain à l'heure de six au matin, avant que Phœbus — Appollon pour les nymphes, les naïades et les bergères de Watteau qui n'ont vu le loup qu'avec une loupe — n'enfourchât sa salopette rose pour étriller les fringants coursiers de l'Orient, les valets d'écurie de l'hôtel avaient mis en état l'omnibus et le break de l'établissement.

Cent minutes plus tard nous roulions vers Dargilan, en compagnie des guides Foulquier et Armand.

En quittant Peyreleau, la route tracée sur la rive droite de la Jonte suit, jusqu'à Meyrueis, les contours tortueux de la vallée.

Les premiers kilomètres, raides comme un bâton de maréchal, nous laissent le loisir de dévisager les remparts dolomitiques des deux falaises, leurs formes excentriques, l'escarpement horrible des parois.

Dans cette galerie de curiosités colossicotières — selon l'expression de Vitruve, — Méjean nous présente d'abord son *Vase de Sèvres*, énorme bibelot posé là haut sur l'entablement du portique des géants.

— Les quinquandaines du moyen-âge, dont j'ai vu môa quelques types au British Mouséion, ne pas avoir autant d'altesse ni de rioutondité, o nô, dit l'anglais.

Presqu'en face, le Causse Noir riposte par deux mastodontes de pierre, les rochers Curvélié et Fabié.

La route borde des précipices effrayants ; notre vie ne tient qu'aux pattes des chevaux. Nioparés se bourre les oreilles de coton afin d'amortir la culbute, Annonciade et Ludovie ferment les yeux pour mieux mourir dans l'obscurité, Harris relève le col de son macferlane, nous plongeons nos mains dans les poches, l'auvergnat se glisse prudemment sur le marchepied.

Nous traversons les villages du Truel et du Maynial ; longeons St-Gervais, magnifique piton aussi formidable que Capluc ; brûlons les Douzes et sa fontaine souterraine ; la grotte de Nabrigas. « Rrrouu » les voitures s'arrêtent. Nous sommes au-dessous de Dargilan, dont les trois cambuses nous sourient au sommet de l'arête du Causse Noir.

Le cri : « Que c'est haut ! » jaillit de toutes les poitrines.

— L'homme intelligent doit mépriser la fatigue secondaire des jambes, quand il s'agit du plaisir innocent des yeux, sifflota l'espagnol.

## LXVI

Foulquier nous annonça au son de la corne qu'il portait à la ceinture. On répondit aussitôt de la grotte et trois ânes sellés, sortis d'une écurie en planches d'au-dessous de la route, firent leur apparition.

Osmin Maurin, leur conducteur, nous les présenta sous les noms de *Barbazet*, *Serrat* et *Capucin*.

Les bourricots fort dociles se laissèrent caresser par les jeunes filles qui en enfourchèrent deux, en leur donnant des biscotins de Bédarieux.

Hannton se hissa sur Barbazet.

Après le pont rustique et fort fragile jeté sur la Jonte, par les soins de la *France Pittoresque*, l'escalade commença lentement, à travers bois, par le sentier aux nombreux lacets qui sillonne la falaise.

Pour rompre la monotonie du chemin et adoucir les raideurs de la pente, M° Fabié nous fit l'historique de la caverne.

... La grotte lozérienne de Dargilan, auprès du hameau de ce nom, fut découverte en 1880 par Maurice Sahuquet, un berger macabre qui, à défaut de loups, avait la toquade des renards. Sa cabane était tendue de peaux de vulpiens et, chose étrange, ça sentait la maréchaussée.

A la poursuite de l'un de ces *raynals* qu'il avait vu se terrer, le pâtre agrandit le trou et pénétra dans le souterrain avec une torche funèbre qu'il portait habituellement sur lui. Il en sortit bien vite épouvanté, en criant qu'il avait trouvé le faux col de l'enfer.

De toutes parts on accourut. Chacun voulant emporter un souvenir de sa tournée, on brisa, on mutila les admirables concrétions de la première salle. Les autres, qui se cachaient au-dessous, échappèrent miraculeusement au marteau des vandales et on cloisonna l'ouverture.

Ce ne fut qu'en 1888 que l'intrépide M. Martel, nouveau Jason, au prix de peines inouïes, de cent obstacles et de mille dangers, parvint à soulever la bâche mystérieuse qui couvrait les autres toisons d'or.

La grotte se divise en trois vieilles branches: la première à l'est, la deuxième au sud-est et la dernière à l'ouest. Leurs galeries partent toutes de la grande salle d'entrée, son artère principale, recouverte d'une calotte de cent quatre-vingt-dix mètres de portée.

La branche ouest est la plus belle. Il faut, pour y arriver, descendre six puits très abrupts et d'un accès fort difficile, mais aussi, quand on y est, c'est i-ni-ma-gi-na-ble ! (bis).

Votre tête devient grosse comme le tonneau des Danaïdes, à l'idée seule du temps qu'il a fallu, à la nature pour fouiller d'abord cette spélonque, pour y aménager les galeries ; ensuite pour façonner, travailler goutte à goutte, minute par minute, seconde par seconde, ces prodigieux ouvrages dentelés, tissés, sculptés, stuqués dans le silence du cabinet.

Ces trésors ont conservé toute leur pureté, leur intégralité, car il est établi que depuis que ce monde immonde est monde, aucun animal, ni bête humaine, n'a souillé le seuil du rutilant abîme.

Après celle d'Adelsberg, en Autriche, la grotte de Dargilan est, pour sûr, la plus select de l'univers, par l'étendue de ses vastes salles, l'harmonie de sa conception, la délicatesse de ses fouillures, la taille et la variété de ses cristallisations, sa profondeur et la bizarrerie pittoresque de ses embranchements.

La fameuse grotte du Mammouth, aux Etats-Unis, qui a plus de deux cents kilomètres de superficie, avec ses salles de bal, ses cafés, son église gothique, sa voûte constellée, ses colonnes et sa mer, aux poissons aveugles et apocalyptiques, est plus grandiose, plus monumentale, mais, comme beauté d'ensemble, elle n'est pas comparable à notre merveille.

Cette intéressante causerie grottologique nous avait conduits au faîte de la montagne, objet de notre course, après une heure de montée. Nos amazones sautèrent de leurs bidets.

## LXVII

Au débarcadère, essoufflés et faisant eau par tous les pores, nous fûmes reçus fort gentiment par le gardien, à casquette galonnée, homme poli et affable qui n'a rien de commun avec Cerbère le suisse mythologique.

Nous lui remîmes nos tickets d'entrée.

Il nous offrit des costumes de louage pour la descente, mais nous étions pourvus.

Puis il nous soumit les règlements, lesquels

portent, en substance, comme dans les ménageries :

« Qu'il est formellement interdit, dans l'intérieur de la grotte, de faire partir des armes à feu, tels que canons, fusils, pistolets, fusées, feux de Bengale : d'agacer les concrétions avec des pince-monseigneur, bâtons, fouets, marteaux : de jouer de la trompette, du cor et d'un instrument à vent. On peut éternuer et se moucher sans éclat, boire et manger sans remuer les mâchoires. Le restaurant de Dargilan sert des déjeuners et dîners à la carte forcée ; des liqueurs ; de l'eau de Seltz de Pailhoux, à la voix rauque ; des apéritifs, Kina-Cure, Kina-Monna ; du café, chocolat et bière, au prix des buffets des gares. On y parle le français et la langue des félibres. On peut coucher dans la grotte pour un franc, oreiller non compris. »

Un gros homme ventripotent, le chef entouré d'un mouchoir imbibé de sueur, était assis non loin de l'orifice de l'antre.

Son complet classique révélait le touriste professionnel : casque de liège, chaussures en cuir de morue, molletières de veau — si vastes qu'elles auraient pu servir de corset à nos charmantes compagnes — alpenstock gigantesque, rien n'y manquait.

Sa chemise, semblable à un ballon dégonflé, séchait au soleil, pendue aux branches d'un arbousier.

Cet épais *globe-trotter* était en train de se désuer, avant de se plonger dans les profondeurs réfrigérantes du gouffre.

Les guides Fralon et Poulard de Meyrueis étaient attachés à sa personne par une pièce de cent sous.

— Il y a quelqu'un ? dis-je au gardien.

— Non, monsieur. M. Heurtebise est là en préparation : il évapore. Une autre fournée mijote à l'intérieur.

— Parfait, susurra Jacques, j'adore les solitudes, à la condition d'y jouer des coudes et d'y tutoyer les masques.

Nous fîmes notre toilette. Nos amies passèrent au fond d'un cul de sac.

L'espagnol revêtit un spencer qui lui pinçait la taille, et un pantalon à pont à Mousson, empruntés aux arcanes de son vestiaire d'*aficionado*.

L'anglais arbora un domino beige qu'il portait habituellement au bal de l'Opéra.

L'expert et le truffier endossèrent des tricots à manches de gigot.

Les jeunes filles réapparurent bientôt dans une délicieuse tenue de pêcheuses de crevettes.

L'auvergnat n'avait rien changé à sa tenue, estimant, avec raison, qu'il ne sortirait jamais plus crotté qu'il ne serait entré.

Quant à mes camarades et à moi, notre modestie m'interdit de vous décrire nos ravissants maillots de boulangers.

Pliés en deux pour franchir l'ouverture de l'entrée, ainsi travestis, nous nous engrottâmes dans l'ordre suivant : Fénechtrou marchait en tête (nous avions eu soin de lui assigner cette place, pensant que s'il y avait un mauvais pas à franchir il écoperait le premier). Aussitôt après, Hannton, Nioparés, Onésime et Grujat, vaguement inquiets ; puis, venaient Annonciade et Ludovie, enfin, Ulysse, Jacques, Fabié et moi qui fermions la marche, protégions les derrières, les timides derrières.

Gal n'avait pas voulu contenter sa curiosité, d'ailleurs peu exigeante, disant qu'on a toujours le temps de pincer des rhumatismes sans aller au devant.

Foulquier et Armand allaient et venaient sur les flancs de la colonne, suivant les torticolis du terrain.

Chacun portait une bougie, dont il suiffait consciencieusement les mollets qu'il avait sous le nez.

Nous marchions en file indienne, en monôme, à la queue leu leu, glissant, rampant sur d'énormes blocs tombés de la voûte, couchés dans un désordre inextricable.

## LXVIII

Comme nous l'avons dit plus haut, la grotte se divise en quatre parties, ainsi que la nature l'a fait elle-même : la grande salle et les trois branches qui en découlent.

Les guides eux-mêmes annoncent cette division d'un ton emphatique, solennel, camelot qui rappelle la voix des marchands de programmes, de prospectus de courses et de régates.

PREMIÈRE PARTIE. — *Grande Salle.*

Pour cette inspection la gymnastique commence. Les crevasses baillent, les interstices grimacent. Ici c'est un gradin, là une pente, ailleurs un retrait. Et le vernis des concrétions glace les monstrueuses dalles de ce parquet fantasmagorique.

Il faut avancer en tâtonnant, enjamber les blocs ou sauter de l'un sur l'autre, s'aider de la main d'un guide ou de celle d'un camarade.

... « Zou, mettez le pied là ! » ... « Prenez garde ! » ... « Allez doucement ! » ... « Courbez-vous ! » ... « Stop, reposez-vous un peu ! » ... « Donnez-moi la main ! » ... « Allons, hisse ! »

Et ce sont des cris, des bousculades, des glissades, des bourrades, des tombades, des tiraillements, des entorses, accompagnés de rires timides, railleurs ou flatteurs.

(J'oubliais de vous dire, qu'à l'entrée l'on nous avait passé du blanc d'Espagne sous les semelles, selon l'usage des danseurs de corde. Fénechtrou, en bon billardier, s'était contenté d'en frictionner le bout de son bâton).

Mais la lumière des bougies est terne, insuffisante dans cette immensité. Les stalagmites ne ressortent guère, elles apparaissent pâles, voilées comme des fantômes.

Alors les guides vous postent sur des points culminants, avec cette recommandation : « Ne bougeons plus ! » Ils se dispersent aux quatre coins de l'atrium et aussitôt les flots de lumière au magnésium inondent la salle.

Cierges, chandelles, quenouilles, bonnets, massues, belvéders, et autres sujets d'albâtre, dont ces appellations désignent approximativement les formes, giclent des étincelles : les parois stuquées ont des reflets de neige ; un velum tissé par des araignées géantes est tendu à la voûte; tout flambe; c'est un palais de cristal.

Les spectateurs sont hachés, broyés, désossés par la fascination.

Ce sont des gesticulations, des spasmes, des contorsions, des gargouillements, des borborygmes, des trépignements, des tortillements.

Quand la lumière s'éteint, le rêve s'évanouit, les esprits se calment ; les nerfs reprennent leur place et les pouls rebattent, de soixante à soixante-dix petits coups par minute, sur l'enclume cardiaque.

DEUXIÈME PARTIE. — (Branche Sud-Est).
*La Mosquée et cœtera.*

On dévale dans le temple musulman par un escalier vitrifié, très incliné, avec rampe dont les balustres sont formées de blanches aiguillettes.

Pendant la descente, nous entendîmes tout-à-coup un bruit sourd, comme celui d'une paillasse pleine de feuilles de maïs qu'on lance par la fenêtre, un jour d'incendie, suivi de cris épouvantables qu'on entend un jour d'inondation. Nous nous précipitâmes pour nous rendre compte.

Un spectacle désenchanteur vint s'offrir à nos vues.

Fénechtrou était étendu tout de son long sur une grosse dame dondon, qui ne donnait plus signe de vie. Derrière on apercevait confusément dans le noir, une grenouillère de bras, de jambes et de divers autres appendices, au milieu desquels on distinguait seulement une robe blanche. De cette masse obtuse sortaient des gémissements plaintifs à la fleur d'oranger.

Nous ne tardâmes pas à nous expliquer les causes de cette fricassée. Nous étions en présence d'un vrai tamponnement.

Par suite d'une erreur d'aiguillage on avait engagé un convoi — qu'on ne voyait pas du tout, — sur notre voie qu'on croyait libre comme la Pologne meurtrie.

C'était une noce venue du Gard, ou de Stuttgard qui est dans les environs.

On avait fait passer la belle-mère en tête, de même que nous y avions mis Fénechtrou, ainsi que le gendre en queue.

Soudain, à un détour du couloir, le page et la reine s'aimèrent, ou plutôt l'auvergnat et l'antique dame se nezanèrent brusquement, venant en sens inverse, l'un vers l'autre, sur deux pentes convergentes. La belle-mère n'avait pas eu le temps de renverser sa chaudière.

Entraînés comme des élans par la vitesse acquise, ils firent des efforts désespérés pour retirer leur mise, chacun serra respectivement son intime *westinghouse* : peine inutile, il était trop tard, la collision était inévitable.

Elle fut horrible, le choc si violent que le bras de l'auverpin — tel le poing du mitron dans la pâte, — se télescopa jusqu'au cubitus dans les nageoires de la belle-mère.

Les invités furent précipités pêle-mêle, les uns sur les autres, comme des bagnoles de marchandises.

Nous relevâmes les victimes, elles n'avaient que des contusions de troisième classe.

Quant à Fénechtrou, ce n'était qu'un étourdissement ; il restait complet. Ses parois osseuses et cartilagineuses, aussi dures que la carapace des animaux antédiluviens, avaient résisté victorieusement à la secousse.

Seule, la belle-mère était passablement avariée. Sa poitrine, dégonflée par le bras du bûchetier, ressemblait à une vesse de loup sur laquelle on a posé le pied. Elle avait quatre kilos de dents cariées, deux fausses côtes déformées ; son œil gauche complètement sorti de son orbite était tombé sur le macadam.

Tout se bornait donc heureusement à des dégâts matériels : sa montre et ses breloques étaient intactes.

Il ne restait plus qu'à déblayer la voie et à régler contradictoirement le sinistre.

Parmi les décombres, nous ramassâmes l'œil de la belle-mère lequel, quoique de porcelaine, lança à Fénechtrou un regard vindicatif exorbitant, un superbe chapeau claque de la maison Caussignac, rue Droite à Millau, et quelques mèches de poils folichons.

Les nopceurs vidèrent les lieux après la bousculade, et les deux frères, Henri et Louis Maurin, leurs guides, les ayant reconduits à la frontière, vinrent se joindre à nous.

En déplorant le malencontreux refoulage, et après avoir succinctement, mais avec virulence, houspillé le Cantalais, nous poursuivîmes notre excursion souterraine.

En présence de la *Mosquée*, avec sa coupole, ses tourelles et son minaret, dont le magnésium fait ressortir l'opale de la passementerie, on se croirait au Caire. On tire la langue dans l'attente du muézin venant sonner l'angélus de Milette.

Plus loin, nous caressons une tortue gigantesque qui, avec ses bancroches, essaye de rouler un croûton plantureux.

Une cascatelle complète le *et cætera* de cette galerie. C'est une véritable chute d'eau pétrifiée en éventail par un djinn, au moment de son grand écart, de ses folâtres ébats, de ses capricieux ricochets.

TROISIÈME PARTIE. — (Branche de l'Est).

*L'Eglise et ses accessoires.*

— Savez-vous qu'il faut être crânement dévot pour dégringoler dans ce sanctuaire, à quarante mètres de profondeur, par un passage d'éboulis, étroit et escarpé.

Telle fut la réflexion de l'espagnol, en arrivant au fond du trou. Elle était juste, c'est un effroyable plongeon.

Mais quelle splendide sacristie ! Quelle admirable colonnade !

L'ordre y règne partout, comme à Varsovie ; chaque chose est à sa place, retable, jubé, transept, abside, maître-autel, chaire, tribune et grandes orgues, aussi l'illusion est-elle complète.

— Il ne doit pas y avoir de pauvres ici, puisqu'il n'y a pas de tronc, observa Ludovie.

— Le tronc, c'est nous, riposta Foulquier.

Du bout de sa bougie, Louis Maurin fit jouer les grandes orgues, et le son du cromorne, qui en jaillit, prouva que les tubes n'étaient pas de macaroni d'Albi.

Le bruit d'une rivière au fond d'un puits annonce la fin de la branche Est : on ne va pas plus loin.

Nous rebroussâmes pour nous engouffrer dans la branche Ouest, la vieille branche !

Quatrième Partie. — (Branche Ouest).

*Grande Cascade, Clocher, Lacs, Tombeau.*

Ces coquins de guides excellent à vous dorer la pilule. Ils vous disent bien que cette partie recèle les plus beaux articles de bimbeloterie, mais ils vous cachent que pour atteindre ce musée, on risque vingt fois de se rompre le cou.

Six puits ou corridors, presque perpendiculaires, ouvrent leur gueule effrayante, d'un abord scabreux, à travers une macédoine de lourds calcaires. Il faut avoir des poignets d'acier et des jarrets de nickel pour opérer la descente dans ces lapinières, en s'aidant aux parois, ou en se cramponnant aux tringles et échelles de fer qu'on y a fixées.

Le premier puits à échelle, communique à la chambre de l'*Homme mort*.

Au moment où nous allions nous insinuer dans l'abîme, un nouvel accident faillit coûter la vie à l'une de nos aimables co-excursionnistes.

Fénechtrou chef de file, avant de s'y engager

avait la frousse. Annonciade, moins timorée, pour lui donner l'exemple, prit sa place et s'enfonça résolument dans l'étroit conduit, dont elle frôlait les parois de ses rondeurs melonnières. Tout à coup elle fut violemment projetée en arrière. Par bonheur elle fut reçue dans les bras de l'auvergnat, dont la solide charpente essuya avec sérénité ce choc émollient.

Nous ne pûmes, de prime abord, nous expliquer cette propulsion intempestive, mais notre sagacité de trappeur ne tarda pas à en deviner le rébus.

Il s'était passé, dans le tuyau de pierre, le phénomène qui se produit dans cet instrument rural que les enfants de nos écoles appellent *garlop*.

(Le *garlop* est un tube de sureau, dont on bouche une extrémité avec une boulette d'étoupes durcie : on introduit de l'autre côté un piston de bois dont le bout est également entouré d'étoupes. Sous la pression de l'air, comprimé par le jeu du piston, le projectile s'échappe du tube avec le bruit que font les nonnes quand elles préparent un entremets).

Le voyageur ventripotent, qui faisait tout à l'heure sécher sa chemise à un arbousier, était entré dans cette branche avant nous et en sortait quand nous y pénétrions. Il s'était engagé dans la galerie pendant que l'espagnole s'y coulait du côté opposé. Vigoureusement poussé par ses guides dans le couloir étriqué, dont sa masse bouchait hermétiquement le diamètre, il avait fait le piston, tandis qu'Annonciade faisait le projectile.

Il ne manquait que la détonation, Fénechtrou s'en chargea.

(Décidément cet auvergnat remplaçait avantageusement ce que les paléontologistes appellent l'*ursus speluncarum*, l'arsouille des cavernes, peint par Cuvier).

— C'est singulier, exclama Nioparés, lorsqu'on descend à de certaines profondeurs, on perçoit des bruits étranges, accompagnés d'odeurs plus étranges encore.

Un coup de poing appliqué dans l'ombre, sur la tête du sentencieux, arrêta l'essor de ses apophtegmes.

Le catapultueux inconnu sortit enfin du pertuis, toujours poussé par ses guides anhélants.

Nous remarquâmes qu'il décrivait des courbes dont le développement n'était arrêté que par les murs de la grotte.

Fralon nous expliqua que pour se réchauffer l'intérieur, avant de descendre dans celui de la caverne, il avait avalé cinq litres de petit lait pasteurisé.

Néanmoins cet accident n'eut pas d'autre suite, et nous nous transvasâmes dans le caveau de l'*Homme mort*. Ce défunt est une stalagmite de forte taille, représentant un cadavre recouvert d'un suaire et couché sur un grabat rembourré du plus pur calcaire.

On contourne le macchabée et par une fissure on arrive au passage nommé la *Galerie de la Corde*, ou mieux, d'après les guides qui l'ont baptisé ainsi, le *Couloir de la belle-mère*.

Il est affreux et long, ce passage !

Vrai boyau de mine, pratiqué sur un rocher penché et poli, au bord duquel s'ouvre une large et profonde cassure, son plancher et son plafond ne sont distants que de quelques centimètres. C'est en rampant seulement qu'on peut traverser cet aqueduc, et ceux que l'embonpoint a entrelardés outre mesure, sont dans la nécessité de se faire traîner à la remorque en s'agrippant à un tendon d'Achille, ou aux trois mollets de Poulard, de Fralon ou de Maurin.

— Diou bibant ! grommelait Grujat, pendant le trajet, c'est à vous dégoûter des belles-mères. Les miennes étaient comme ça.

— *Chi a pazienza, ha gloria,* baragouinait Onésime, lequel, à gueule de bois, avait des réminiscences du plus impur Toscan.

Enfin, nous débouchâmes dans la salle de la *Grande Cascade,* qui se développe dans celles des *Lacs* et de la *Fontaine.*

Comme sa petite sœur, citée plus haut, cette chute est formée d'une nappe pétrifiée suspendue aux flancs du précipice.

Ici, les guides voulurent nous esbrouffer par le grand jeu. Placés aux extrémités de l'immense glace, ils l'éclairèrent *a giorno moltissimo.*

L'effet fut renversant. Aveuglés par la coruscation des diamants de la luxueuse tapisserie, nous tombâmes tous sur nos céans, désarticulés comme les clowns des foires aux jambons.

Autour des lacs, règne une bordure de concrétions mousseuses craquelant sous les chaussures. Au milieu de l'un d'eux, s'élève un cône tronqué en forme du billot sur lequel Jane Grey et Paul Delaroche perdirent la tête. Pétri de grains blancs et roux, en chapelure dont on saupoudre les gâteaux de riz, au sommet de ce tronçon s'étale un superbe artichaut entr'ouvert, dont Annonciade mourait d'envie d'enlever une écaille charnue ; mais Poulard, peu galant, lui cria : « Respectez artichaut ! »

Au bord de ces pièces d'eau, mignonnes et limpides comme le cœur de Ludovie, courent de petits quais festonnés, sur lesquels se dressent des candélabres aux teintes cuivrées, munis de leurs bougies blanches, des bouquets d'aiguillettes, des groupes de stalagmites délicates figurant des oiseaux aquatiques, plongeons, foulques et canards à trois becs.

Entre la cascade et les lacs deux énormes fûts de colonnes brisées couvrent le sol. Cette vue nous fit courir des sorbets dans le dos.

Interpellé sur la provenance de ce ballast interlope, malsonnant et rébarbatif, Armand répondit :

— Trente mille ans avant la naissance du Christ, un tremblement de terre secoua les entrailles du globe, des bêtes et des gens. Alors ces colonnes chutèrent dans la caverne. La date est précise, attendu que de jeunes stalagmites de trente-deux centimètres ont poussé sur ces troncs, et qu'elles ne grandissent que d'un centimètre tous les mille ans, ainsi que l'a constaté le savant Emile Vigarié de Laissac.

En présence de cette explication technique et de l'invocation Vigarié, dont nous connaissions le mérite et le savoir, notre lombago détala comme un zèbre par la plante des pieds.

## LXIX

Après un étroit passage, dans lequel il faut encore marcher à quatre pattes, et un couloir vertical, dont du nombril et du cocyx on frôle les parois, on arrive au *Clocher*.

C'est le clou, la perle de la grotte.

Lorsque les guides, à travers les colonnettes qui composent le bijou creux et diaphane comme une cochlis ou un ivoire chinois, eurent placé à l'intérieur un puissant foyer de lumière, ce cri : — « La fontaine lumineuse ! » fusa de toutes les gargamelles.

C'est bien cela, en effet, car la svelte pyramide figure, à s'y méprendre, l'image colossale et frappante de ces fontaines d'argent qui émerveillèrent, en dépensant le leur, les étrangers lors de l'Exposition de 1889.

Entre temps, Armand, huché sur un balcon givreux, tapant de la main sur des vases évidés en forme de cloches, ébranlait un carillon bon enfant.

(Enthousiasme général. — Ebaudissement de la bande. — Hannton ressort sa phrase : « *Oh ! it is very fine ! It is splendid ! Very very beautiful !* »)

— Peut-on fumer ici ? demanda Nioparès à Foulquier, en roulant une cigarette.

— Ah, certes non, monsieur, les règlements s'y opposent. La fumée du tabac, des cassolettes, rôtissoires, bassinoires, fourneaux, chaufferettes, réchauds, troublerait la transparence des concrétions. Elle pourrait, par son acreté, provoquer des éternuements, des tremblements, des dislocations, des déhanchements, des lésions, des chutes, des fractures aux personnages et ornements de la grotte.

L'espagnol n'insista pas, rentra sa blague et son *papel de Hilo*.

Fénechtrou pleurait à chaudes larmes. Interwievé par Jacques, au sujet de son torrent, il répondit en sanglotant :

— Che panier à chalade, que vous appelez cloché, me rappelle la cage à poulets de mon grand-père le coquetier.

Annonciade ironique lui fit : « Il coquetait donc, votre aïeul ? »

— Comme un carme !

Du haut de l'avancement, nous pûmes voir au-dessous de nous, en contre-bas, un espace désigné sous le nom de *Cimetière*. Le sol y est jonché de cippes, de stèles, de croix, d'urnes funéraires. Mais les stalagmites formant ces décors nous parurent mesquines relativement aux masses de leur entourage.

— Y descendons-nous ? interrogea Onésime.
— Inutile : il n'y a pas d'épitaphes.

## LXX

Les salles des *Vasques* et des *Deux Puits*, n'ont d'intéressant que le placage chatoyant des parois et les cristallisations de la voûte qui brillent en étoiles. Ce sont des galeries humides, dont le silence n'est troublé que par le bruit des goutelettes s'écrasant sur les pierres ou tombant dans les bassins de ces obscures retraites.

La crypte ou salle du *Tombeau* est constellée de même. Trois volumineuses stalagmites se tiennent dans l'attente d'une quatrième pour former un quadrille.

C'est d'abord une vaste *Chaise Curule*, sur laquelle, pour s'asseoir, Heurtebise aurait mis un rond de cuir zodiacal ; puis, une *Borne Milliaire* où l'on pourrait inscrire les noms et prénoms de tous les vidames qui se sont succédés à Pamiers, depuis l'origine des Gaules jusqu'à nos jours ; enfin, le *Cénotaphe* posé sur un stylobate monumental. Son fronton gigantesque atteint presque la voûte : c'est prodigieux de galbe, de taille, de prosodie. La tendre Arthémise n'encaissa pas mieux Mausole, son cher époux.

Après cette ronde, le starter Foulquier baissant la bougie meugla : — « *Ite grotta est !* « c'est la fin de la messe, mesdames et messieurs, il faut déraper, à moins que vous ne vouliez recommencer sur de nouveaux errements. ».

Avant de se retourner, Hannton, dépenaillé comme César de Bazan, se tournant vers Armand, son foulard à la main, lui dit :

— Pédon, mossié le triouglodyte, le retaourn épovante môa, par les difikioultés du chemin. Môa voloir le faire à l'aviouglette. Bandez les yeux à môa et conduisez môa, à votre bras.

On lui colla un madras de Calcutta sur les paupières.

— La vue de ces étrangetés me donne à moi le vertige du rectum. Je désirerais un bandeau de flanelle sur le ventre, clapota Nioparés, pâle comme M. Purgon de Canabols.

On fit droit à sa requête.

Fénechtrou bavait ahuri. Il aurait supporté, lui aussi, qu'on lui appliquât un emplâtre, au prétexte que ses dents battaient la générale.

sur le palier des gencives. Mais Annonciade le refroidit par ces mots : — « Si vous avez mal aux dents, sucez un de ces sucres d'orge pendus au plafond. »

Alors le défilé recommença, lent comme une procession à cause du voile qui recouvrait les yeux du britannique, que l'on poussait avec des coups de poing dans le dos, tandis que l'espagnol semblait ramper coliquement.

Quant à nous, les clairvoyants, nous étions enchantés de ce trotte-menu, car il nous était permis d'admirer, avec cette allure, les détails et les hors-d'œuvre que les « grosses légumes » nous avaient fait négliger.

Partout le sol est parsemé de champignons multicolores calcaires : oronges, morilles, oreillettes et autres amadous comestibles et vénéneux.

Ailleurs ce sont des plantes potagères : choux, carottes, navets, betteraves, concombres, panais, topinambours, ciboulettes, salsifis, oignons. Jamais marché ne fut mieux approvisionné.

Dans la section des fruits : pommes, poires, pêches, abricots, figues, oranges, dattes, raisins et noix pour les gentils cocos.

Oh, mes dents ! (libraire à Agen).

Pour la pâtisserie, c'est un fouillis de tartes, biscuits, brioches, madeleines, gâteaux, petits fours, pralines, pastilles, dragées de Tivoli, talmouses, daricles, popelins, gohières, cache-museau, pompe à l'huile et gâtisse de St-Affrique.

La charcuterie y est aussi dignement représentée : saucissons, mortadèles, saucisses, pièces de lard, jambons aux teintes roses, pieds truffés, fricandeaux et boudins. Pour contempler ces merveilles, il faudrait avoir un pot de moutarde à la main.

Maurin nous fit remarquer un cochon entier, ouvert par un artiste, suspendu au plafond par les jarrets et montrant tout le bazar vidé de son anatomie. A côté, on voit le foie, les intestins, les rognons, le cerveau avec ses lobes, le tout d'un réalisme saignant.

Rien de plus riant, de plus gai que cette parodie des produits de la nature disposés au milieu de coupes, vases, bouteilles, plats affectant toutes les formes, imitant le marbre, la porcelaine, le verre, l'albâtre, le cristal, les parapluies et les soufflets ; attachés au sol, aux murs, à la voûte et qui tiennent beaucoup et si peu qu'on croirait qu'ils vont vous tomber sur le croupion.

Par ci par là des maquettes et des statuettes de guerriers, de dieutelets de la fable, de personnages symboliques, de bêtes fauves, d'animaux et de poissons sauvages ou domestiques, et principalement de magistrats, de saints avec leurs attributs, entr'autres :

St-Roch et son chien danois.

St-Antoine et son cochon.

St-Jean porte la tine.

St-Médard et son parapluie.

St-Dominique et ses coups de fourchette.

St-Laurent sur son gril.

St-Basile et sa Perle.

St-Côme et un caporal.

St-Pascal et son cierge.

St-Gilbert, infortuné convive.

St-Bertrand et son os sublime.

Partout des ustensiles de cuisine ; du linge de table, de corps et de corps à corps ; des arbustes ; du feuillage, des boutons et des fleurs, toute une végétation indigène ou exotique.

Les connaisseurs nous étions dans l'extase, tandis que les jeunes filles lâchaient des bouts de phrase naïvement indécents.

Quand nous sortîmes de la caverne, la sueur ruisselait sur le maroquin velu des hommes et sur le vélin de ces dames. Nous étions vannés, rompus, brisés de fatigue. Pendant dix heures nous avions vagué et divagué dans ce musée d'arts décorticatifs.

A mi-côte de la falaise, les guides, pour nous signaler un puissant écho, aussi poli que syllabique, hurlèrent en chœur : — « Va-t'en voir s'ils viennent, Jean ! » Echo réveillé en sursaut, répondit : — « Jean-Jean » et se rendormit.

## LXXI

Redescendus sur la route, la nuit avait jeté sur la terre son voile noir lamé d'argent par les rayons de Phœbé. Nos sapins étaient attelés. Depuis longtemps les chevaux impatients avaient marqué sur la dure le cachet de leurs pieds aux armes des Rascalou.

Meyrueis n'étant qu'à six kilomètres, nous allions y coucher.

Pendant le voyage, l'ankylose de nos membres, torturés par les angles de la grotte, avait fait son œuvre. Personne ne descendait sur le seuil de l'hôtellerie Parguel, et les postillons comprenant notre fatigue cherchaient à calmer la fureur de nos nerfs par un air de clairon.

— « *Trou trou trou* » fit Fénechtrou, allez chercher une paire de bœufs pour chortir de che coucou.

— Môa, disait Hannton, complètement adhérent à la caque de la berline, comme une tortue à sa carapace, je achèterai plutôt l'attelage pour rentrer dans lé Angleterre. Je dînerai, môa, siur les kioussins, et dormirai, môa, siur lé rôti.

Nioparés, pris comme un fromage, demandait un tapsia pour amadouer ses omoplates figées.

Onésime s'informait s'il n'existait pas, dans le village, un pot de graisse de blaireau pour s'adoucir l'orteillerie et la rotulerie.

Annonciade avait une épaule à la française et Ludovie un gigot à la catalane.

L'auvergnat, le plus endolori de la troupe, était couvert de furoncles de Bretagne qu'un essaim de chauves-souris venaient caresser, du velours de leurs ailes, étonnées de ne point se brûler.

Quant à nous, nous étions bien un peu mâchés, mais nous pouvions encore jouer de nos membres, quoiqu'il nous eût été difficile de peindre des fleurs, avec nos pieds, comme le peintre Moncornet.

Avec tout espèce de treuils, de grues, de cabestans, de chèvres et de choux, nous déchargeâmes les voitures de leur contenu geignant, et bientôt nous nous assîmes à table devant un superbe plat de truites à la meunière, qui offrait cette particularité que chacune d'elles avait été péchée avec un asticot différent.

Comme il n'y avait pas de coussins dans l'établissement, on mit sur la chaise d'Harris une miche de pain de seigle, ce qui fut à peu près kif-kif, sinon pour lui, du moins pour les autres.

Alors le dialogue commença.

GRUJAT (*se grattant la hanche avec une fourchette*). — Eh bien, mes amis, comment avez-vous trouvé le bouillon ?

FÉNECHTROU (*tressautant*). — Nous n'avons pas mangé de la choupe !

JACQUES. — L'expression « bouillon » est une figure de rhétorique, une locution de la langue verte qui veut dire : « Comment avez-vous trouvé la grotte de Dargilan, les fioritures et les impédimenta de l'excursion. »

ULYSSE. — L'architecte qui a confectionné cette caverne, a oublié les escaliers, la cuisine, le salon, le fumoir, le boudoir, la salle à manger, les chambres à coucher, les cabinets inodores, la buanderie, la bibliothèque, etc. A cela près, comme grotte ce n'est pas mal conçu et le propriétaire doit retirer un assez beau loyer de son rez-de-chaussée.

La *France Pittoresque* qui la jouit devrait, de temps en temps, la sous-louer pour réunions publiques, meetings, concerts de bienfaisance, bals de corporations et fêtes de famille. Ce serait la fortune des actionnaires tontiniers qui ont mis ces stalagmites en croupes réglées, avec leur équipe d'ânes apprivoisés. C'est trop grand pour si peu de monde à la fois, et effrayant par le silence qui y règne.

Onésime. — Ce que vous dites là est si vrai que, quand je me suis trouvé quasi seul dans la seconde branche, j'ai eu peur. J'ai failli mourir, et je voulais faire mon testament mystique, avec sept témoins et M. Fabié notaire, ainsi que l'exige la loi française ; mais nous étions neuf ; j'ai eu l'embarras du choix. La délicatesse m'a toujours perdu.

Fenéohtrou. — Moi, je ne reviendrai plus dans che capharnaüm. « Avant d'entrer chonje à chortir », dijait M. Chuquet, un vicaire de chez nous; et ch'est vrai. Votre taupinière echt écorchante, une atroche blague. Partout on peut créer de chemblables curiojités. Ch'est tout chimplement une glachière. Chi on echposait ches amujettes au grand air, patatras, elles fondraient au cholel. On ne me la fait pa à moi, chelle-là, oh non !

(*Rires sur toute la ligne*).

DOMINIQUE (*votre serviteur*). — Je ne veux point faire l'iconographie, la description de la grotte, vous la connaissez aussi bien que moi. Nous sommes d'accord : que c'est une merveille, un morceau de roi, mais que sa visite est rude, crevante, pénible, superlativement difficile.

TOUS (*en se frictionnant réciproquement les côtes*). — Oui, oui.

DOMINIQUE (*continuant*). — ... En ce qui concerne sa découverte, macache ! J'ai dans ma poche, un document qui va faire tressaillir messieurs Martel, Desroches et Fabié.

FABIÉ (*dressant l'oreille*). — Ah bah !

DOMINIQUE (*d'un ton lent et grave*). — La grotte de Dargilan a été découverte, non pas en 1880, ainsi que vous nous l'insinuiez ce matin, mais vers 1680.

FABIÉ (*anhélant*). — De grâce, expliquez-vous?
TOUS. — ???

DOMINIQUE (*un vieux bouquin à la main, relié*

*en veau, tranche rouge*). — Mesdames et Messieurs, oyez ; (*lisant*).

« *Nouvelle Description de la France*, par Piganiol de la Force, historien et géographe, né à Aurillac en 1673, mort en 1753. Page 420 de la troisième édition.

### LES GROTTES DE MEYRUEIS
#### PRÈS MENDE EN GÉVAUDAN.

» M. Blanquet de l'Académie de Béziers.....

Ludovie. — Tiens, je le croyais de Limoux !

Tous. — C'était sa sœur Blanquette.

Dominique (*continuant*). — » ...et qui pratique avec succès la médecine depuis un très long temps dans le Gévaudan, a donné un Traité des eaux minérales du Gévaudan, et une description abrégée des Grottes de Meyrueis près de Mende.

» De trois cavernes que M. Blanquet découvrit auprès de Meyrueis sur le penchant d'une colline....

Annonciade (*fredonne*)

> Sur le penchant d'une colline,
> Marguerite allait folâtrant.
> ..................

Nioparès. — Tais-toi donc !

Dominique (*recontinuant*) » ...la première n'est remarquable que par un grand arceau, qui semble fait selon les règles de l'architecture.

» Les deux autres sont et plus grandes et plus dignes d'admiration par la multiplicité, la variété et la beauté des objets qu'elles présentent. Pour si peu qu'on laisse agir l'imagination, on y trouve des animaux terrestres, des oiseaux, des arbres, des fleurs, des fruits, outre les statues, les pyramides, les colonnes, les bassins, les tasses, les demi-globes, les cylindres, etc.

» M. Blanquet donne les dimensions de ces grottes, il décrit leurs voûtes tantôt en arc surhaussé, tantôt en arc sur-baissé, leurs dômes peints de différentes couleurs, et différemment sculptés ; il fait remarquer des rochers incrustés d'un émail plus blanc que l'ivoire, des pierres aussi blanches que l'albâtre, il parle d'un pavé de marbre, dont les rayes frappent agréablement la vûe par leurs contours et leurs entrelassements, des chemins qui fourchent en divers endroits et qui forment une espèce de labyrinthe, d'une chambre avec des murailles peintes de différentes couleurs, et ornées de diverses congélations....

FÉNECHTROU (*interrompant, frappant sur la table*). — Des conchélations ! des conchélations ! avez-vous dit !... mai che chavant echt d'accord avec moi, fouchtra !... Ch'il y a des conchélations, ch'est de la glache !...

Tous. — Chut ! chut ! laissez lire.

Dominique *(reprenant).* — » ....mais nous passerons tout cet article du mémoire de M. Blanquet pour en venir à ce qui attira le plus son attention.

» Il vit couler des fentes des voûtes, et à travers les pores des rochers une eau claire et insipide qui se métamorphosa en pierre. Cette eau forme d'abord un tuyau qui ressemble à celui d'une plume à écrire, et qui est si fragile, qu'il casse si on le touche seulement avec le bout des doigts. Ce tuyau se durcit peu à peu et se remplit d'eau qui se pétrifie, en sorte qu'une partie de l'eau qui vient après, est obligée de couler le long des côtes du tuyau ; tandis que l'autre partie en pénètre la cavité, en distant les parois et en augmente la masse. De là naissent des congélations qui prennent différentes formes, et qui deviennent enfin si dures qu'elles ne cèdent point au marbre le plus compact.

» Voilà ce que M. Blanquet dit avoir vu de ses yeux. »......

Tous. — Il n'y a pas d'erreur. Pour sûr cette

description est bien celle de la grotte de Dargilan.

Fabié (*après avoir tourné et retourné le livre à tranche rouge*). — C'est exact, déplorablement exact ! Dont acte !

Vous caressez une légende, vous la propagez, vous l'entretenez, vous vous faites son chevalier et son paladin. Vous la récitez, la bouche en cœur, à une foule de touristes qui se suspendent à vos lèvres et puis, crac ! voilà que ce n'est pas vrai.

Ah, si M. Martel savait ! Si le guide Miriam pouvait !

Parbleu ! la première grotte « *Au grand arceau architectural* » c'est celle de la Chèvre, *lasciva capella*. Quant aux deux autres je donne ma langue au chat, à moins que ce ne soit celle de Trèves ?... Ce qui est peu probable car les concrétions n'y ont pas cette beauté classique dont parle ce satané Blanquet, que le diable aurait dû écraser comme une punaise sur le sein de sa mère.

Quant à vous, mon cher Dominique, au lieu d'exhumer ce grimoire qui va révolutionner tous les clubs alpins et saccager le Magasin Pittoresque, vous auriez mieux mérité du tourisme en laissant les rats achever leur festin et ronger, jusqu'au veau de la reliure, cette prose intempestive qui ruine la tradition Sahuquet.

Dominique. — J'invoque la plus légitime des excuses. J'ai déjà griffonné cinq cents pages sur les Gorges du Tarn et je n'ai rien inventé. Croyez-vous que je sois fâché de démontrer que les autres se trouvent dans le même cas ?

Grujat. — Vous êtes de drôles de corps ! Que ce soit Pierre ou Paul qui ait découvert la grotte, ça ne lui ôte pas un atome de ses concrétions ou congélations, appelez les comme vous voudrez. Pour moi, qui ne suis pas de ces artistes qui écrivent des pages et des pages, sur toutes les pierres pointues ou carrées qu'ils rencontrent sur leur chemin, je vous dirai que je n'ai vu qu'une chose qui m'a remué dans ma vie et autrement épaté que toutes ces pierrailles ajustées.

Tous. — Qu'est-ce donc ?

Grujat. — Je vais vous le conter.

C'était à une foire de St-Affrique. J'ai vu un million en pièces de dix sous dans la barraque d'un saltimbanque, et même qu'il les mesurait avec un double décalitre.

Fenechtrou *(ébahi)*. — Comme de l'avoine ?

Grujat. — Oui, comme de l'avoine de porte monnaie.

JACQUES. — Mon cher expert, vous ne serez jamais sensible qu'aux choses vulgaires, parce que, par profession, vous êtes attaché aux choses de la terre. Vous êtes — pour me servir d'un calembour usé jusqu'à la corde, — vous êtes « trop homme de terre » pour concevoir les vastes desseins d'une nature conduite par un bras invisible qui... Bon, voilà que je prêche !

LUDOVIE *(murmure)*. — ....Et pas mal.

NIOPARÉS. — Pour comprendre Dargilan, il faut être Espagnol et avoir visité l'Alhambra. En effet, ces deux merveilles sont aménagées, sinon sur le même plan, du moins avec la même richesse de structure.

Pour moi, quand j'ai franchi l'entrée de la grotte, il me semblait que je passais sous la *Porte du Jugement* et le parfum des œillets et des jasmins de Grenade m'ont monté au nez.

J'ai retrouvé, dans cette caverne, la salle *De los dos Hermanos*, la *Cour des Lions* et surtout le *Mezaour* — bains des femmes — qui fait rêver de ces existences molles et idéales des contes orientaux.

J'ai revu le bassin de la fontaine des Lions qui reçut la tête de ces pauvres trente-six Abencerages, victimes de la trahison, et j'étais tenté de pleurer à la pensée du dernier qui fut sauvé par M. de Chateaubriand.

Messieurs, laissez-moi pleurer en pensant à la grandesse espagnole et aux magnificences de mon pays que j'ai retrouvées sur les pierres de toutes les chambres de cette grotte que nous devons à M. Blanquet, qui eut soin, après l'avoir découverte, de boucher le trou afin que les cannibales, les végétariens et les frugivores n'y allassent point ravager sa charcuterie pétrée, ses légumes et ses fruits cristallisés.

Ulysse. — Ne vous gênez pas, noble hidalgo, versez un pleur, versez en deux, passez en votre envie, voyez-vous. Pour moi, il n'y a qu'une grotte au monde. C'est l'Ironselle !

Nioparés. — Mais, qu'y avez-vous donc vu dans celle-là ?

Ulysse (*avec modestie*). — Moi !

Annonciade (*avec un demi soupir*). — Et moi.

(Rire dans les serviettes. L'espagnole roule une prunelle en feu qui me rappela celle de Bourgogne, de la maison Rouvière. Nioparés, ému par de grandioses souvenirs, ne comprit goutte à l'allusion. Heureux père !)

Hannton. — Je avoir qu'ioune regret, môa. C'est de pas povoir emporter lé mobilier dé toutes lé chambres dé Dargilan, pleines de merveilles, pour en faire hommage, môa, à la gracieuse reine dé tioutes lé Angleterre et des Indes. Môa, voloir achéter le cloché, oyes !

Jacques. — Ah, oui ! Votre souveraine est reine d'Angleterre et des Indes, comme l'évêque de Rodez est aussi celui de Vabres.

Fénechtrou. — Che qui me démonte, dans chés vachtes projets d'architecture souterraine, ch'est l'abschense complète du bois et le mépris forchené de la charpente. La nature ne connait que la voûte, che qui est l'enfanche de l'art. Le perfecchionnement ch'est la volige, le colombage et les plafonds. En che qui me touche, je donnerais toutes vos chandelles de pierre pour un petit paquet de liteaux du moulin de la Resche. Je voudrais bien vous voir, tous, faire bouillir le pot avec un morcheau de tuf pour bouilli !

Ulysse. — C'est ça ! Il n'est pas ponr les stalactites. Il est pour les *stalactruites*.

Fénechtrou. — Et les barbeaux.

Fabié. — Permettez-moi de résumer la situation, car nous perdons beaucoup de temps à dialoguer. Les phénomènes et les grands spectacles de la nature, nous les voyons avec la poésie que nous avons dans l'âme. Tout le monde n'a pas l'œil conformé de la même façon : il y a des myopes, des presbytes, des aveugles, des bigles et des chassieux.

Ulysse. — Il y a aussi ceux qui ont la cocotte à l'œil.

Onésime. — Ceux-là sont les plus heureux.

Ludovie. — Pourquoi ?

Dominique. — Votre adorable « pourquoi », ma tendre amie, me plonge dans un trouble indicible. Je répondrai à votre question, sous la pâle clarté de l'astre de la nuit, quand nous serons seuls, comme Robinson et Vendredi et sous le même parasol.

## LXXII

Meyrueis est un gros bourg lozérien, coquet comme un mignon d'Henri III, long comme Mandailles. Le Butézon, rivière chantante, le coupé en deux en jouant à colin-maillard sous de nombreux ponceaux. La Brèze (ne vous brûlez pas les doigts), sa camarade, se joint bientôt à elle et en naïades folles elles vont se jeter ensemble dans le lit hospitalier de la Jonte.

Des ormes deux fois séculaires, des Colbert s'il vous plaît, se dressent sur le boulevard. Au printemps, des nuées de hannetons, aux ailes musiquantes, viennent chercher leur pain sur ces feuilles hermaphrodites, à la grande joie des moutards « hanneton, vole, vole ! » L'été, l'ombrage des ulmacées s'éparpille sur le dos des ravaudeuses et des flâneurs, sous les cris des oiseaux et le bourdonnement des insectes. L'hiver, de leurs branches dépouillées se détachent des berlingots de givre.

Tout sourit dans ce frais paysage, depuis la gentille frimousse colorée des jeunes filles, jusqu'aux bras nus des chapeliers de l'usine Veyrier, noircis par la teinture.

On y fabrique le chapeau de feutre, de castor, de peluche, de gendarme, de cuir, le galurin, à forme plate, aux bords larges, unis ou retroussés : des bonnets à poil, des toques, des aumusses, des chaperons, des mortiers. Tous les genres, tous les styles y brillent sous le coup de fer.

On raconte que le général romain Marius, aux yeux rouges de lapin blanc pour avoir trop pleuré sur les ruines de Carthage, suivant les conseils d'un Sichel de l'époque, vint dresser un camp, aujourd'hui retranché, sur le rocher de quatre-vingts mètres qui domine le village.

De ce point, on jouit d'un splendide panorama. L'air y est chargé d'ozone, aussi Marius y piqua-t-il un sanatorium ophtalmique pour calmer le feu de ses conjonctives. Après la cure, ainsi que l'attestent des inscriptions, des médailles, les culs-de-lampe et les culs-de-jatte du pays, en reconnaissance, il donna son nom à la localité.

Merci, général, merci.

De Marius faire Meyrueis, la corruption parait par trop faisandée,

Mais fais-en des Meyrueis sans placer Marius !

Quoiqu'il en soit, on y passe joyeusement son temps, en compagnie de M. Veyrier, l'excellent manufacturier sus-visé, et l'honnête hôtelier Parguel, toujours gai, toujours content, toujours sentant la friture.

Les savants y trouvent un petit musée archéologique, très bien fourni, et un volumineux herbier contenant une citrouille aplatie comme une pièce de cinq francs.

## LXXIII

Depuis longtemps Aurore avait fini de baigner ses petits gigots roses et nacrés dans la cuvette équestre d'Iris : Phœbus prenait à l'œil

son Kina-Monna à la buvette de Ganymède,
— les dieux ont parfois, comme nos députés,
des saisies sur leurs divins appointements, —
quand nous quittâmes nos édredons.

Les fatigues de la veille nous avaient retenus,
plus longtemps que de coutume, sur le plumitif
de nos matelas.

On entendait dans la rue le tumulte des gens
qui se hâtent d'aller « tuer le ver ».

En promenant sur le boulevard nous vîmes
un omnibus en partance. C'étaient des alpinistes qui se rendaient à Bramabiau.

Alors Mᵉ Fabié dit :

— Si la saison n'était pas aussi avancée, et
que vous ne fussiez pas pressés de rentrer dans
vos pénates, je vous proposerais, mes amis,
d'aller visiter des attractions nouvelles, Bramabiau et l'Aigoual.

— Ça m'est *égoual*, avait répondu Hannton.

— Nous n'opinons pas du bonnet, s'était
écrié Nioparés, le ciel bleu de l'Espagne nous
réclame ; il faut laisser quelque chose pour
les autres.

— C'est un peu tard pour entreprendre cette
nouvelle rengaine, avait chantonné toute la
bande.

Sur les instances d'Annonciade et de Ludovie qui demandaient ce qu'étaient Bramabiau et l'Aigoual, l'intarissable tabellion décrocha de sa margoulette la description suivante, courte mais insuffisante :

— A huit kilomètres d'ici, dans le département du Gard, au plateau sauvage de Camprieu, ancien lac desséché, coule le ruisseau le Bonheur. Où diable le bonheur va-t-il se percher ?... Sénèque pourrait nous le dire... Il est sorti, ne l'attendons pas.

Après avoir serpenté au fond du bassin, le Bonheur s'engouffre dans un souterrain formant galerie et va sortir guilleret à quatre cent quarante mètres plus bas, avec une pente de vingt-cinq pour cent, agio compris et un quart de commission.

Dans sa cabriole, le petit Niagara fait un tapage épouvantable, un grabuge infernal. Les montagnes tremblent, le ciel gronde, l'air frissonne. Des étincelles d'eau jaillissent en feu d'artifice, des buées de vapeur tondent l'écume qui tombe en pluie de chantilly. C'est de ce bruit, imitant le meuglement du taureau, que Bramabiau — vocable patois — a tiré son nom retentissant.

On ne trouve rien de comparable dans les annales du pittoresque. Les méandres de ses tunnels et galeries nous ont été décrits par l'intrépide pionnier Martel, qui n'a pas craint d'en faire la traversée sur une barquette en gutta-percha.

Les amateurs du vulgaire se contentent d'admirer sur le plateau l'entonnoir dans lequel se jette le Bonheur, et où il se trouve si bien à en juger par la fureur qu'il manifeste à sa sortie.

A douze kilomètres de là, on grimpe l'Aigoual, qui est le pic le mieux élevé de la chaîne des Cévennes. De son observatoire, la vue file comme du macaroni sur toutes les bosses du chameau de France.

La ligne divisoire des versants de la Méditerranée et de l'Océan part de ce sommet. Au midi, c'est le calcaire rocheux, escarpé, rôti par le soleil ; au nord, c'est le schiste verdoyant et frais égayé par des forêts de hêtres.

Mais, là haut, ce qui émerveille le plus les visiteurs, et les attire, c'est le lever du soleil. Quel tableau ! Le robuste talent de Van Dyck à reproduire la nature sous ses plus charmants aspects ; l'*Aurore*, la magnifique toile de Guido Reni, qui se trouve au palais Rospigliosi à Rome, avec ses couleurs éclatantes, ne sont qu'un pâle camembert auprès de ce spectacle étourdissant. Oui vraiment !

## LXXIV

Rentrés au Rozier, nous trouvâmes les deux hôtels Rascalou et Blanc — le Louvre et le Continental — bondés de touristes. C'était la dernière fournée de la saison, celle des fainéants qui savent qu'après les autres il y a toujours quelque chose à glaner.

Les crêtes des montagnes étaient saupoudrées de neige, les piqûres de l'aquilon bleuissaient nos doigts, au Groënland, l'ours blanc estompait un sourire à sa compagne.

Pitot et Mica, retour des Vignes, étaient là à nous attendre, chargés de bibelots celtiques recueillis dans un dolmen qu'ils avaient violé sur le Causse de Sauveterre : cure-dents, cure-oreilles, lime à ongles, lime à cors, brosses à dents, brosses à tête, brosses à cirer les pieds (nos aïeux n'avaient pas de souliers), couteaux, ciseaux, rasoirs, le tout en silex. Des colliers de coquillages emmêlés avec des dents de loup, d'ursus, de sanglier, de renard : quelques tessons de poteries grossières et autres babioles de toilette et de luxe de nos pères.

A la table d'hôte du dîner, nous étions quatre-vingts mangeurs, de tout âge, de tout sexe, de tous les pays, de première, de seconde et de troisième classe. On parlait toutes les langues, y compris la langue fumée qui eut un succès bœuf.

Après le premier service la conversation battit son plein. On parla des curiosités des Gorges du Tarn, on fit circuler des images croquées par les visiteurs, tous photographes. Pitot fut à ses pièces, il eût des mots encourageants pour ces artistes d'occasion, son album passa de main en main. On le complimenta sans restriction.

Alors la comtesse de Revayrolles, professeur de natation à l'abbaye des bénédictines de Fécamp (les temps sont durs) poussa un bruyant soupir.

Interpellée au sujet de sa détonation, elle dit :

— J'ai pour la photographie une répulsion spirituelle, à cause de son indifférentisme religieux. Toutes les professions sont vouées au patronage d'un saint, à l'exception des cyclistes et des photographes. Ces esthètes, de la lumière et de la piste, font tâche, par l'absence d'ambassadeurs, sur la liste symbolique et immaculée des bienheureux.

— Veuillez, Madame, répondit Pitot, passer

sur votre appréhension un blaireau indulgent. Je suis en nage, car j'ai lu dans un estimable journal que les virtuoses du collodium, demandent au public, à cor et à cri, de les tirer d'embarras en leur indiquant un saint à fêter annuellement. Si quelqu'un de vous, mesdames et messieurs, pouvait raccrocher ce saint, il aurait droit à la reconnaissance éternelle de l'association.

Ce tournoi émoustilla l'esprit des pique-niqueurs. Au milieu des rires, les cervelles travaillaient plus que les dents.

— Je propose Saint-Lucien, fit un chamoiseur lettré; parce que Lucien vient de *lux*, lumière, et qu'il faut de la lumière pour obtenir un cliché.

— Moi, minauda une belle dame, je verrais avec plaisir qu'on jetât les yeux sur Ste-Claire, car il faut de la clarté pour prendre l'image.

— Ste-Pulchérie me semble toute indiquée, affirma le marquis Clémens de Balissard, professeur d'équitation à la Grande Chartreuse, en se tournant vers la dame ci-dessus, attendu que Pulchérie veut dire belle, comme vous, madame, et que plus une photographie est belle, moins elle est réussie.

Ces trois propositions n'eurent qu'un succès

d'estime. Le choix de l'un des trois canonisés ne paraissant pas suffisamment concluant, on déshabilla une longue série de bienheureux qui furent tous réformés (service auxiliaire).

Alors Ulysse se dressa et dit :

— Bourgeois, belles dames et manants, la consultation prenant des proportions plébiscitaires, j'aventure timidement mon avis.

Si vous ouvrez le calendrier, vous trouvez que le quatre février, on fête Sainte-Véronique ou la Véronique, car cette sainte est apocryphe.

L'étymologie de ce nom est, *vera*, vrai et *eikon*, image, par conséquent « portrait ».

Les Ecritures rapportent qu'à la montagne du Golgotha, une pieuse femme essuya la face ensanglantée de Jésus et tira miraculeusement sur toile l'épreuve de la plus inoubliable image.

Un « instantané » s'il en fut.

Maintenant, que ce soit la sainte artiste ou le divin cliché, que l'on honore dans les églises, c'est tout un, et les professionnels de l'objectif auraient mauvaise grâce à répudier un primitif qui s'offre avec toutes les références de la légende sacrée.

D'autre part, si les photographes reconnaissent, comme les autres marchands dans le temple, l'influence du bleu dans les arts, j'ajouterai que Véronique a donné son nom à une fleur, d'un bleu officiel, qui serait d'un bel effet à la boutonnière des dilettanti de l'appareil et en ferait des officiers d'Académie.

Quel dommage que Véronique n'ait pas vécu sous le règne de Collodion le Chevelu ! — comme dirait Alphonse Allais — ce serait parfait !

Un murmure approbatif accueillit la candidate d'Ulysse. Il y eût des chuchotements flatteurs sur la paille de toutes les chaises. Annonciade se pâma dans son corsage marengo. Et Véronique fut, jusqu'à nouvel ordre, proclamée la patronne des photographes, présents et futurs, avec l'assentiment de la comtesse de Réveyrolles.

St-Léger pour les cyclistes fut plus facile à inventer.

Le tumulte apaisé, on servit le rôti : une longue brochée de perdreaux truffés en boule.

Un « ban » louangeur s'exhala de toutes les poitrines, tandis qu'un parfum suggestif inondait la salle.

— *Halloa !* y avoir des *truff's* ici ! siffla un jeune américain au teint homard cuit.

— *Oyès,* lui répondit Harris.

— *All right !* riposta le yankee souriant.

Ils échangèrent quelques phrases en anglais.

— Non seulement il y a des truffes dans ces parages, mais je viens pour en semer d'autres, glapit un petit homme onctueux, visqueux, savonneux comme un bâton de Jacob.

— Ça se cultive donc ? interrogea le chœur.

— Assurément ! Nous devons cette découverte à M. Massalve de Cuzance, l'un des plus intelligents trufficulteurs du Quercy.

Tous tendant une oreille attentive, l'homme onctueux continua :

— La truffe ne vient guère que dans les terrains calcaires, peu profonds, exposés au midi, dénués d'arbres et de végétation. Sa présence est dénoncée par une espèce de lichen qui s'attache aux pierrailles couvrant le sol.

On sème la truffe avec des glands, cependant il est préférable de planter de jeunes chênes, on récolte plus tôt.

Le tubercule n'est autre chose qu'une galle produite par la piqûre d'une mouche *ad hoc*, comme dans le service de l'Autriche, chacun sait ça ! En demandant du plant de chêne truffier il faut avoir soin de réclamer des mouches, sans quoi on attendrait vainement le produit. De même, pour le racahout des Arabes, il faut avoir du racahout et des Arabes.

Sur commande, mesdames et messieurs, je fournis les deux denrées. Bien mieux, je répare et remplace les ailes et les pattes des tipules mutilées. J'insinue même, dans leur trompe, une liqueur essentielle pour rendre leur piqûre plus prompte, plus sensible, plus productrice.

J'indique les emplacements convenables et les terrains les plus propices.

J'avais dressé un charmant petit cochon à la recherche des truffes. Pendant une absence, il disparut. Quand je le demandai, mon épouse me fit signe en me montrant le ciel. Je levai les yeux, horreur ! je vis lard, saucisses et jambons pendus au plafond. « Puisque tu as tué mon cochon, m'écriais-je, tu le remplaceras ! » Et elle le remplace ; elle a du flair et commence à bien trouver le cryptogamme.

Notre maison : « *Aux 100,000 Truffes* », est située à Cahors sur le Cours Gambetta. Elle a été fondée en 1429, après la bataille de Patay et, depuis, nous en faisons.

Un rire olympien accueillit le boniment du petit homme onctueux, visqueux et savonneux comme un bâton de Jacob. Et les noceurs de première classe l'engagèrent à venir faire des expériences, sur leurs domaines, avec sa femme *in animâ vili*.

— Nous viendrons, piaula une voix de belette.

C'était madame Furatif, la moitié du truffier, qui venait d'accepter l'invitation à la truffe (musique de Weber).

Entre temps, un prince en exil marmottait les vers d'Ozanne, en suçant le croupion d'un perdreau.

> Sur la chair blanche et rose,
> (Exquise volupté !)
> La truffe se repose,
> Comme un grain de beauté.

M. Castagné, tailleur à Toulouse, grommela aussitôt d'une voix limbique :

— Ah bigre ! ne venez pas chez moi, monsieur le truffier, sinon pour un complet. J'ai horreur de vos hideux tubercules, aussi immondes que ces orpailleurs les porcs qui les découvrent. Il est le véhicule du crime et du ramollissement. Son parfum me donne des nausées, sa vue et son souvenir m'exaspèrent. C'est bon, pour les couvreurs, les clowns, les ramoneurs, les zingueurs, les acrobates, les saltimbanques qui travaillent en l'air. C'est la ruine physique, intellectuelle et morale de la magistrature assise, de tous les ronds de cuir en général et des tailleurs en particulier. Je déteste la truffe, parce qu'elle est une pomme de discorde pour les ménages bourgeois et que, sans elle, Victorine, ma femme, n'aurait point déserté le domicile conjugal. Quel scandale, tout de même, sur le Capitole !

Nous sommes séparés de corps et de biens, mais, comme elle est riche, je voudrais bien me rapprocher... quant aux biens.

Et il versa un torrent de larmes de tailleur.

On respecta la douleur si légitime du gascon qui témoignait à propos de la sienne.

## LXXV

La fournée des touristes s'étant envolée, après un jour de relâche, nos bagages partis pour Millau, sous la conduite de Gal, nous mîmes le cap sur Montpellier-le-Vieux, *via* Maubert.

C'était le dernier article de notre excursion, la boucle du programme.

Dans cette localité, chez le guide aubergiste Robert, un bon feu flambait.

Pendant le déjeuner debout, improvisé autour du poêle, nous fusillâmes notre conducteur de questions sur l'objet de notre course. Il était calé sur la matière.

Montpellier-le-Vieux est un fouillis monstrueux de blocs dolomitiques occupant, sur le Causse Noir, une superficie de cent vingt hectares.

De même que Bramabiau, c'est une anomalie de la nature, qu'on rencontre rarement sous ses pas.

De tout temps, une terreur superstitieuse avait écarté les humains de ce chaos qu'on croyait l'œuvre du diable. Ce n'est qu'en 1883, que l'éminent M. de Malafosse découvrit le pot pourri et le signala à l'admiration des amateurs du dur et du mastoc.

Les bergers du Midi, qui amenaient paître l'été leurs troupeaux sur ces causses, l'appelèrent, paraît-il, Montpellier le *Vieux*, en opposition au *Jeune* qui forme la ravissante capitale du Languedoc. Pour ces agrestes, le beau et le lait se confondent à dix-huit centimes le litre.

Jadis, l'emplacement de Montpellier-le-Vieux était plat comme un *cimex*, actuellement ce ne sont que rochers, excavations, couloirs sinueux.

Mica, secouant le prunier de ses connaissances géologiques, nous arrosa de détails techniques sur les causes de ce bouleversement.

Il nous expliqua que l'eau qui mine, sape et déchausse, a été le seul agent de ce désordre. A l'époque des pluies diluviennes, pendant qu'un courant intérieur, traversant les couches des bancs calcaires emportait les terres qui les joignaient, comme la pâte de miel unit les amandes et les pistaches du nougat, un courant extérieur lavait les terres supérieures formant calotte, mettait à nu les rochers. Par suite, tout s'affaissait, s'écroulait. Les remous et tournoiements des grandes eaux polissaient les aspérités, arrondissaient les cavités en forme de cirques.

De là ces décors fantastiques affectant toutes les formes, dont la vue provoque le vertige, des éblouissements, oppresse comme le cauchemar.

Quelques touristes ont comparé ces ruines à celles des anciennes cités. La comparaison n'est pas exacte, car les restes des anciens monuments se délitent tous les jours, tandis que les monolithes du Vieux Montpellier ne bronchent pas d'une semelle.

Sur la montagne du Tibesti, dans l'Afrique centrale, on voit les caprices d'une architecture titanique absolument semblable à celle de Montpellier-le-Vieux ; rien de pareil ailleurs.

## LXXVI

Demi-heure plus tard nous circulions dans ces dédales incohérents, gravissant des marches, escaladant des croupes, dégringolant des pentes.

— Saturne mangeait les pierres, dit Nioparés, s'il était venu ici, ce pays serait plat et luisant comme une assiette. Quelle indigestion !

— A moins qu'il n'eût fait de ce parc son garde-manger, ricana Grujat.

— C'est plutôt le garde-meuble, l'arsenal dans lequel dame Nature a rassemblé une ample provision de mastodontes calcaires pour remplacer ceux du Cagnon du Tarn, démolis par le feu du ciel, les tremblements de terre, la vétusté, le grisou ou autres accidents énumérés par Pline l'Ancien, dans son catalogue des ravages géologiques, qu'il attribue à la pioche des mineurs, dit Jacques.

— Parbleu, fit Onésime, dans ce magasin de corps durs il est facile de découvrir des sujets de taille à remplacer *Roche-Aiguille*, *Roche-Sourde* de Soucy, *Charlemagne* de Blanquefort, les contre-forts du cirque des Baumes et les remparts fleurinés de Roquefort.

— Quel était ce Saturne ? chuchota Ludovie.

— C'était un ogre de Barbarie, lequel, ayant mangé tous ses enfants et ne pouvant s'en procurer d'autres, dévorait les pierres et sciait du bois à Millau, à un franc le pan, rue des Fasquets.

Ulysse demeurait pensif. Il mesurait de l'œil le cube et la hauteur des masses et se taisait.

Annonciade l'interviewa de la sorte :

— Puis-je, mon gentil mignon, connaître la cause de votre abrutissement ?

— Je suis dans la limonade, ma chère princesse, car je crois entendre à la cantonade le dauphin Amphion, fils d'Antiope et de Jupiter, amoncelant aux sons de la guitare ces puissantes dolomies, répondit Polumétis.

— Je ne voudrais pas être là, quand les trompettes de Jéricho feront crouler tout le bataclan, riposta l'espagnole.

Chaque minute, le guide annonçait quelque curiosité : — La *Quille*, — l'*Amphore*, — la *Tête de Chien*, — la *Porte de Mycènes*, — la *Cathédrale*, — *Château-Gaillard*, — le *Vomitorium*, des cirques, des rues, des salles, des tours, etc.

Nous passions un conseil de révision pétré à toutes ces monstruosités troublantes, travesties — comme dans un bal de géants, — l'une en basilique, une autre en pyramide, celle-ci en donjon, celle-là en pylône. D'autres, déguisées en obélisques, en sphinx, en centaures, en dragons, en bêtes apocalyptiques.

C'est de la haute féerie, ou fumisterie, *ad libitum*.

## LXXVII

Quoique marchant sur le sable et sur des tapis de bruyère éricacée, bien que nous nous reposassions sous des bouquets de pins, au bout de trois heures de vagabondage, nos pauvres guibolles commençaient à flageoler, nos jointures craquaient, le vernis de la fatigue badigeonnait nos visages. Je trouvais lourd le bras de Ludovie. Cruelle énigme !

Le silence surtout, qui règne dans ces labyrinthes, nous glaçait. Il nous semblait que nous errions dans une nécropole au milieu de mausolées cyclopéens.

La mélancolie s'infiltrait goutte à goutte dans nos âmes. Nous voyons des scabieuses dans les plantes grimpantes qui nous entouraient, des cyprès et des saules pleureurs dans les bouquets de pins.

Peu à peu, mon esprit anxieux me rappela Orcagna, la fresque terrifiante du Campo-Santo : *Le Triomphe de la Mort*.

Dans la grande salle de la *Lune* le pas des danses macabres grinçait sur les dalles, nous lisions sur les murs la ballade du Maître :

> De vos mains grossières,
> Parmi les poussières,
> Ecrivez sorcières !
> Abracadabra.

Robert ayant remarqué que notre admiration déclinait en raison directe de la torpeur de nos facultés et de l'affaissement de nos fesses, après nous avoir réunis en rond, nous dit d'un ton protecteur :

— Je m'aperçois, chers clients, qu'en présence de nos merveilles vous restez froids comme des poissons : que vos cris d'enthousiasme se caillent dans vos poitrines : que le capotage de vos pupilles baisse : que vos poumons sifflent. Eh bien ! comme votre santé m'est précieuse et que je ne veux pas vous voler votre argent, pour vous être agréable, je vais vous conduire sur la plate-forme de la *Citadelle*, d'où vous dominerez tout le périmètre et verrez l'ensemble de nos trésors.

De ce belveder nous envisagions tout le bastringue,

Ce n'était pas la peine, assurément,
De parcourir tout le département.

Robert-Asmodée nous dénommait toutes les bricoles du paysage; renfermé dans le cadre du Vieux Montpellier, sans négliger la toile du fond s'étendant sur les steppes bleutés du Larzac, les bonds de l'Aigoual, les mornes du Lévézou et des Causses que nous découvraient nos lorgnettes.

Les jeux de lumière et d'ombre, les mélanges de pierre et de végétation produisaient des effets artistiques d'un charme fascinateur et enivrant.

Mais, malgré la beauté imposante du spectacle, sous la bise nous avions des nez violets, notre extase était calme, nous étions plutôt tristes.

— Che ne chera pas ichi que je viendrai mangier mes rentes, grogna Fénechtrou.

— *By Jove !* ni môa, toussa Hannton.

— C'est un pays giboyeux et truffé, je tâcheral d'y entraîner Félix Faure, l'intrépide chasseur, Montjarret et sa suite, puis on verra, émit Onésime.

— Amenez-les et prévenez-moi, nous organiserons, dans ces vastes arênes, une *Corrida de toros,* bredouilla l'espagnol.

— Peuh ! accentua Fabié, ces régions sont bien désertes, bien abruptes, bien sauvages, bien monotones ; cependant, si l'on m'offrait trois cent mille livres de rente, un château confortable, un ascenseur, un gymnase, un tir au pistolet, des échasses, un paratonnerre, un bec Auer, un casino, un ballon captif, un troupeau de moutons aux larges épaulettes, du veau et de la salade, j'accepterais volontiers de vivre en ces lieux, à l'abri des injustices des hommes et des exigences des femmes.

— Dans ces conditions je vous prierais de m'inscrire au nombre de vos pensionnaires, bégaya Grujat.

Nous dégringolâmes de la *Citadelle* en parodiant l'air du Châlet :

<blockquote>
Et d'un pas d'Achille,<br>
Filons vers la ville,<br>
Filons vers la ville,<br>
Quittons ces moellons.<br>
Filons, filons, filons !
</blockquote>

Après avoir traversé le cirque des *Amats,* par le ravin de la Combe, nous dévalâmes à la Roque où nous attendaient les carrosses de l'hôtel Guillaumenq.

Le ciel se couvrait de nuages noirs, gonflés

de neige blanche. C'était prévu. Aurore s'était levée avec les yeux chassieux et rouges, ce qui fait dire aux paysans : — « *Roujeïrolo del moti, pluéjo ol desperti* (roujeurs du matin, pluie sur le soir). »

## LXXVIII

Maintenant, dans une vallée plus fraîche que celle de la Jonte, sous le tintement des grelots, nous roulons vers la ville, entre deux falaises abruptes dont le fond est la route et le ruisseau de la Dourbie aux truites renommées.

Dolomies, bouquets de pins, maisonnettes vêtues de lierre, aux toits formés par la roche surplombante ; c'est toujours le même pittoresque échevelé.

Une brèche, croulant de la crête du Causse Noir jusqu'au ravin, dit *Valat Nègre*, nous fait annoncer par le garde qu'elle possède une grotte avec fontaine intermittente.

— L'intermittence est l'attribut des jolies femmes, murmure Nioparés.

— Et des vilaines fièvres. J'en sais des nouvelles ! tremblotte Onésime entre ses incisives lézardées.

A suite, un petit vallon dans lequel est assis le village du Monna, dominé par un château entouré de terrasses et de jardins. C'est le berceau de l'illustre famille des de Bonald, dont un est l'auteur de la *Législation primitive*, ouvrage savant et sec écrit avec un pin silvestre pour porte-plume.

Le Monna est aussi un excellent cru, qui rivalise avec Montmorency, pour les ânes. Ces aliborons sont chargés de *migou* (fumier de brebis) qu'ils portent avec plus de respect que des reliques.

— Té ! cè pauvre Massebiau ! avec ses usines éteintes ! Que les temps sont changés ! observe judicieusement Grujat, en s'insufflant une large prise de tabac à la fève sicilienne de la famille des légumineuses, tribu des papilionacées.

Ici l'intestin grêle du Cagnon s'élargit jusqu'à Millau, dont on aperçoit bientôt les clochers camards et pointus, et la tour octogone du beffroi, dans un bain-marie de vapeurs, de mousseline et de grisaille.

— Enfin !

Ce cri de soulagement, vibrant dans les carrosses, fit tressaillir les carreaux.

## LXXIX

## MILLAU

On pénètre dans la cité industrieuse et industrielle par le pont de *Cureplat*, ou mieux de *Pique-assiette* car, au-dessous, le Tarn y pique celle de la Dourbie.

Millau, la joyeuse ville des cuirs, est le sanctuaire du veau d'or sous ses nombreux avatars : veau ciré, veau mégis, veau paré, veau-t-aux câpres, veau-t-aux carrottes, vobiscum.

Des parfums, plus purs que ceux de Galaad, vous saisissent tout de suite aux narines, vous sautent à la gorge comme *Les Brigands du Bourg* (ouvrage très chic de notre ami Fabié) : vanille des mottes ; ylang-ylang des colles et gélatines ; white-rose de la *carnasse* ; corylopsis des pelins.

L'oreille y trouve aussi ses jouissances, dans le ron-ron mécanique et cadencé des remouleuses de la ganterie, que pédalent de gentes grisettes, au fond des ateliers, en chantant : « *Pas une lumière au balcon* ».

Des myriades de gants d'agneau, de chevreau, d'onagre et de chameau, *totibus coloribus*, glacés ou mats, sortent de ces manufactures propres à chausser : les mains mignonnes, les mains calleuses, les mains chaudes, les mains morganatiques, les mains de la Justice, les mains de la Providence, les mains fortes des gendarmes — qui en sont légalement requis — et les mainlevées des conservateurs des hypothèques. Toutes les pointures, quoi !

De leur côté, les ouvriers des tanneries, blanchers, mégissiers, corroyeurs, décharneurs, avec leur pipe, leurs tabliers, leurs sabots remplis de paille (le foin se trouve dans les bottes des patrons), et leur pierre ponce pour donner à la peau *le grain de la fleur*, en manche de chemise, aux bras velus, rudes et nerveux, font rarement un charmant contraste dans le tableau.

Le sexe enchanteur qui fourmille tous les soirs, plus nombreux que les hannetons en Normandie et les grenouilles au Cantal, sur la promenade de l'*Avenue de Rodez*, écarquille les yeux et les bassine de chimériques voluptés, vaporeuses et fugitives comme le rêve,

> . . . . . . Paysan rêve
> N'entends-tu pas la semence qui lève.

Sur ce délicieux promenoir, les *beati possidentes* et les *minus habentes* se coudoient dans une promiscuité idéale et platonique qui resserre les vis de l'amitié et enfonce les boulons des relations sociales.

Voilà pour les trois sens : *l'odorat*, *l'ouïe* et la *vue* ; reste le *goût* et le *toucher* ?

Pour le *goût*, passez à l'hôtel Guillaumenq : rendez-vous, pour le *toucher*, à l'allée des miracles, *jous los Plotanos* !

.................................................

Est-il coquin et coquet Millau ! dans sa cuvette, au milieu des eaux, abrité des bourrasques par des montagnes cravatées de rochers.

Phœbus l'asperge de ses rayons qui font croître les artichauts et les côtelettes, les fleurs et les fruits ; réveillent les cigales et les fourmis ; mûrissent les ceps et les biceps ; sèchent le linge et la peinture ; enflamment les poètes et les toutous.

Que j'aime ses rues étroites, à travers lesquelles on peut jeter, d'une croisée à l'autre, des ponts-levis et s'adoucir mutuellement l'existence ; se lécher les plaies et bosses récentes et invétérées, chroniques et héréditaires. Et ses allées de soupiraux alignés, qui vous soufflent des rhumes de cerveau au niveau des semelles !

Que j'aime ses fanfares, qui versent la Concorde et l'Harmonie Millavoise, sur le nez des municipaux, comme s'il en pleuvait !

## LXXX

A notre arrivée, selon le pronostic du matin, une pluie battante fouettait les monts et la plaine, les places et les rues, le dos des chiens et des rifflards.

Saint-Piètre, arrivé avant nous, vint nous ouvrir les portières dans la remise de l'*Hôtel du Commerce*. Nos chambres étaient prêtes, nos bagages logés.

M. Guillaumenq, le patron, membre du Club Alpin, nous reçut en camarades ; mit à notre disposition — pour la durée de notre séjour, — le magnifique salon du premier, le chasseur et le pêcheur de l'établissement.

Depuis longtemps nous n'avions posé nos inexprimables sur des sièges moelleux, aussi, dès que nous nous écroulâmes sur des divans rebondissants, nos yeux se fermèrent.

Comme le blé, Hannton était vanné, net, sec et... marchant mollement les garçons lui passèrent des bas Leperdriel.

Encore une singulière servitude passive que

le sommeil ! Servitude aimable, si vous voulez, mais qui nous rogne la moitié de l'existence. On dit : « Qui dort dîne »…. Des flûtes ! Si le sommeil nourrissait, les boulangers, les vinetiers, les bouchers ne seraient pas si adipeux.

## LXXXI

Avant de nous séparer nous devions passer quelques jours à Millau.

En ouvrant le calendrier, nous apprîmes que nous étions au dimanche, 17 octobre, (que Saint-Anicet protège), et que les nuits croissent d'une heure quarante-sept minutes. Pas d'opposition.

Comme il est fastidieux pour le publiciste de dire sans cesse « le lendemain on fit ceci, le surlendemain on fit cela », que ces mots répétés agacent le lecteur, pour lui être agréable (nous nous fondrions pour lui), nous avons pensé de continuer notre mirifique histoire en indiquant nos faits et gestes de chaque jour, sous la rubrique dudit jour. Le récit n'y perdra pas un centime de sa saveur, au contraire. Ce sera un livre journal, ou mieux un journal dans un livre.

Commençons :

LUNDI. — Toute la communauté est logée sur le même palier. Les uns au nord, vue droite sur la place du Mandaroux en fer à cheval évasé (ainsi de Pégase aux larges semelles), les autres au midi, vue plongeante sur la basse-cour. L'archéologie de l'hôtel a exigé ce sacrifice de l'*Ancien Mouton Couronné.*

Fabié, Ulysse, Jacques, Onésime, Fénechtrou et Moi (les hilares) sommes les plongeurs.

. . . . . . . . . . . . . . . . . . . . . . . . . . . . . . . . . . . . . . .

(Abrégeons : parlons nègre genre Bamboula).

Dès l'aube, cris de poulets, pintades, paons, canards muscats qu'on égorge là bas.

Dans les corridors, froufroutement des brosses cirant bottines et brodequins.

Dans les chambres, c'est d'abord rumeur légère, petit rasoir raclant nos couennes ; odeur des fers roussissant les chanvres capillaires d'Annonciade et de Ludovie.

Toc toc et claquement aux portes : modistes, corsetières, lingères, blanchisseuses, confectionneuses, ouvrières en chemises, et Carabi préposé aux cors populaires, pour les jeunes filles.

Toc toc des tailleurs, bottiers, chapeliers, recouvreurs et huissiers audienciers, pour les hommes.

Puis, *rinforzando*, un tapage épouvantable, le vacarme infernal d'une baignoire, Hannton ayant voulu prendre un bain de Barrèges à domicile. Servi.

Onze heures. La cloche sonne le déjeuner.

Mangeons dans salon réservé du premier étage. Deux places restent vides, celles de Grujat et de Fénechtrou. Mamzelle Déroman, l'acorte écaillère potelée (deux forts volumes in-octavie), remplace ces vides par des plateaux d'excellentes marennes, vertes comme ses yeux qui nous font oublier les absents.

Ludovie contrariée me glousse, dans le gilet :

— Décidément, mon père me délaisse. Je n'ai plus que votre main affectueuse pour guider mes frêles godillots dans le sentier épineux de la vie.

Selon ma noble habitude, après l'avoir irriguée d'épithètes choisies dans le parterre des meilleurs auteurs galants, je retapai sa pauvre craintive en lui dévoilant, encore une fois, le système métrique de mon cœur mesuré à la chaîne de sa tendresse.

(Pécaïré ! Nous nous aimions sans oser nous le dire).

Certes, aucun sentiment égoïste ne dirigeait ma pensée vers la bascule des compensations.

Cependant tout me disait, sans consulter les augures (vol des oiseaux, globules du café, lignes de la main, réussite aux cartes), qu'à brève échéance on me déchargerait voluptueusement de mon compte tutélaire.

. . . . . . . . . . . . . . . . . . . . . . . . . . . . . . . . . . . . . . . . . . . . .

Quand en bande nous fîmes notre entrée au *Café Capus*, quoique très décoratifs, on nous prit pour des cabotins de passage venant jouer *Mis Hélyet*.

La tête gibeline de Nioparés dénonçait un père noble trié sur le contrevent, celle de l'anglais un comique guelfe roussi sur la rampe.

La table de la jeunesse dorée révolvérisait de ses œillades libertines Annonciade et Ludovie aux frisons moutonniers. Nous en rions, tant notre confiance était grande.

## LXXXII

La plupart d'entre nous connaissaient la ville, néanmoins notre bienveillant hôtelier, toujours aimable, toujours gentil, avait attaché à nos pas Fabien son pêcheur pour nous cornaquer en tous lieux.

La journée était en belle humeur. Un soleil automnal chatouillait nos pelages, on aurait dit les barbes d'une plume autruchienne caressant le cou d'une gantière en fraîcheur.

En passant devant la Société Générale, sans serrer la main Carrée de son voisin le sous-préfet (gaffe immense !), Hannton, le thésaurochrysonicochrysidés (nom forgé par Plaute pour désigner un richard), bourra ses poches de billets de mille et en remit un à Polumétis, avec ces mots :

— Mossié Ioulysse, môa aimer payer mé dettes, very wel. Voilà pour lé pari dé régates. Vô avoir sauvé môa de lé noyade, môa voloir offrir, avec delectécheun, un dîner sterling à tout lé coterie. Vô faire le ménu du balthazar.

— Il sera fait selon les règles, mylord.

Et la promenade commença par la visite au jardin public, pompeusement baptisé « square » par les patriciens, et « Oscar » par la plèbe.

C'est là que les nourrices viennent, sur les bancs verts, comme dans la rue Taitbout, donner le bout d'ambre aux petits grognards en bavette, tandis que les vieux y reposent leur charpente vermoulue sous l'ombrage, louchant d'un œil terne sur les paisibles gamelles de la Revanche.

Sur le boulevard de l'Ayrolle, le lavoir découvert, formant portique avec ses arceaux cintrés, que Louis le quatorzième fit édifier pour son amie la petite Fontanges, aux amours malheureux, attira notre attention. Pour tout abri ce monument ne possède, dans le bas, au-dessus de la vasque, qu'un minuscule parapluie de zinc.

— Mince ! murmura le chœur.

— Sa casquette lui est descendue sur les talons, ricana Jacques.

Du pont Lerouge — rouge de nom et de fait, — le château de Creissels se profile en silhouette dentelée, dans un cadre de montagnes fuyantes dont le Tarn baigne la base. Assez bath, le tableau.

Deux arches du vieux pont romain avoisinent le nouveau. A leur extrémité un moulin y est accroché. Sa manivelle frisquette fonctionne à la vue des passants, délectés par la valse cadencée de ses palettes. C'est le décor tourbillonnant des pièces à effet, comme dans la *Biche au bois* ou les *Pilules du Diable*.

— Depuis le temps que cette toupie antique prend un bain de pieds, observa Nioparés, si elle ne souffre pas de rhumatismes, c'est que ses voisins les tanneurs ont dû lui fabriquer des bottes imperméables ; sans cela... hum !

— C'est la chaussée de l'usine qui l'a chaussée de la sorte ; sans cela, hum ! riposta Mica.

Alors un anachorète, porteur d'un cabas et d'une corde à la ceinture, s'approcha et nous dit, d'une voix calino-douceâtre :

— Naguère ce quartier, sujet aux inondations, charriait dans les fabriques des tombereaux de poissons : les cuves en regorgeaient, ainsi des sardines en boîte. Aujourd'hui ces ressources ont cessé et la population en souffre, un maire clérical ayant endigué les eaux de la rivière. Adieu, bouille-abaisse et friture ! On devrait mieux veiller aux intérêts du pauvre monde. N'est-ce pas, citoyens ?

Comme des marionnettes nous fîmes tous un signe de tête affirmatif.

Auprès de l'hospice, sur la place d'Aboukir (petite place des chèvres et des boucs), s'élève un châlet soulageatoire, vraie bonbonnière découpée fort engageante ma foi.

Du quai, la vue s'éparpille en éventail sur un paysage d'un escarpement vertigineux mais d'une fraîcheur, plutôt gaie, qu'entretient le voisinage du Tarn.

Les épaves du pont de fer, dont on a fait sauter les piles, gémissent d'une façon lamentable en battant sans relâche le perré.

— Ta douleur, Duperré, sera donc éternelle !
soupira d'une voix plaintive le sensible Pitot.

Au *Champ du Prieur,* l'anglais tomba en arrêt, indiquant, le bras allongé, une escouade d'adolescents, aux jambes nues jusqu'aux genoux, se livrant à une gigue trépidante et saccadée.

Fabien, devançant son interrogation, lui dit :

— Bédame ! ce sont des artistes qui font des mottes !

— Aoh ! very curious ! great attraction ! Qu'est lé mott ?

Ulysse lui répondit :

— Les mottes, c'est des petits fromages combustibles fabriqués, pour Roquefort, par une tourbe de galopins qui ne travaillent que lorsqu'ils ont le tan.

— Schocking ! Quels être ces sauteurs ?

— Ce sont les dilettanti, les manipulateurs de Roquefort : toute la confrérie. Ce gros, c'est le directeur : ce moins gros, c'est le sous-directeur : ce remoins gros, c'est le caissier : ce courtaud, c'est le trésorier. Les autres sont des comparses, des doublures, des censeurs, des peseurs, des contrôleurs, des vérificateurs, des rebarbeurs, des ramasseurs, des réfrigérateurs.

— *Indeed*, ces fromages, travaillés avec les pieds, être bien noirs ?

— Après la foulure, on les envoie à Roquefort revêtir leur robe d'innocence.

— Môa, voloir acheter oune fromage naturalich, avec son moule, por l'emporter à Chester. All rigt !

Il donna cent francs ; on lui en passa dix pleins bayards. Il en choisit un avec son anneau et, comme Fabien prenait le colis, il se récria :

— Nô, petit pêcheur, nô ! môa voloir porter le document.

............................................

A la place d'Armes, sans armes ni bagages, avec sa colonnade du XII° siècle, les chapiteaux ornés de marmousets, de mascarons et de quelques inscriptions effacées, nous arrêtèrent un moment.

Nous vaguions dans les rues en fifi-lolo, épluchant les enseignes des magasins, les plaques des noms des rues, scrutant les étalages. De leur côté, gamins et gens sérieux nous déshabillaient du regard, riaient à la vue du descendant de John Bull tenant, avec son flegme anglican, le fromage motteux par l'anse de son moule.

Le populo s'esclaffait et gouaillait :

— *Oquos un innoucent, saïqués !* (C'est un fou sans doute !)

Plusieurs épiceries désignées sous la rubrique de « Gasc », Onésime dit :

— C'est la compagnie des Gasc.

On ne rata pas Chauchard, marchand de chauchures ; ni Cros sellier dont on fit *groseiller*, ni Ferrant maréchal — le char avant les bœufs, — et d'autres et d'autres.

Les vespasiennes portatives, métalliques, en faïence ou en bois, installées par les industriels de la ganterie aux coins des rues, faisaient le bonheur d'Hannton. Il s'arrêtait à toutes, la vessie joyeuse, pour y partager son obole liquide.

## LXXXIII

Si nous nous gaudissions comme des moutards, aux choses futiles, ailleurs Grujat et Fénechtrou ne perdaient pas leur temps.

Levés dès la première heure, s'ils n'étaient point venus faire bombance à l'hôtel, ils avaient su se coller une forte goinfrade de *trénels* au *Restaurant de la Gaieté* — la leur se trouvant à l'unisson ils vadrouillaient, dans les rues de la ville, à la recherche des débits borgnes.

Rue du Voultre ; au drapeau franco-russe, sur lequel était peint un général et un zouave se donnant la main, avec cette devise :

*On dit qu'ici le vin est bon,*
*Entrons-y, nous le saurons.*

Ils y étaient entrés.

Tras-Saint-Jean ; le baril banderolé d'une cantinière les tentant, ils bégayèrent : « Ici le vin doit être bon, rentrons-y, nous le resaurons. » Ils étaient rentrés.

Itou chez la mère Angot. Pauvre mère !

Nous les rencontrâmes près de la gare, bras dessus bras dessous, les chapeaux en arrière comme des suisses en goguette, la trogne en feu, se dirigeant vers l'aquarium de Jeudigras pour se payer une friture.

Au croisement, ils louchèrent de notre côté sans s'arrêter.

Les joues de Ludovie s'arc-en-cielisèrent, puis passèrent au jaune de Sienne : un tremblement la secoua. Elle s'agrippa avec la force d'un d'Aubigné à mon bras, étouffa un sanglot sans mot dire.

Je pressai la chère enfant sous mon aile et cette pression affectueuse reconforta ses esprits vitaux, calma son cœur écartelé, refoula la honte encartée sur le champ d'azur de sa gueule adorée.

..................................................

Pendant le dîner nous élucubrâmes le menu projeté des agapes fraternelles :

*Consommé aux pattes d'Eugène*
*Crêtes de Bresse à la Paul de Kock*
*Epigrammes d'agneau aux culs d'artichaut*
*Sellettes de faon aux graines de pin*
*Turbot à la ruit ou ruunt*
*Cuissard de chevreuil à la moscovite*
*Chassé-croisé de bécasses et perdreaux*
*Pâtisseries, crêmeries, sucreries.*

Le tout truffé, morillé, vanillé, fleuri, arrosé des meilleurs vins pétillants, généreux, mousseux, de Compeyre, Peyre et Clos-Gissac.

— Mais, c'est presque le menu du dîner franco-russe ! exclama Guillaumenq, toujours aimable, toujours gentil.

— Non ! Ce sera le menu anglo-hispano-franco-auvergnat.

Le patron réclama vingt-quatre francs d'arrhes et autant d'heures pour rassembler ces comestibles étrangers, sauvages et superfins.

## LXXXIV

Mardi. — La même scie matutinale grince toujours.

Mêmes rumeurs dans le poulailler que la veille : froufrou des brosseurs dans le corridor : toc toc, coups de fers, odeur de roussi : retonnerre métallique de baignoire.

Grujat et Fénechtrou ont découché : les sacripants ! (Dix francs qui tombent.)

Grimpade au beffroi. Harris et Mica fouillent les niches, les fosses, les oubliettes, les caveaux secrets. De la plate-forme nous lorgnetons la ville et ses alentours, les montagnes et les pics.

Nous voyons : les bergers de *Punche Dagaste* (dernier éperon du Causse Noir) épluchant les puces des bergères ; la sarabande des faunes, des sylvains et des naïades ; les braconniers tracassant les lapins du *Puech Dandon* ; gantiers et gantières effeuillant la camomille sur les crêtes du Larzac ; la voiture de La Cavalerie grimpant la côte ; les pêcheurs lançant leurs filets dans les eaux du Tarn et de la Dourbie ; les trains noirs, aux allures folles, filant sur Paris et Montpellier. C'est joli, joli, mais.... trop quotidien.

Le concierge du beffroi, qui nous servait de guide, interrogé sur l'origine du monument, nous dit :

— « Cet édifice de quarante-deux mètres de

hauteur, qui se dresse au milieu de la ville comme une croquante sur la table d'un banquet d'aristos, forme deux parties bien distinctes.

» La première en donjon carré fut bâtie, parait-il, par un seigneur de Millau, assez aisé, vers le douzième siècle. On n'a jamais su son nom.

» En 1613 la ville voulant avoir une tour, pour y placer une sentinelle de guet, l'acheta à demoiselle de la Roque, veuve Pélegry, et fit construire la deuxième partie octogone dans laquelle on plaça une grosse cloche, une horloge et un sonneur à prix modéré.

» Le onze juillet 1811, la foudre incendia et démolit la flèche qu'on ne releva pas, et on y aménagea la plate-forme avec la balustrade où nous sommes. Le bourdon fêlé fut refondu en 1873 et baptisé sous le nom d'*Espérance*. Le son en est puissant et clair ; il lance les heures comme des postillons à plus de huit lieues à la ronde.

» Le beffroi avec ses fenêtres gothiques et son escalier appliqué en dehors, aux murailles nues et sans ornements, a un aspect triste, quoique imposant, qui rappelle la Bastille que nous prenons de temps en temps.

» Le donjon primordial, avec ses trois étages sous voûte, a été, selon les époques, affecté à divers usages : d'abord forteresse, puis prison, il devint plus tard hôtel-de-ville. Actuellement, mis au rancart comme chose inutile, il ne voit que de rares visiteurs et tous les quinze jours le Wagner qui vient monter l'horloge.

» Je n'ai pas ouï dire qu'il ait supporté le moindre siège, subi d'autre assaut que celui des bourrasques, reçu des boulets de canon, ni des balles de mousquet. »

A la descente, Pitot se dirigea vers l'église des Pénitents pour prendre le cliché d'une pieuse toile du peintre hollandais Crayer : Mica poussa vers la superbe collection de minéraux Lauret : Jacques, qui couvait des velleités députatoires, alla toper ses électeurs : Onésime se faufila chez le joaillier Peyre, à seule fin de changer l'huile pied de veau du rinilatoscope : Fabié tira la patte de biche de la Banque de France, pour encaisser des coupons gréco-turcs ; les autres, la réserve, nous restâmes dans la rue.

— Aôh ! glapit Hannton, môa voloir acheter gants peau de chien ?

Le larbin nous mena dans la maison Bouisset et Fils.

Large comme Arton, le riche coutelier en acquit un ballot et nous en octroya, à chacun, une douzaine quart-longs.

A la sortie, le prodigue aboya :

— Aôh ! môa voloir acheter cuir pour bottes ?

Vachala et ses Sœurs étaient proches — retour de la vachalcade de Montmartre — quand nous quittâmes le magasin, Chat-Botté ne l'était pas mieux que nous.

. . . . . . . . . . . . . . . . . . . . . . . . . . . . . . . . . . . . .

Le soir à l'Eden-Carnac, l'impressario nous parqua dans le petit salon contigu à la scène, espèce de cage à serins à l'abri des regards indiscrets.

Les sirènes *carnacsières* étaient assises autour du piano à queue composant l'orchestre.

Elles avaient de chaudes pelisses et des fichus de soie sur les épaules, pour sauver leurs appas rances, et de longs gants gris, jusqu'au coude, pour conjurer engelures, vents coulis, coulissants ou alizés.

Il y en avait de blondes, tachées de rousseurs, en lunes dénuagées, aux yeux striés d'iris ; il y en avait de brunes, mouchetées de jais, aux yeux pie : il y avait de châtaines, poudrées de rouge et de blanc, aux yeux pailletés d'or ; il y en avait de rousses, fleurant la sauvagine, aux yeux de goret, à laine forte : robes courtes, jambes de coq ou engorgées ; membres si blancs, si frais, si roses.

Romances, ballades, cavatines, sérénades, tyroliennes, chansonnettes, furent moulues au même moulin à vent par ces petites laies d'amour.

On sauta de Bruant à Lamartine, de Rameau à Meyerbeer, de Pierre Dupont à Hérail et d'Hérail chez Anselme.

L'amour, le printemps, les petits pois, le vin, les oiseaux, les poivrots, les grues, les boas, les poissons, les fleurs, le pétrole, les corps d'état, le rêve et le tabac, tout le répertoire anachréontique, artistique, comique, macaronique et patriotique y passa à la grande joie de l'assistance.

Une espagnole, avec tambourin et castagnettes, dégorgea et sautilla des *boleros*, des *fandangos* et des *seguidillas*.

Dans cette divette Annonciade reconnut son ancienne suivante Solédad. Cette reconnaissance lui fit froncer un sourcil bestialement féroce ; toutefois elle fit bonne contenance et, à la quête, elle la retint auprès d'elle.

Les deux payses eurent ensemble, en castillan, une conversation croustillante, vive et agitée, dont toutes les phrases se terminaient par la finale *ousté*.

Solédad avait un nez fin, aux ailes mobiles, une bouche petite et malicieuse, le menton pointu et volontaire, des yeux de couleur indécise, des yeux du ciel et de l'enfer, pleins de tempêtes ou de clartés, de rayons mêlés d'ombres chinoises.

. . . . . . . . . . . . . . . . . . . . . . . . . . . . . . . . . . . . . . . .

Peu à peu, notre bateau fut inondé de fleurs. Onésime avait racolé une Gretchen, qui, dans le temps, l'avait déplumé à Béziers. De son côté, le pudique insulaire montrait à la Staëlienne Corinne l'anneau de Saturne, servant d'armature à son fromage motteux, dont l'odeur délectait médiocrement le piton de la belle.

A une autre table, Pitot et Mica sablaient un *milk-punch*, en compagnie d'Yvonne et d'Anita, une falcon et une stolz en ruolz.

Ludovie, qui pour la première fois pénétrait dans la fournaise d'un beuglant, était éblouie par les lumières, les crudités carno-ivoirines de ces dames et la transparence de leurs costumes succints.

Ses observations et réflexions à leur sujet étaient des plus étranges et d'une fantaisie ingénue à faire fritonner, dans son jardin, le Révérend Père Olivier. Je vous en fais grâce, mon nom n'étant pas encore inscrit sur le carnet moralisateur de Jules Simon ni du dégraisseur Bérenger.

Sur ces entrefesses, au milieu de ces feux, le fromage tanné d'Hannton faisait des siennes, chelinguait fortement des arpions. Nous quittâmes l'établissement à l'heure où le harem sort. Solédad nous suivit.

Nos soufflets respiratoires étaient pleins de poudre de riz, nous allâmes l'expurger à la barrière de la voie ferrée.

La nuée de promeneurs qui tous les soirs se balade sur cette avenue nous émerveillait, surtout la foultitude de délicieuses jeunes filles qui, en rang d'oignons, tricotaient des jambes sur le macadam. Et nous pensions, *in petto*, qu'avec de pareilles Armides, la dépopulation de la France n'est point menacée de boire un Bouillon.

Jacques, devenu le *cavaliere servante* de Solédad, la reconduisit chez elle, villa numéro 3, rue du général Thilorier, à côté du général Rey.

## LXXXV

Mercredi. — Matinée comme celles d'hier et d'avant-hier, avec cette nuance que le cliquetis des casseroles est plus accentué ; le beurre plus fort ; les rumeurs des cuisines moins vagues ; les commandements du maître-queux et des chefs plus brefs. Tout est en branle, car c'est ce soir qu'a lieu le gueuleton du jubilé britannique.

L'après-midi ce fut un fracas de vaisselle et de cristaux.

La table croulait sous une avalanche de fleurs : un fumet de marée, de viandes et de truffes envahissait l'immeuble : sur une crédence étaient rangées des bouteilles enduites de la patine du temps, capotées de jaune, de rouge ou d'or.

Solédad occupa avantageusement la place de Fénechtrou, que Grujat avait définitivement lâché de crainte d'être obligé d'aller, au violon, purger quelque contumace auverpine.

En se quittant, l'homme aux bois lui avait dit qu'il se rendait à Téhéran (le pays du pal) « auprès du Scha de Perche, pour faire un achat de perches. »

Le menu fut ce qu'il avait promis, exquis, exquis. Les « felichitecheun » ne tarirent pas à l'adresse des artistes culinaires et des organisateurs. Le chœur des mâchoires formait un orchestre d'autant plus harmonieux et gai qu'il était conduit par l'archet d'un appétit sain et urbain.

Au dessert, avant que l'artillerie du champagne ne démasquât ses batteries, on vit tout-à-coup une cloche d'argent trembler sur ses assises, puis lentement s'ébranler, enfin tourner en valsant autour de la piste bousculant pâtisserie, fruits et bonbons.

Après une minute d'ahurissement général, Pitot déculota le récipient. O surprise ! c'était un roquefort, trois étoiles, servant de caserne à un bataillon de lombrics, lequel, sous la canicule de la rampe, ayant secoué sa torpeur, recommençait son œuvre dévastatrice dans ses casemates débeurrées.

Une cascatelle de rires plissa toutes les lèvres.

— Ah ! *caseolus rusticus*, ce sont là de tes coups ! s'écria Polumétis, en écrasant du bout de son couteau camus, une kyrielle de cambrioleurs.

— Hélas ! trois fois et demi et même quatre

fois hélas ! écrasez les tous de votre coutelas, psalmodia Grujat : Roquefort se meurt, Roquefort est mort ! La quantité a tué la qualité ! Sacré nom de.... (il allait sacrer, lorsque heureusement sa fille lui posa la main sur la bouche).

Retrouvant son petit fil, l'expert continua :

.... Ce sont les juifs qui l'ont assassiné. Quand on fabriquait ce fromage avec du lait, provenant exclusivement des plantes aromatiques de nos causses, c'était un produit de luxe digne des tables diplomatiques ; aujourd'hui, que la spéculation en a centuplé la quantité, le rendement, au moyen des fourrages et des tourteaux, les fourneaux économiques et les cambusiers n'en veulent plus à ce prix là, ni la rue Quincampoix. Pouah !

— Et le *Réfrigérant ?* interrogea Mica.

— Le réfrigérant est un appareil excellent pour rafraîchir le fromage, pour l'empêcher de durcir, de rancir, de courir, de s'échauffir, de puir, de pourrir et de recommencir, ainsi qu'on chante dans l'opérette *Vent du Soir* ou l'*Horrible Festin*, mais il ne lui donnera pas le bouquet, très mollet des hautes rives, qui lui a manqué à son berceau, qu'il n'a pas sucé au bidon de sa nourrice. Le réfrigérant est le

Deibler, l'Attila des asticots, voilà son vrai mérite.

— Le roquefort est comme notre gibier, dit Jacques. Si vous enlevez aux perdreaux, lièvres et lapins les plantes et graines aromatiques qui sont leur nourriture habituelle ; si vous les tenez en cage, leur chair perd sa saveur et ne vaut pas celle des oiseaux de proie ni de basse-cour. Il en est de même des fruits qui poussent dans les serres. Exemple : qu'est la grive sans genièvre ? Ce qui a tué le fromage de roquefort, c'est le jour où, perdant son caractère sauvage, il est devenu fromage apprivoisé.

— C'est vrai ! désastreusement vrai ! fit le chœur.

— Savez-vous que le cuir a aussi ses revers, susurra Onésime. Autrefois, quand je chassais dans les marais de la Camargue, avec des bottes jusqu'au nombril, le soir j'avais les pieds plus secs que ma langue. Actuellement, sortez avec des chaussures neuves, par une ondée de quelques minutes, vos orteils sont en nage, et....

— Cela provient, interrompit Mica, de ce que les tanneurs au lieu de laisser, plusieurs mois, les peaux mijoter dans les fosses, se saoûler d'eaux croupissantes, qui sont leur breuvage indispensable, les retirent au plus vite et les cuirs altérés boivent dans la rue ce qu'ils n'ont pu boire au logis. C'est avec ce système d'économie impolitique, mal comprise, que beaucoup de femmes rendent ivrognes leurs maris. Ceux-ci vont boire à l'auberge le vin qu'on leur cache à la maison.

— Les gants, observa Pitot, se ressentent aussi de cet état de choses. Si vous ne les enfilez avec mille précautions, « crac » ils vous crèvent dans la main ! Qu'ils sont loin les temps où, dans les testaments, de *progenie in progenies*, on se léguait, pendant des siècles, une paire de gants ou une paire de bottes.... pour aller à cheval dans une armoire (comme on dit dans les inventaires) !

— J'ai toujours envié le sort des teinturiers qui peuvent se passer de gants et de bottes, machouilla Nioparés.

— A propos de bottes, de fromage et de gibier, qui sont propos de table, proféra Fabié, je trouve que l'apprivoisement et la civilisation de notre époque sont aussi funestes à la femme. Nos aïeules, qui mangeaient du lard, buvaient du lait, allaitaient elles-mêmes leurs enfants, cultivaient le jardin, pianotaient sur les têtes des porreaux et des choux, vaquaient aux soins du ménage, étaient autrement solides et gaillardes que nos filles institutrices ou postières.

— Parfaitement, faitement.

— L'instruction gratuite et obligatoire a assommé l'agriculture, hasarda Ulysse, eh bien ! vous verrez, qu'à la longue, elle poignardera l'industrie, si la République une et indivisible n'y met pas un taquet.

Un Moët, pressé de sortir de sa prison, ayant lâché son Chandon, l'explosion coupa court à cet éreintement des produits, des effets, et du progrès de la civilisation.

Aussitôt le tinrelintintin des coupes se confondit avec ces clameurs : — « A la santé de mylord ! A la santé de myloord ! »

A chaque chocade, Hannton ému remerciait par un balancement de tête pareil à celui du lapin de plâtre qu'on voit encore, à la campagne, sur les étagères des ménages pieux, copieux, dotaux et interlopes.

Puis, il laissa s'envoler de ses lèvres ces paroles mousseuses :

— Môa, je bôa d'abord à la reine de lé Angleterre, *the gracious majesty*, et ensouite à vô, médêmes et mossiés. Je emporterai mon verre, môa, dont la vue et le son tiendront toujor en éveil ma mémôare en siouvenir de vô. Merci, mé chers amis, de la santé agréable que vô avôar porté à môa.

Maintenant le champagne coulait à flots : on criblait Hannton de toasts et de compliments surabondants.

— Chaque fois que je porterai une coupe à mes lèvres, mylord, votre profil intéressant et saumoné se reflétera dans mes yeux incandescents, dit Jacques.

— Vous m'avez hommagé d'une paire de rasoirs du meilleur fil ; une fois par semaine, avant de passer l'acier poli et la pâte Aubry à la base de mes crins, votre sympathique image se reflétera dans mes prunelles reconnaissantes, déclama Onésime ; je n'oublierai pas, mylord, votre *trade mark*.

— Mon poëte favori est Racine ; je lirai souvent, à votre intention, *Britannicus*, au cœur bon et britannique comme le vôtre, mylord, brama l'espagnol.

— En relevant des circonférences et des paraboles sur le terrain, je me rappellerai, mylord, la table ovale, *fœderis arca*, autour de laquelle vous avez groupé les litres des bons camarades qui sauront rester vos fidèles amis, scanda Grujat.

— Votre excessive délicatesse à mon égard,

pendant toute l'excursion, m'a profondément touchée, mylord, aussi votre silhouette amie restera toujours gravée sur le camée de mes pensées, minauda Ludovie.

— J'ai la mémoire de l'estomac et de l'esprit, mylord, je vous retrouverai dans les béquilles de mon ultime vieillesse, blagua Fabié.

— Quand je mettrai du vin en bouteille, mylord, votre toast me remontera aux lèvres ; je n'oublierai pas le bouchon de votre souvenance, grasseya Mica.

— Mylord, palabra Polumétis, lors de l'incident de la bataille de Fontenoy, aux Vignes, vous me fîtes payer le punch. Je vous promis de vous rendre la pareille et de vous faire payer un lucullus à Millau. C'est fait, nous voilà quittes ! Pour arriver à cette revanche, je vous ai précipité dans le Tarn et vous en ai sorti.

Cette déclaration tomba comme une cathédrale sur la tête d'Harris. Il voulait parler, mais les cris : — « Vive Hannton, notre amphitryon ! » lui refoulèrent son discours dans la gorge.

Quelle rigolade ! mes enfants.

## LXXXVI

Jeudi. — A deux heures de relevée, pendant que l'espagnol se rendait chez Badaroux pour faire dégraisser le col et les boutons de sa touloupe, l'insulaire, ayant aperçu un panonceau notarial, dit à l'expert :

— Vô suivre môa.

Ils entrèrent à l'étude de M⁰ Sabathier, auquel il remit un pli, en ces termes :

— Môa voloir faire, à mossié, une « procurecheun » sur ce modèle.

Le tabellion s'inclina, caressa les deux branches de sa barbe, adapta sa meilleure plume Blanzy Poure à un piquant de porc-épic et écrivit :

*L'an mil huit cent quatre-vingt-seize et le vingt-deux octobre,*

*Par devant M⁰ Félicien Sabathier, licencié en droit, notaire à Millau, et les témoins bas-nommés soussignés,*

*A comparu,*

*Mylord Harris Hannton, coutelier de la reine d'Angleterre (couteaux, ciseaux, rasoirs), demeurant à Sheffield, dans le comté d'York,*

*Lequel donne, par les présentes, pouvoir et mandat,*

*A Monsieur Jérôme Grujat, expert-géomètre demeurant à Saint-Rome-de-Dollans, canton du Massegros (Lozère), à ce présent et qui accepte sans se faire prier,*

*De se rendre, dans la quinzaine, à Andabre (le Vichy du midi de la France), commune de Gissac, canton de Camarès, et de, pour lui et en son nom, boire les eaux minérales ferrugineuses bicarbonatées de cet établissement, salutaires à la dyspepsie du constituant, suivant l'ordonnance du docteur Deubigh de Manchester.*

*D'y faire une cure jusqu'à complet rétablissement du mandant, tous frais à sa charge.*

*Elire domicile, substituer, traiter, transiger, compromettre, se purger, donner mainlevée et généralement faire le nécessaire promettant d'avoir le tout pour agréable et le ratifier au besoin.*

*Renonçant à rechercher le mandataire, sous aucune forme, à raison de l'exécution de ce mandat, dont il sera déchargé sur la présentation de la quittance du buvetier.*

*Dont acte en brevet,*

*Fait et passé à Millau, en l'étude, sur modèle remis et rendu, en présence de MM. Baptiste Raynal et Eugène Lavabre, tous les deux me-*

*nuisiers demeurant à Millau, temoins requis.*

*Lecture faite, les comparants ont signé avec les témoins et le notaire.*

Suivent les signatures et la mention :

*Enregistré à Millau, le vingt-deux octobre 1896, folio 312, case 10. Reçu trois francs, decimes soixante-quinze centimes. Layral, receveur, signé.*

L'insulaire paya l'acte et posa sur le bureau cinquante louis, qu'il invita Grujat à encaisser, pour les peines et soins de sa campagne.

Comme l'expert interloqué ne bougeait pas.

— Vô trové y avoir pas assez, very wel ? fit-il, et, avant la réponse, il ajouta deux francs cinquante à la masse, salua et sortit sans frapper.

Grujat médusé, conservant toujours son ahurissement et sa dignité, Guibal, premier clerc, comme un éclair roula le bloc et le lui glissa dans la poche.

## LXXXVII

La tutelle dative de Gal (voir *supra*, pages 103, 107, 113, etc.), avait rompu ses digues sur le terrain neutre de Millau.

Pendant que Nioparés pontifiait chez le dégraisseur, et Grujat chez le notaire, trois couples sortaient alertes, frais et pimpants de l'hôtel.

C'étaient nous et nos amies, qui allions, sur les bords de la Dourbie, mettre du parfait amour en bouteille, sous l'œil indulgent et discret des escargots, limaçons, lézards et autres bestioles en caoutchouc. Les oiselets du rivage, comme à Venise, y chantaient mais ne parlaient pas.

Sous nos fronts radieux, nous étions tristes tout de même car l'heure cruelle de la séparation approchait.

Chacun, avec sa chacune, fit bande à part dans les oseraies.

Que se disait-on ?

Le phonographe, que j'avais subrepticement et traîtreusement placé sous le feuillage, saura nous l'apprendre.

................................................

*(Premier couple. Annonciade et Ulysse).*

ANNONCIADE (*d'une voix de contralto*). — C'est après demain, bel inconnu, que nous quittons Millau pour rentrer à Séville, où nos intérêts nous appellent : nous serons à Paris fin décembre.

J'ai fait part à mon père de notre ardente sympathie et de mes espérances. Il m'a opposé un vieux véto formel, à moins que vous ne soyez de très noble origine.

Il ne veut pas de mésalliance. Il lui faut des *noms* qui remontent au moins à trois ou quatre générations spontanées.

Ma mère était sœur du marquis Empégas de los Cogorallos, et mon père descend, par ricochet ou en zigzag, je ne sais au juste, des ducs Nioparés de los Ligottos, grands d'Espagne sous Philippe premier, dit le Hutin, en 1498. Par les deux branches nous sommes cousins de la reine. Dès lors, vous comprenez les scrupules de mon auteur.

Mais, mon amour, plus fort que la noblesse, saura rompre avec tous ces quartiers de race et de famille ; franchir tous les obstacles, si, vous daignez, mon doux seigneur et maître, river votre destinée à la mienne, ainsi que votre amabilité, à l'Ironselle et ailleurs, me l'a fait toucher du bout des doigts.

S'il le faut, nous irons en Ecosse implorer le forgeron de Gretna-Green, rabouteur de mariages, — comme Pierrou de Nasbinals pour les luxations et foulures. Celui-là n'ira pas chercher toutes ces puces dans la paillasse des blasons, billettes, alérions, merlettes, croissants, mollettes, canettes, pals, bandes, chevrons, et autre menuiserie, maçonnerie et quincaillerie écussonnienne et ancestrale.

N'est-ce pas, mon fier Sicrampe ?

ULYSSE (*avec dignité*). — Le poil que votre père va chercher sur les œufs durs, pour le couper en quatre, disparait comme par enchantement ; la barrière qui nous sépare s'écroule, ma chérie, car, vous avez devant vous le baron d'Antiboles, allié par les femmes au Pont-St-Esprit, 1309 de notre ère, — c'est pour cela que je suis si dévôt — et par les hommes cousin du copain Dominique, dont les aïeux étaient seigneurs de St-Léons et des Arènes de Nimes.... Tu m'aimeras ?

ANNONCIADE (*radieuse*). — C'est déjà fait !

ENSEMBLE (*allegretto*). — Conjugons donc le verbe aimer sur tous les tons, ton ton tontaine tonton.

(Le gazouillis d'une volée de chardonnerets, dits *cardines* dans le midi, qui vint s'abattre sur les aulnes, étouffa les temps et les modes du verbe actif qui devint immédiatement déponent à l'œil nu, sans cependant enlever à nos héros une étincelle de leur activité sentimentale Panglosienne. — Voir *Candide* de Voltaire qu'on ne saurait trop lire et relire, par le temps qui court et ne s'arrête point).

........................................

*(Deuxième couple. Solédad et Jacques).*

Solédad. — Ah, non, mon gros minet, ne plaisantons pas ! Annonciade est mon amie. J'ai pour elle l'affection d'une sœur de lait, quoique je n'aie jamais tété avec elle. Ton camarade Ulysse l'allume, sa flamme ne sera pas éteinte. Mais, s'il croit trouver chez elle le bijou qui des vestales fut l'apanage, il peut se fouiller, *ousté !*

Elle me disait souvent : suivons les préceptes sacrés de l'*Ecclésiaste* : réjouissons-nous dans notre jeunesse, livrons notre cœur à la joie, avant que la corde d'argent se rompe, que la lampe d'or se brise, que la cruche casse sur la fontaine, que la roue casse au puits, avant que notre corps retourne à la poussière.

Jacques (*emphatique*). — Fille dont les veines roulent du sang des califes de Bagdad, dont les lèvres distillent des baisers à la crème de cacao de Cuba (veuve Amphoux et Cie), dont les yeux grillent la bourre et les cœurs des cocodés d'Australie, sois moins mystique, donne plus d'ampleur à l'envergure de tes révélations, *ousté !*

Solédad. — Je ne dois pas trahir les secrets de la Nioparés, en train de lever un client sérieux, un épouseur peut-être. Toutefois, je ne veux pas non plus passer à tes yeux pour une menteuse. Je te dirai donc, entre nous, que le fils de l'alcade de Grenade, Alfonso di Ramollo venait la nuit, une fois par semaine — c'était peu assurément, — partager le traversin et la couette d'Annonciade. C'est moi qui lui tendais l'échelle de soie du haut du balcon. Ces saphirs que tu vois cercler mon bras ont été ma récompense. Je voudrais la parure complète, j'espère, mon gigolo, qu'avant de me flancher tu me feras cette surprise.

Jacques. — On connaît dans le monde le relâchement de *Tras los montes*. Ce que tu me révèles ne fait que corroborer ma religion, sur le pays où naît le cobalt qui sert à colorer en bleu, l'albâtre, les œufs de pâques et les émaux. Tu auras ta parure si ce soir, au dîner, tu peux avec le nom d'Alfonso, adroitement prononcé devant Ulysse et Annonciade, mettre celle-ci dans un embarras tel qu'il vaudra un aveu.

Solédad (*se rengorgeant*). — Je le ferai sans peine, comme dans un hamac.

(Plouf ! plouf ! plouf ! le bruit de gros poissons, folâtrant dans la rivière, étrangla la suite de ce colloque édifiant).

. . . . . . . . . . . . . . . . . . . . . . . . . . . . . . . . . . . . . . .

(*Troisième couple. Ludovie et votre serviteur*)

Ludovie (*émue*). — C'est demain que la caravane se disloque, que vos compagnons prennent leur vol. Vous allez faire comme eux, sans doute ? Mon père va convoler à de troisièmes noces, et moi, avec mon cœur estropié, ma cervelle défaite, que vais-je devenir dans ce casse-cou de la vie ? Le désespoir déteint sur mon âme troublée...

Moi. — Vous ne ferez point le *saut de Leucade*, ma bien-aimée ; vous viendrez avec moi à Paris. Je vous emporterai comme un pieux romain emportait jadis son dieu Lare. Toutes mes colombes et toutes mes roses seront à vos pieds. Nous ferons nos esthètes.

Votre cœur estropié est une oasis dans laquelle j'aimerai à me reposer.

Nous pentecôterons les flammèches de nos âmes, vous serez ma muse, mon Egérie. Vous me soufflerez les rimes du poëme symbolique « *L'influence des toiles d'araignees sur les vins en bouteille.* »

L'été nous irons à la campagne entendre les téorbes du ciel et, couchés sur l'herbe, nous écouterons les concerts mignons des sauterelles et des grillons.

Pour la forme, nous insinuerons à votre père que vous allez, comme dame d'honneur, chez ma tante la marquise d'Antiboles.

LUDOVIE. — C'est sérieux ?

MOI. — Le jour n'est pas plus pur que le fond de mon cœur.

> Pendant que j'égrainais ces éternelles choses,
> Je vis que cette enfant frétillait de bonheur.
> Un baiser sur le front en fit jaillir des roses ;
> Soudain elle pâlit... Je dis : « A la bonne heur' ! »

. . . . . . . . . . . . . . . . . . . . . . . . . . . . . .

## LXXXVIII

VENDREDI. — Mica et Pitot partent pour St-Sernin, train du matin 4 heures 39.

Onésime, pour Escoudournac, train 5 heures 52, *via* Sévérac.

Fabié pour Peyreleau, voiture Galibert de Meyrueis.

La veille nous avions peloté longuement de touchants adieux.

Interview matutinale de Grujat dans ma chambre.

— Je connais, dit-il, l'intérêt sérieux que

vous portez à ma fille. Reconnaissance sans bornes. Quoique timide et naïve, Ludovie n'est pas dépourvue d'intelligence ni d'instruction. Elle connait : l'histoire sainte, l'histoire de France depuis la Pragmatique Sanction jusqu'à la chute de Louis Philippe, la géographie de l'Europe, la musique vocale, le plain-chant, le catéchisme, la lessive. Elle sait mesurer les céréales à la quarte (setier, émine, boisseau), raccommoder les bas à la courge, farcir les aubergines, gorger les écrevisses, trousser les alouettes et le calcul avec ses règles.

Munie de son brevet inférieur, je voulais la pousser vers l'Université ou les Postes, mais notre digne pasteur ne l'a pas encouragée dans cette voie de luxe et de progrès, incompatible avec l'innocence des champs.

J'avais fait des démarches auprès d'un sénateur de l'extrême-gauche réactionnaire pour la faire placer chez une modiste, une couturière, ou dans les rayons d'un magasin de nouveautés ou d'un pâtissier, quand elle est venue me dire que, par votre généreux appui, votre parente la marquise d'Antiboles la réclamait comme demoiselle de bonne compagnie.

Aussitôt les larmes de la gratitude ont mouillé mes paupières, et je viens auprès de vous m'enquérir pour connaître la vérité, toute la vérité, rien que la vérité.

— Je le jure, rien de plus vrai, mon cher monsieur. Je l'amène avec moi dès que son trousseau sera authentique et que votre consentement sera complet.

— Allez, et que le Dieu d'Abraham, d'Isaac et de Jacob vous conduise. Je cours moi-même remplir pour sir Hannton un message pieux. Je vous confie l'avenir de ma fille. Ayez pour elle des entrailles désintéressées, conformément aux usages locaux.

Après un abus de poignées de main, Grujat écrasa entre ses pouces une larme paternelle et prit le train 859 pour Andabre, *via* St-Affrique.

Hannton ayant colloqué le fromage et son moule en sandwich dans les feuillets de son in-quarto de flanelles, nous embrassa avec l'effusion aromatique de son pays et s'embarqua sur l'express de Nice.

Nous étions réduits des deux tiers. Il ne restait plus que les trois anabaptistes, ainsi qu'on nous avait qualifiés au *Café des Deux Frères*, nos compagnonnes et le père d'Annonciade.

## LXXXIX

Soyons poétique.

Il faisait une journée massacrante. Un brouillard à doler avec l'herminette couvrait la ville. A cinq pas on confondait les bicyclettes avec les omnibus, Guillaumenq avec Anselme, les tanneurs avec les gantiers, l'administration avec les pompes funèbres, les chèvres avec les choux Capus. Les arbres glaçonnés d'arabesques rappelaient les lustres festonnés de Dargilan, les boues, crottin fulminant, craquaient sous les semelles. Les hommes, aux cols relevés, les femmes, aux cols rabattus, en fantômes voilés, trottaient dans les rues. Personne ne s'attardait à lire les annonces judiciaires, les professions de foi, d'espérance ou de charité, les déballages et les gaspillages, les placards des spectacles et des apéritifs. Pepete, Conchito et autres matadors étaient gelés sur l'affiche. Les chats sur les gouttières miaulaient « au perdu. »

Redevenons prosaïque.

Nioparés, affligé d'un coryza roupignolant et bruyant, gardait la chambre, respirant la nazaline les pieds dans son sac de nuit auprès de la table de nuit.

Au dîner, Annonciade, changeante comme la lune, ayant annoncé qu'ils se rendraient à Paris sans passer par Séville, Solédad la fixant d'un œil mystérieux et canaille, lui lança :

— A Paris, directement ?... Pas possible !... A moins qu'Alfonso ne vienne t'y rejoindre.

— Quel est ce caballero ? interrogea Polumétis, sur un ton de belluaire diplomatique.

— Son rufian, son amoureux, pardine !

A ces mots Annonciade, telle une panthère des Batignolles, ou une tigresse du Panthéon (au choix), bondit sur la chanteuse et lui planta à la joue les trois becs de sa fourchette Charles V, maison Christofle, deuxième titre.

Le sang jaillit en robinet à bocks, forte pression, tachant de carmin la nappe, les serviettes, les porcelaines et les cristaux.

A la vue de cette boucherie, Ludovie syncopant, vite je l'emportai (ô le colis doux) sur un lit de ma chambre.

Annonciade, prise d'une violente crise de nerfs, muette heureusement, mais qui se manifestait par un hoquet persistant, la houle de sa poitrine et le grenouillement galvanique de ses abattis, fut enlevée prestement par Ulysse qui la transporta sur le sommier vacant du thalamus d'Hannton.

Solédad sanglante (je te crois) resta sur la banquette dans les bras affolés de Jacques jusqu'à l'arrivée du docteur Bompaire, lequel, en virtuose habile, boucha les trous béants de l'espagnole comme un flûtiste bouche ceux de son instrument, ou un vitrier mastique les fissures d'un jour de souffrance.

Après l'opération, de crainte qu'Annonciade, la crise apaisée, ne récidivât sur l'autre joue de sa victime, le palanquin de l'hôtel transbahuta la sénora blessée, entourée de bandelettes comme une momie pharaonienne, dans sa villa Thilorier. Jacques l'accompagna et s'assit sur sa malle en sœur de Saint-Vincent-de-Paulhe.

Quel brave garçon, ce garçon là, *ousté !*

Nioparés, qui au moment de la scène tragique sommeillait les pieds gelés dans son sac de nuit, n'avait rien entendu. Ni les voyageurs qui boulottaient en bas dans la grande salle, ni les cuisiniers et marmitons autour des fourneaux des cuisines, ni les sommeliers autour des tonneaux dans les caves, ni les valets, cochers et charretiers autour des tombereaux des écuries et remises, ni les petites bonnes de l'office, de la lingerie, de la buanderie, des communs, autour des godillots de leurs tourtereaux.

Ça c'était passé avec une incorrection parfaite, une intimité un peu brusque mais toute familiale, comme un drame synthétique de foyer, sans esclandre, sans scandale, tel un duel en cabinet particulier.

## LXXXX

Annonciade, plus calme, reposait à présent avec une formidable migraine, ou plutôt, avec une « graine » entière, car, pour les fiers andalous, tout le paquet vaut mieux que la moitié.

Ulysse revint dans notre chambre.

J'avais ressuscité Ludovie en lui faisant sentir le champoing carabiné de mes cheveux en croc et de mes moustaches en brosse. Assise sur mon lit, elle laissa tomber de sa bouche (bouton de rose qui jabotte) ce langage sage et parfumé :

— Vous savez, messieurs, ces gitanes me dégoûtent. Leurs allures, leurs manières, leurs coups de fourchette me troublent, me bouleversent et pourraient nous conduire sur le banc de la correctionnelle.

J'en ai soupé de ces dames !

Annonciade, pas plus que Solédad, n'est digne du respect et de l'attachement que vous avez pour elle. Ce sont deux filles du même panier.

L'une, princesse de la rue, est une ballerine sans vergogne, l'autre, sous des apparences plus carthaginoises, plus pudiques, plus réservées, cache une nature perverse. Elles ont la même saumure dans leurs moelles.

Ah ! monsieur Ulysse, il ne faudrait pas que votre amour à fleur de peau, à l'heure des abandons, des ingénuités joviales et puériles, descendit au tréfond de votre âme chevaleresque ! Une maladie de cœur, de si bas qu'elle vienne, est toujours dangereuse.

Lié avec cette aventurière, vous y laisseriez les os, l'honneur, l'argent et toute la boutique. Plus tard, vos illusions, aux ailes cassées, se débattraient sur le sol, vous pleureriez votre chimère en larmes de sang et de vitriol.

Croyez-moi, rompez, rompez tout pacte avec l'iniquité !

Nous sommes libres, rien ne nous attache en ces lieux. Mon trousseau est complet. Déguerpissons au plus vite, sans tambour ni trompette. Evitons une scène furieuse ; profitons du sommeil de la louve, fuyons, mes amis, fuyons !

— Vous parlez d'or, mon ange, m'écriai-je,

oui, fuyons ! La seule victoire en amour c'est la fuite. Annibal l'a dit le premier, Napoléon le second et moi le troisième. Il peut se faire que d'autres hommes illustres de Plutarque ou de Brantôme l'aient dit aussi, mais tant pis, pour aujourd'hui la liste est close. Oui, fuyons !

Accoudé sur la commode, Ulysse ramenait de la main les sourcils sur les yeux et sa bouche vers le nez. Cette manœuvre aspirante et foulante, indiquait chez lui une vive préoccupation.

Puis, dans l'embrasure de la fenêtre il marmonna quelques mots inintelligibles.

Enfin, se retournant, il sortit la montre merveilleuse d'Hannton et dit :

— Le dernier train part à neuf heures trente, nous avons le temps, fuyons !

Aussitôt, à la lueur des bougies, il enfourna avec rage, dans un désordre chiffonnant et charmant, nos nippes, guenilles et hardes, objets de toilette et bibelots, dans les trois chapelières de notre société en nom collectif.

Le même soir, à Saint-Affrique, l'*Hôtel-du Cheval Vert* nous recevait dans ses flancs et Ludovie radieuse, en chemisette détuyautée, ne cessait de gazouiller : — « Sauvés, mon Dieu, merci ! » ou « Merci, mon Dieu, sauvés ! »

## LXXXXI

Le lendemain, la senora Nioparés s'éveilla tard dans la matinée. Elle tendit l'oreille et n'entendant que du silence sur le palier, enfila ses mules, passa son peignoir et courut chez Ludovie.

Personne.

Dans nos chambres, en voyant nos lits vides elle le devint... livide.

Elle carillonna, le garçon parut.

— Où est Ludovie !

— Siou plait ?

— Caramba ! Où est Ludovie ?

— Partie.

— Et ces messieurs, Dominique et Ulysse ?

— Partis, partis.

Elle se précipita sur le téléphone : — « Allô ! »

Jacques répondit de la villa Thilorier : — « Tous partis, hier au soir, sans laisser leur adresse. »

Alors la belle rentra dans sa chambre et en fermant avec fracas la porte, dont la clé sauta sur le parquet, elle rugit :

— « Tas de cochons ! »

....................................

## LXXXXII

Annonciade ne pouvait se consoler du départ d'Ulysse : dans sa douleur elle se trouvait malheureuse d'être espagnole.

Sa guitare ne résonnait plus au doux son de sa voix : les garçons de l'hôtel qui la servaient n'osaient lui parler.

Elle se promenait souvent seule sur les gazons desséchés qui bordent la Dourbie près de Cureplat : mais ces beaux lieux, loin de calmer sa douleur, ne faisaient que lui rappeler le triste souvenir d'Ulysse qu'elle y avait vu une dernière fois auprès d'elle.

Souvent elle demeurait immobile sur le quai de la gare qu'elle arrosait de ses larmes : elle était sans cesse tournée du côté où le train d'Ulysse, fendant l'espace, avait disparu sous le tunnel de Calès.

Un jour elle aperçut des débris de planches, des bancs, des bi du bout du ban, des freins, des tringles, des barriques, des grues, des oies, des roues, des lanternes, des cordes, des pots de graisse, des pots de vin, éparpillés près de la voie. Elle tressaillit croyant à un tamponnement.

Jérusalem ! Jérusalem ! ce n'était qu'un refoulage.

Deux hommes s'avançaient : de loin, l'un paraissait gâteux et ramolli, un nabot en terre de pipe, l'autre, quoique plus jeune, ressemblait à Ulysse. Il avait sa douceur, sa fierté, sa taille et sa démarche majestueuse.

Cruelle erreur ! cruelle erreur ! fatal délire ! de près, Annonciade comprit que c'était Bousquet, le marchand de journaux, et elle reconnut Saint-Pierre, aux pieds humides, dans l'homme vénérable qui l'accompagnait à pied sec. Alors elle s'avança et lui dit : — « Conduisez-moi à la source de l'Ironselle, mon ami, je veux, encore une fois, boire dans le coco d'Ulysse et mourir dans les Gorges du Tarn. »

FIN

# TABLE DES MATIÈRES

Avant-Propos .......................... IV

## CHAPITRE I.

### DE SÉVÉRAC A LA MALÈNE.

La lande de Soulages. — Le parc du Gouzinhés. — La Malène : hospitalité sommaire .................................... I

## CHAPITRE II.

### DE LA MALÈNE AUX VIGNES.

L'*Hirondelle* : Sylvain, Basile et Cie. — Le Planhiol. — Le Piton de Montesquieu. Grotte de la Momie. — Les Détroits. — Parapluie, parasol ! — La cour de Louis XIV. — L'aquarium de Miriardescut : Singuliers effets d'une cartouche de dynamite. — Le Cirque des Baumes. — St-Ilère et les chassieux. — Sir Harris Hannton. — Le Pas de Soucy ......... II

## CHAPITRE III.

### AUX VIGNES.

| | |
|---|---|
| A table d'hôte de la Truite d'Or. — Touristes, flirts et salamalecs. — Quelques têtes | 38 |
| La légende du Pas de Soucy | 72 |
| Un combat de chameaux | 114 |
| Pêche aux écrevisses. — La légende du berger Milou | 122 |
| Les vautours. — Pauvre Sadoulet ! | 138 |
| Madame Mustapha et la révolte au Sérail. | 150 |
| Récit de Mica. — Montbrun et les *fadarelles* | 166 |
| Ste-Enimie — Osiris et Isis | 178 |
| Le château de La Caze. — Soubeyrane. — Enterrement de première classe | 190 |
| Le sire Odilon de Cussac | 195 |
| Famine cléricale. — Essais de repeuplement poissonneux | 201 |
| La bataille de Fontenoy | 206 |
| La légende de Gargantua | 225 |
| Le Point Sublime. — Le rhinilatoscope : truffes et gibier | 235 |
| La rosière des Vignes. — Fêtes du couronnement. — Amour, délices et orgues | 247 |
| La bête du Gévaudan et Blanquefort | 302 |

## CHAPITRE IV.

### DES VIGNES AU ROZIER.

Eglogue de l'Ironselle .................. 318
L'anglais à l'eau. — Le Mas de la Font. — La famille Hoclés : les princesses aux pieds nus ........................... 334
Les légendes du Fou de Peyreverde et de Blanc d'Argent ...................... 350

## CHAPITRE V.

### LE ROZIER ET PEYRELEAU.

Un notaire. — Quelques pages d'histoire. — Capluc et d'Albignac. — Enlèvement de Flour ............................

## CHAPITRE VI.

### LA GROTTE DE DARGILAN.

Description. — Vives émotions .......... 375
Meyrueis. — Bramabiau et l'Aigoual. — Repas de touristes. — Véronique et St-Léger. — Apothéose de la truffe....... 417

## CHAPITRE VII.

### MONTPELLIER-LE-VIEUX.

Le garde-manger de Saturne. — Un bal masqué de Titans ..................... 431

## CHAPITRE VIII.

### MILLAU.

Chez Guillaumenq. — Café Capus. — Gantiers et tanneurs. — Parfums d'Arabie. — Le Beffroi : le fromage de Roquefort : le réfrigérant. — Eden-Carnac. — Festival. — Crêpage de chignons. — Coups de fourchette. — Amour discret. — Mission aquatique. — *Alii alio dilapsi sunt.* — Larmes d'Annonciade. — Fin à la Télémaque. ............ 442

EN VENTE :

Librairie LEMERCIER, galerie Véro-Dodat, 1, Paris ;
Librairie VIDAL FRÈRES, à Millau ;
Imprimerie HIPPOLYTE MAURY, à Millau ;
Imprimerie LOUIS LOUP, à Rodez.

www.ingramcontent.com/pod-product-compliance
Lightning Source LLC
Chambersburg PA
CBHW050554230426
43670CB00009B/1121